实证法学
法治指数与国情调研
（2015）

田　禾　吕艳滨　栗燕杰 等著

中国社会科学出版社

图书在版编目（CIP）数据

实证法学：法治指数与国情调研：2015／田禾等著．—北京：
中国社会科学出版社，2016.9
ISBN 978-7-5161-9152-1

Ⅰ.①实…　Ⅱ.①田…　Ⅲ.①法学—研究—中国—2015
Ⅳ.①D920.0

中国版本图书馆 CIP 数据核字（2016）第 251013 号

出 版 人	赵剑英
责任编辑	王　茵
责任校对	朱妍洁
责任印制	王　超

出　　版	中国社会科学出版社
社　　址	北京鼓楼西大街甲 158 号
邮　　编	100720
网　　址	http://www.csspw.cn
发 行 部	010-84083685
门 市 部	010-84029450
经　　销	新华书店及其他书店

印　　刷	北京君升印刷有限公司
装　　订	廊坊市广阳区广增装订厂
版　　次	2016 年 9 月第 1 版
印　　次	2016 年 9 月第 1 次印刷

开　　本	710×1000　1/16
印　　张	17
插　　页	2
字　　数	258 千字
定　　价	65.00 元

摘　　要

　　法治国情调研与法治指数是实证法学研究的重要方法。本书精选了中国社会科学院国家法治指数研究中心的重要智库报告，分三个板块展现了相关领域的法治发展状况。法治指数板块将法治指数引入政府信息公开、高等院校信息公开和地方人大立法三个法治建设领域，以第三方的视角进行客观评估，集中展现了政府信息公开制度建立后的政府透明程度和地方人大立法的科学性和民主性。国情调研报告从中央层面的人大立法和地方层面的法治量化评估两个维度展开，收集扎实的一手数据，客观反映中国法治的进行时。地方经验板块从微观的角度来剖析四川、广东等省份的法治实践与经验，提炼其中值得推广的法治路径。

Abstract

Investigation of national situation of rule of law and indices of rule of law is an important method of positive jurisprudence. This book is a collection of carefully selected think tank reports prepared by CASS Center for the Studies of National Indices of the Rule of Law. Divided into three parts, it shows the process of development of the rule of law in China. The part on indices of rule of law introduces indices of rule of law into three areas of construction of the rule of law, namely disclosure of government information, disclosure of information of institutions of higher education, and legislation by local people's congresses, carries out objective assessment of the relevant information from the third party perspective, and demonstrates in a concentrated way the degree of government transparency after the establishment of the system of disclosure of government information and the scientific and democratic nature of legislation by local people's congresses in China. The report on the investigation of national conditions of rule of law objectively reflects the progress of construction of the rule of law in China at two dimensions—the legislation of the National People's Congress at the central level and the quantitative evaluation of the construction of the rule of law at the local level—on the basis of sound first-hand data. The part on local experiences analyzes the practices and experiences of construction of the rule of law of some provinces, including Sichuan and Guangdong, and tries to summarize from these experiences a road to the rule of law worth popularizing.

目录

CONTENTS

序 言

法学研究应当以推动社会发展进步为己任

田 禾 徐 斌[*]

党的十八届五中全会通过的《中共中央关于制定国民经济和社会发展第十三个五年规划的建议》指出，法治是发展的可靠保障，加快建设法治经济和法治社会，把经济社会发展纳入法治轨道。法学研究是推动经济社会发展走向法治轨道的动力。"市场经济就是法治经济"，依法治国写入宪法等法治发展的关键环节背后都有法学研究的坚实脚印。国家治理现代化与体系化也离不开法学研究提供的智力支持。法学研究自然也应当以推动社会发展进步为己任，以服务国家发展战略为宗旨。

法学研究得以推动社会发展进步的关键是运用正确的研究方法。法学研究方法大体有以下几种：阶级分析法是用阶级和阶级斗争的观点去观察和分析社会中的法律现象；价值分析法是通过认知和评价社会现象的价值属性，从而揭示或批判法律制度背后的价值；实证分析法是在价值中立的条件下，以对经验事实的观察为基础来建立和检验法学的各种命题与现象。

* 田禾，中国社会科学院法学研究所研究员、国家法治指数研究中心主任。徐斌，中国社会科学院法学研究所助理研究员。

概言之，价值分析法是从应然的角度来研究法律现象，而实证分析法是从实然的角度来研究法律现象。在中国社会急剧变迁、法律体系处于变动不居的时代，实证分析是当代法学研究更好地服务于社会发展的重要路径。其中，法治国情调研是实证法学研究的重要方式，法治指数是跨学科、前沿性的实证法学的研究方法。

一　关注法治国情是做好法学研究的基础

国情是研究中国问题必须考虑的主要因素。制度的建设离不开文化、民情与民族性格。① 中国拥有悠久璀璨的文化和历史传统，拥有世界上最多的人口，并在改革开放三十多年后成为了世界第二大经济体。研究中国问题应当以中国的文化与国情作为基础。中国的法治发展离不开产生它与推动它的具体环境。中国的法治必须在中国的历史、文化、政治、经济、军事、教育与社会环境中运作。因此，研究中国的法治发展也必须关注中国的法治国情。

但是，改革开放三十多年来，中国知识界存在有效供给不足的困境。中国改革开放获得了巨大的成就，有着丰富的实践经验，但是，学术界和政策研究界未能提供有效的解读，并将中国经验理论化。长期以来，中国知识界对于西方的理论和实践产生了路径依赖，进一步加剧了经验与理论、实践与表达之间的差距。西方的新自由主义经济学无法解释中国改革开放的成功，中国的政府与市场的互动关系也远比西方古典经济学中的模型复杂。在政治领域，以福山为代表的"历史终结论"更是无法套用到中国复杂的改革措施上。

在法律领域，以"法律移植"为代表的法治理论也与实践中的政法传统格格不入，使得中国的法学研究同法治的实际运行情况及人民群众的生活日益脱节，甚至也出现了基于这样的研究成果而设定的制度同中国当下的国情实际不相符的情况。在国际上，知识领域的言必称欧美和在理论领域的自我矮化使得中国在国际领域缺乏话语权。

---

① 田禾：《公职人员禁止行为研究》，社会科学文献出版社 2013 年版，第 3—10 页。

　　造成法学研究困境的根源在于法学研究方法长期与国情实际脱节，只专注于"纸面上"的法律，而不注重"实践中"的法律，只关注"形式上"的法学理论的研究与探索，而不注重"实质上"的法律问题的研究。法律理论对法律制度的建设与实践有着重要的指导作用。上述法学研究方法与实践的脱节状况甚至导致出现了学界常常批评的"表达与实践"相互背离的现象。概言之，法律理论与具体实践的脱节导致法律制度无法自上而下地得到较理想的贯彻。实际的情况是，法律条文表达的是一回事，基层的实践所呈现的又是另外一种情形。

　　传统法学研究中存在的法条主义倾向也阻碍了法学智库的知识供给。法条主义的研究进路很容易与现实脱节，只顾追求法律体系的完美逻辑，而不知逻辑与经验之间的关系。在现实中，法条主义总是以各种法律的暴虐表现出来。在城乡差距如此巨大的中国社会，这种法条主义的暴虐表现为以城市的法治来压制农村的法治。20世纪九十年代的电影《秋菊打官司》表达的正是农村与城市之间的冲突。当法学研究以城市为研究对象来提供法律制度的供给时，广大农村地区就被排除出中国法治的建设过程。如果缺乏扎实的国情调研，法学研究工作很容易堕入向西方寻求药方的病态心理中，也会忽视中国创造性的法治实践。由此来看，国情调研正是治愈这种法学研究的暴虐的重要方法与治学态度。

　　扎实的国情调研是为了更好地指导中国的法治发展。中国的法学研究常常被其他社会科学称为"幼稚"。究其原因，是因为中国的其他社会科学大多已经完成了自身研究方法的科学化与规范化，能够实现与他国理论的平等对话。中国法学在经历了三十来年的发展后，基本的学术规范已经完成，但在研究方法的科学性上仍然不足。社会科学发展过程中的科学化建设与社会的现代化密切相关。从传统到现代的社会转型引发了社会规范与秩序的重建。社会科学研究的主要任务之一就是以科学的理论来分析和帮助社会更好地完成现代化转型。改革开放后的中国同样在经历社会的转型，伦理道德与社会秩序存在失范的危险，以社会学的研究方法为基础，以定量研究与法治指数为中心的法学的研究希望通过科学的研究方法，对中国社会的发展进行跟踪分析，将各种社会秩序的要素量化，从而依托统计学的方法找出社会秩序中各个要素之间的变量关系。在相关性的分析基础上，法学研究将通过各类制度设计来推动社会的发展。良好的社会发展来自良好的秩序规范，良好的秩序规范来自良好的法律制度设计，良好的法律制度设计来自良好的顶层设计，而良好的顶层设计来自良好的法学研究。扎实的国情调研与科学的研究方法是实现良好的法学研究的基础之一。

由此，解决当前法学智库研究的脱节现象的关键是注重法治国情的调研，将国情调研提升到法学研究方法的主流地位，成为做好法学研究的重要基础，让广大的法学研究者"上山下乡"，不仅送法学理论下乡，更是要通过基层国情调研来了解法律实践的真问题与真情况。

法治国情调研方法强调的是"没有调查就没有发言权"。第一，提升法治国情调研要转变当前社会科学研究，特别是法学研究的主导观念。长期以来，法学研究分为"基础理论研究"与"应用实践研究"，前者多集中在法学理论与法律史的研究，而后者更多的是部门法学的研究主旨。[1] 了解实践、认识国情，不仅是法学基础理论需要贯彻的主旨原则，更应当是部门法学急需理解的重要理念。法学智库研究方法的转变与社会变迁密切相关。世界智库的发展分为三个阶段。西方启蒙运动与工业革命推动了智库的发展，各类研究机构与高等院校成为了科学精神和理性观念传播的主要阵地。此阶段，智库的研究主题也主要集中于摆脱神学研究的束缚。第二次世界大战结束与美国的崛起开启了智库发展的第二阶段。新的国际政治秩序要求有新的知识及知识生产体系与之匹配。由此，一种服务于美国称霸全球以及美苏意识形态斗争的智库研究方法兴起。此阶段，智库的研究主题主要集中于意识形态的形而上学理论分析。"意识形态终结""历史终结论"等自由主义理论正是此阶段的主要成果。正是由于第二阶段的发展，智库研究越来越脱离国情实际。"冷战"的结束正式拉开了智库发展的第三阶段的序幕。[2] 随着社会现代化的推进，人类社会的分工日益精细化，同时，福利国家的兴起要求智库能够为公共政策的制定提供复杂的知识储备。对于中国而言，改革开放后，法治发展与法律实践的推进都要求法学智库能够深入国情实践，了解社会变迁与现代化过程中出现的治理难题，为公共政

---

① 高其才：《法学研究要立足中国国情》，《政治与法律》1997 年第 3 期。
② 许共城：《欧美智库比较及对中国智库发展的启示》，《经济社会体制比较》2010 年第 2 期。

策的制定提供认证与支撑。由此，在第三阶段中的法学智库应当着重强调国情调研方法，以适应时代的变迁，与时俱进。

第二，法学学科的特点决定了法学智库应当重视国情调研方法。首先，法学是一门"世俗"的学科。法学的各个部门法学涉及人民群众生活的方方面面。法学不是"高高在上"的神学，而是深入基层，直面社会问题的"接地气"的学科。拥有法律知识的法官每天要处理的大多都是社会治理一线发生的事情，大到国际贸易纠纷，小到家长里短。部门法学的发展与研究都离不开法律实践给予的推动力。试想，婚姻家庭法的制定如果完全不顾人民群众的风俗、习惯与具体情况，完全不顾文化传统与历史对于婚姻行为的塑造，那么婚姻家庭法的制定必然招到大多数人的反对。实际上，最高人民法院出台的《婚姻法》司法解释三就因为脱离了实际情况，没有提前做好国情调研，而引起了强烈的舆论争议。① 其次，法学学科与法学研究的应用性很强。在基础研究与应用研究方面，法学不同于其他社会科学，比如社会学、人类学等，它更加偏重应用研究。应用研究就不能脱离实际。比如，有关司法体制的理论研究不应忽视广大基层法官的经验与感受，如果司法理论的研究与法治国情脱离，就会导致司法改革方案产生闭门造车的效果。特别是对中国这样一个国土辽阔、民族多元、地域多样的国家，法治国情在中国的各地都呈现出不同的样态，如果司法改革、法治建设采用"一刀切"的抽象的理论指导，那么改革在实践中就会遭遇非常大的阻力，进而影响改革的推进和成效。因此，法治国情研究方法强调的是从社会学的理论出发，对不同时期、不同地域、不同社区的民情与基本情况进行深入的调研与仔细的分析，从而指导公共政策作出多元化的决策与方案。最后，法学是一门综合性的学科。人类社会的问题是复杂的，因而法学是一门综合性的学科，通过容纳其他学科的研究方法来帮助认识复杂的社会。政治学、社会学、人类学等社会学科的研究方法都有助于法学研究。这种研究方法的综合性与法学研究对象的综合性密切相关。法学直面真实的社会，而社会并不会按照学科的分类来构建自身的架构。因此社会的综合性

---

① 参见《〈婚姻法司法解释（三）〉的推出及其争论》，载《中国法治发展报告 NO. 10（法治蓝皮书 2012）》，社会科学文献出版社 2012 年版。

决定了法学研究的对象与方法的综合性。法治国情调研正是这种综合性的集中体现，通过综合的视角来深入了解基层社会的问题，并将法学问题放入到复杂的社会背景中加以分析和研究。

第三，法治国情调研是提炼法治的"中国道路"，形成道路自信、理论自信、制度自信的基础。知识的供给与需求的不匹配使得当前的法学智库无法有效地总结与提炼法治建设的经验，无法形成法治的中国道路。自身法学知识的供给不足也使得中国的法治发展与法学理论总是受到西方法学理论的牵制，无法在国际层面获得法治话语权。深入彻底的法治国情调研有助于解决上述困境。一方面，理论的辨识能力来自对现实世界的经验掌握。① 由于缺乏法治国情的调研工作，法学理论工作者常常陷入西方学界创造出来的，"看上去很美"的理论预设与模型，从而丧失了理论思考能力与判断能力，进而导致法治建设的"全盘西化"道路。系统的法治国情调研可以给予法学工作者丰富的感知与经验，获得法律实践的常识，通过亲身体验法治的实践来有针对性地借鉴西方法治理论。另一方面，法治中国道路的理论自信与理论自觉来自法学工作者丰富的国情调研和对中国法治发展一手材料、数据的占有与掌握。从时间维度来看，在社会转型期，中国正经历从传统社会走向现代社会、从熟人社会走向陌生人社会的转变，社会规范也在市场的冲击下面临重新调整。从法与社会的关系来看，法律的实践运行离不开社会规范的支持。社会规范的失衡也是当前中国社会矛盾频发，法院案多人少的时代背景。开展法治国情调研有助于法学研究把握住中国社会经历的现代化转型及其对基层社会秩序的冲击，从而为人类社会的现代化与城市化所面临的秩序重建提供中国方案。从空间维度来看，中国地域的多元化、人口的多样化是大国治理的典型样本。在城市化的进程中，中国人口中的大部分仍然生活在农村地区。由此，法治中国的实践是在城市与农村的两个不同的空间层面展开的。针对不同的空间，法治国情调研所收集的一手数据是提炼与总结法治发展的中国道路的基础，有助于发现大国法治的特殊性，与西方单一的民族国家法治理论形成了鲜明的对比。随着全球化的发展与国际公共事务的兴起，中国提供的这种多元化

---

① 房宁：《国情调研要看"三法"》，《青年记者》2012 年第 19 期。

的大国法治道路有助于为全球治理提供优良的制度产品，继而形成全新的21世纪全球法权秩序。

　　总而言之，中国的法学智库建设一方面要扎根中国的实践与经验，通过国情调研来及时采集中国改革正在发生的理论酵母；另一方面智库建设应当强调实证分析，摆脱以西方为中心的形而上学理论的束缚，形成中国道路与中国方案，为更多的国家提供改革与发展经验。

二　法治指数是法治国情调研的重要方法与内容

　　法治国情调研是实证主义在法学研究领域的具体体现。国情调研侧重于法学研究方法的观念转型，深入基层来获取研究所需要的第一手资料。将基层国情信息的分析分为定性与定量两种方式，二者共同构成了法治国情调研的主要分析方式。当前中国的法学研究在定性研究上做了比较多的积累，但对定量研究还没有给予应有的重视。法学的定量研究是一种跨学科的研究方式，运用社会学成熟的定量研究方法来观察法律现象。

　　定量研究是社会科学领域的基本研究范式，法学的定量研究指的是用数量的形式来展示法治实践中的问题与法律现象，在收集足够样本的一手数据的基础上进行分析、考验、解释，从而获得精确认识有关问题或现象的研究方法和过程。法学定量研究的开展最终可以追溯到意大利法医学家龙布罗梭。龙布罗梭因为常常给囚犯看病而接触了大量的犯罪人样本。他先后对近万名士兵、囚犯与死刑犯的样本进行了多项生物学特征测量与数据收集。在这些数据基础上，龙布罗梭提出了"天生犯罪人"理论。可以说，龙布罗梭的方法将定性与定量结合起来，将科学方法引入到了法学研究领域，开创了犯罪人类学的研究领域。[①]

　　科学方法是定量研究对于法学研究的重要启示。传统法学研究，特别是受第二次世界大战后意识形态斗争的影响，常常将法学的视野局限在了概念、法条、逻辑等形而上的层面，忽略了真实世界及其科学的分析。定量分析以及以数字化的形式表达法律现象与法律问题为法学研究提供了精

---

　　① 白建军：《刑事学体系的一个侧面：定量分析》，《中外法学》1999年第5期。

确把握现实世界的尺度。相比于形而上的传统法条主义研究方法，定量研究为我们观察法律的运行提供了新的视角，一些数据的分析甚至可以引起我们对法学常识的反思。比如，在传统的刑事理论中，刑罚的基础是社会正义理论。但是，如果从公共政策的角度来理解刑罚，特别是一些轻刑，比如醉驾，通过定量分析来观察刑罚程度与社会犯罪之间的变量关系，反而能够找到兼顾公平与效率的中间点。晚近法律经济学的兴起正是奠定在定量分析的研究方法基础上。①

与传统法学研究关注因果关系不同，定量研究关注社会现象中的两个变量之间的相关关系，而不必定是因果关系。由此，定量研究是一种动态观察事物的方式，它能够实时反映两个变量之间的变化关系。随着大数据技术的发展，定量研究所反映的相关关系也将更为准确。②

法治指数体系就是用定量研究方法来跟踪中国的法治发展。法治指数的研究方法不同于传统法学中的形而上学方法，力图以客观、公正、独立的第三方视角来观察中国的法治进程。具体表现为三个特征。其一，法治指数结合了定量分析与定性分析。只有对法治理论与中国的法治发展进行定性把握，才能对法治指数的各项指标进行设计。指标体系设计的科学性与合理性决定了最终法治指数成果反映法治发展的有效性。其二，法治指数是一种动态的跟踪体系，实时反映中国的法治发展进程。法治的定量分析是根据指标体系的各项指数进行数据收集，并就各数据的变动进行更新。法学研究工作如果以指标体系为核心对中国的法治实践进行长期的跟踪，那么，法治指数的成果就能很好地体现出中国法治的变动状态。从时间的维度上看，数据的变动以及相关的回归分析能够为我们评估法治的发展状况，分析法治发展中面临的问题提供有力的证据材料。其三，法治指数拥有对现实法治实践的指导性与可操作性。科学合理的法治指标体系也随着法治的发展而不断进行增减完善。科学合理的法治指标体系为法治实践提供了方向，而每项具体的指数将复杂的法治工程拆解为一项项细小、可操作的行动条目，不仅可以让法治的实践部门知晓当前法治工作的状态，还

---

① 戴昕：《威慑补充与"赔偿减刑"》，《中国社会科学》2010年第3期。

② 袁建刚、王珏：《法学理论和定量分析的关系》，《燕山大学学报》（哲学社会科学版）2010年第4期。

能为将来改进法治工作提供具体的抓手。由此，法治指数的法学研究方法将对现实拥有指导意义，而以定量分析为表达形式的法治指数报告也可为公共政策提供客观的信息。

以国家法治指数研究中心长期跟踪评估的政府信息公开透明度指数为例，项目组主要通过观察评估对象门户网站、实际发送政府信息公开申请进行验证等方式，对各级政府依法、准确、全面、及时公开政府信息的情况进行评估，总结政府信息公开工作中取得的成就与实践中出现的问题。通过评估，项目组总结了各地方各部门政府信息公开工作取得的成效，分析了存在的问题，尤其是针对每个评估对象指出了其存在的问题清单，直观展示其问题，也为其改善工作提供了对策建议。

指标是指数评估研究中的重要支撑。国家法治指数研究中心的评估指标设计一直遵循以下原则。第一，依法评估为主。法律法规为公权力机关履职提供了依据，评估法治发展也应坚持依法原则。即所有指标均有法律法规、政策文件等依据或者原则性规定，不随意设置标准、拍脑袋进行评估，以做到让评估对象与公众心服口服。第二，定量评估为主。评估指标的设计在定性分析基础上，以定量分析为主，选取关键数据来重点反映法治建设情况。定量化评估能够让地方的法治成效表现得更加客观、直观，方便把握地方法治发展的总体进程。同时，法治的量化指标也有助于地方政府之间的横向比较，促进相互学习与借鉴法治建设成功经验。第三，第三方评估为主。法治建设是一项系统工程，战线长、任务重、涉及面广、专业性强。由第三方评估机构参与评估可以发挥其专业性强的特点，凭借专业优势，深入各部门各领域进行常态化的日常法治评估，增强评估的科学性和准确性。引入第三方机构开展评估还可以避免相关部门评估时因身在其中而无法客观发现问题的弊端，更可以防止相关部门自说自话，公信力不足的问题。第四，客观评估为主。法治评估应倚重客观数据，以直观发现各地区法治发展的成效与问题。问卷调查方式则可以作为辅助方式来获取相关的数据。第五，常态化评估。法治评估应当立足于评估相关部门的日常工作，应避免运动式的评估，以防止评估对象为了取得好的评估结果应付评估，提前做好各种准备，使评估结果看上去很美但并不一定能反映实际情况，这也背离第三方评估的初衷，影响评估结果的公信力。因此，第三方评估应坚持"四不"原则,即不提前通知、不提前布置、不做动员、不告知详细评估内容。

来源数据的真实可靠是指数评估研究的重要基础。为确保评估结果的客观、真实、科学,国家法治指数研究中心的评估主要依靠自行采集的数据,并辅助一些官方统计数据和自报数据。第一,自行采集数据。评估对象的门户网站是自行采集数据的主要来源。在高度信息化的现代社会,门户网站是国家机关展示自身工作的重要窗口,也是公众获得政务、司法等官方信息,与国家机关沟通的重要渠道,以其可以提供"7 + 24"的不间断服务,且效率高、成本低而受到青睐。因此,评估以网站作为获取数据的主要渠道,并考察网站的友好性,网站运行的稳定性、安全性,网站登录的便捷性,等等。此外,评估还可以通过调取评估对象内部档案等的方式进行数据采集。如通过随机指定案号的方式,调取法院案卷,对案卷中客观反映的司法权运行过程进行分析。第二,官方统计数据。评估也会从官方统计数据中筛选具有法治意义的数据,作为评价法治发展状况的依据。此类数据将主要来源于相关部门公开的数据和其提供的数据。但官方统计数据还须进行必要的验证。第三,评估对象自报数据。部分数据还通过评估对象自报数据的方式来获取,但为了确保数据的真实可靠,项目组会对其真实性和可靠性进行验证。①

三 "智库报告"是展示法治国情调研与法治指数成果的重要形式

智库是"思想库""脑库""外脑"、咨询公司、智囊团或其他智囊组织的通称,是指由多方面的专家、研究人员组成的跨学科公共研究机构,其主旨是为决策者提供政策建议和决策咨询,其服务对象是政府决策者和社会大众,通过各种研究成果影响公共政策的制定和社会舆论。

"智库报告"作为一种成果形式,是展示法治国情调研与法治指数成果

---

① 中国社会科学院法学研究所:《中国政府信息公开第三方评估报告》,中国社会科学出版社2016年版,第2—32页。

的重要形式，是将法学理论与现实问题相结合，运用前沿理论来解决紧迫的现实问题。智库报告兼具学术论文与政策咨询的特点，不仅拥有深厚的理论支撑，又能针对现实问题，运用理论来给出一系列具体的政策建议。事实上，"智库报告"也是一种成果展示平台，是中国社会科学出版社按照中国社会科学院落实党中央、国务院建设新型智库要求的工作部署，于2015 年开始启动的成果发布平台。该平台首次发布的成果就是国家法治指数研究中心就高等学校信息公开情况所做的评估报告。

中国社会科学院国家法治指数研究中心、法学研究所法治国情调研室正是以智库报告为表现形式和成果发布平台，紧抓国情调研与法治指数，把脉中国法治的发展进程。法治国情智库立足中国法治实践，从定性和定量两个维度，从宏观与微观两个层面对中国的法治建设进行全景扫描。国情调研报告采用实地调查、人物访谈等方式全面地剖析中国国情，深入地解读中国道路，有力地发出中国声音，从而形成调研报告和评估报告，积极地为中国改革发展建言献策。指数评估报告通过广泛调研与试点，总结出一套能够代表中国实际的评估指标，分立法、司法、行政与社会等板块定量地反映中国的基层法治状况。

为了集中展示法治指数与国情调研的成果，国家法治指数研究中心决定按年度对主要的报告进行结集出版。

《2014 年的中国立法》分析 2014 年中国的人大立法方面的进展。2014年中国进入了法治建设的新阶段，各个领域的立法日益完善，民生立法、经济立法、社会立法、生态立法切实推进了公民权益的保障，继续回应改革发展和社会现实的需要，积极发挥引领和推动作用。另外，立法工作也呈现出更加精细化的特点，立法项目征集和论证制度、立法协商制度等各项立法程序的建设使得立法更加科学、民主。截至 2015 年，全国的法治量化评估工作也从中央走向了地方，对地方法治发展形成了鲜明的主推作用。地方立法领域有了立法前评估和立法后评估，地方法治政府的量化评估则出现依法行政考核、法治政府建设指标体系、法治指数等多种形态，地方司法领域已有案件质效评估、阳光司法指数、法院公信力指数、公众满意度评估等。

《2014 年政府信息公开第三方评估报告》是首次受国务院办公厅委托，

对全国的政府信息公开工作开展评估,评估对象是国务院部门、省级政府、计划单列市政府。评估发现,政府信息公开平台建设成效明显,重点领域信息公开力度加大,依申请公开渠道较为畅通,不少行政机关注重政策解读与热点回应。但也存在一些问题,如政府信息公开专门机构建设滞后,部分信息公开不全面,依申请公开规范化程度待提升。

《中国地方人大立法指数报告(2014)——基于省级人大常委会网站的考察》立足省级人大门户网站,从立法工作信息、立法活动、立法参与、立法优化四个方面进行了评估。评估发现,部分地方人大在加强立法公开、依法积极开展创制性立法和适用性立法等方面有不少亮点,但总体仍存在立法公开不到位、创制性立法仍处于探索阶段、立法参与待扩展等问题。

《中国地方量化法治的实践与评估》分析了全国范围内对法治发展进行量化评估的实践以及成效、问题等。

《中国高等教育透明度指数报告(2014)——以高等学校网站信息公开为视角》是项目组首次对高等学校信息公开情况进行评估。项目组根据教育部《高等学校信息公开办法》《教育部关于公布〈高等学校信息公开事项清单〉的通知》等规定,选取115所高等学校,通过观察其门户网站、实际验证等方法,对其基本情况、招考信息、学生管理、财务信息和信息公开专栏等内容,进行了调研和评估。

此外,国家法治指数研究中心长期从事法治国情调研工作,地方经验板块在这些调研互动中选取了四川和广东两个最具典型性的法治发展高地作为重点,来展现当前中国法治发展的丰富、多元的一面。

《四川地方立法的回顾与思考》指出,四川省人大及其常委会自取得地方立法权后,注重建设专业队伍,积极开展创制性立法和配套性立法。特别是加强民族自治立法,强调时代特征,较好地保障和促进了四川省的经济社会发展。但从四川省立法的实践看,地方立法仍面临一系列困境和挑战,如立法工作的领导机制亟待加强和健全,地方立法的主流价值取向亟待树立和强化,地方性法规的审议机制亟待修改和完善,人大主导立法的作用亟待彰显,立法计划亟待统筹和平衡,立法变通权亟待研究和深化。

《法治建设的广东经验》认为,经过二十多年的努力,广东省依法治省发展态势良好，立法、执法、司法、普法等各项工作都取得不俗成效，基本实现了预定的各项目标，基本适应了各界对法治的需求。报告提出，制度的构建之于广东省已不是什么问题，其面临的更重要的任务是法律的实施，即执法和司法。

第一篇

2014 年的中国立法

刘 小 妹[*]

摘要：2014 年中国进入了法治建设的新阶段，立法工作也呈现出更加精细化的特点。一方面，立法继续回应改革发展和社会现实的需要，积极发挥引领和推动作用；继续加强民生立法、经济立法、社会立法、生态立法，切实推进公民权益的保障；继续坚持立改废并举，增强法制的统一性。另一方面，探索立法项目征集和论证制度、立法协商制度，使立法更加科学、民主；推进国家安全立法、反腐败国家立法和互联网领域立法，法律规范体系更加完备；加强配套立法和法律解释工作，提高立法的实效性。

关键词：中国 2014 立法

Chinese Legislation in 2014

Liu Xiaomei

Abstract：In 2014，China has entered a new stage of the construction

---

* 刘小妹，中国社会科学院国际法研究所副研究员。

of the rule of law, the legislative work also presants the clarenteristics of more soplisticated. On one hand, the legislature continued to respond to the needs of reform and development, to play a guiding and promotive role in the reform, and to make further efforts in strengthening the legislative work in the fields of law on people's livelihood, economic legislation, social legislation, and ecological legislation, to truly safeguard citizens' rights and interests, to adhere to the policy of simultaneously promoting the adoption, revision and abolition of law, and to strengthen the unity of the legal system. On the other hand, China had explored the system of solicitation and demonstration of legislative items and the legislative negotiation system, thereby making legislation more scientific and democratic, further promoted the construction of a complete system of legal norms by speeding up the formulation of law on national security, the anti-corruption law and the Internet law, and improved the effectiveness of legislation by strengthening the adoption of supporting legislation and interpretation of law.

Key Words：China；2014；Legislation

完备的法律规范体系是全面推进依法治国的前提和基础。随着中国特色社会主义法律体系的形成和不断完善，2014 年的立法工作继续向精细化的方向发展，具体体现在以下方面：一是突出立法重点，及时制定和修改同全面深化改革相关的法律；二是加强地方立法和配套立法，增强法律规范的系统性；三是回应经济社会发展需求，提高法律的可操作性和可执行性；四是立改废释并举，加强法律解释工作；五是推进立法项目论证，增加了法律案通过前评估制度和立法后评估制度；六是坚持开门立法，增强了立法透明度。2014 年，全国人民代表大会常务委员会共制定法律 2 部，修订法律 5 部，修改法律 5 部，废止法律 1 部，出台立法解释 8 项（见表 1）；国务院制定行政法规 6 部，修订行政法规 3 部，修改行政法规 29 部，废止行政法规 3 部（见表 2）；国务院各部委制定或修改了部门规章 150 余件；有立法权的地方人大和地方政府制定或修改地方性法规、规章 900 余件。

表1 　　　　　　　　　　2014 年全国人大常委会立法情况

序号	颁布时间	行政法规名称
1	2014 年 11 月 1 日	《中华人民共和国反间谍法》（制定）
2	2014 年 12 月 28 日	《中华人民共和国航道法》（制定）
3	2014 年 4 月 24 日	《中华人民共和国环境保护法》（修订）
4	2014 年 6 月 27 日	《中华人民共和国军事设施保护法》（修订）
5	2014 年 8 月 31 日	《中华人民共和国安全生产法》（修订）
6	2014 年 8 月 31 日	《中华人民共和国预算法》（修订）
7	2014 年 11 月 1 日	《中华人民共和国行政诉讼法》（修订）
8	2014 年 8 月 31 日	《中华人民共和国气象法》（修改）
9	2014 年 8 月 31 日	《中华人民共和国政府采购法》（修改）
10	2014 年 8 月 31 日	《中华人民共和国注册会计师法》（修改）
11	2014 年 8 月 31 日	《中华人民共和国证券法》（修改）
12	2014 年 8 月 31 日	《中华人民共和国保险法》（修改）
13	2014 年 11 月 1 日	《中华人民共和国国家安全法》（废止）
14	2014 年 4 月 24 日	全国人民代表大会常务委员会关于《中华人民共和国刑法》第三百四十一条、第三百一十二条的解释
15	2014 年 4 月 24 日	全国人民代表大会常务委员会关于《中华人民共和国刑法》第一百五十八条、第一百五十九条的解释
16	2014 年 4 月 24 日	全国人民代表大会常务委员会关于《中华人民共和国刑法》第三十条的解释
17	2014 年 4 月 24 日	全国人民代表大会常务委员会关于《中华人民共和国刑法》第二百六十六条的解释
18	2014 年 4 月 24 日	全国人民代表大会常务委员会关于《中华人民共和国刑事诉讼法》第二百七十一条第二款的解释
19	2014 年 4 月 24 日	全国人民代表大会常务委员会关于《中华人民共和国刑事诉讼法》第二百五十四条第五款、第二百五十七条第二款的解释
20	2014 年 4 月 24 日	全国人民代表大会常务委员会关于《中华人民共和国刑事诉讼法》第七十九条第三款的解释
21	2014 年 11 月 1 日	全国人民代表大会常务委员会关于《中华人民共和国民法通则》第九十九条第一款、《中华人民共和国婚姻法》第二十二条的解释

表2 2014 年国务院行政法规立法情况

序号	颁布时间	行政法规名称
1	2014 年 1 月 17 日	《中华人民共和国保守国家秘密法实施条例》（制定）
2	2014 年 2 月 16 日	《南水北调工程供用水管理条例》（制定）
3	2014 年 2 月 21 日	《社会救助暂行办法》（制定）
4	2014 年 4 月 25 日	《事业单位人事管理条例》（制定）
5	2014 年 8 月 7 日	《企业信息公示暂行条例》（制定）
6	2014 年 11 月 24 日	《不动产登记暂行条例》（制定）
7	2014 年 3 月 7 日	《医疗器械监督管理条例》（修订）
8	2014 年 4 月 29 日	《中华人民共和国商标法实施条例》（修订）
9	2014 年 11 月 27 日	《中华人民共和国外资银行管理条例》（修订）
10	2014 年 2 月 19 日	《国务院关于废止和修改部分行政法规的决定》（修改 8 部）
11	2014 年 7 月 29 日	《国务院关于修改部分行政法规的决定》（修改 21 部）
12	2014 年 2 月 19 日	《中外合资经营企业合营各方出资的若干规定》（废止）
13	2014 年 2 月 19 日	《〈中外合资经营企业合营各方出资的若干规定〉的补充规定》（废止）
14	2014 年 3 月 1 日	《中华人民共和国保守国家秘密法实施办法》（废止）

资料来源：中国人大网，http：//www.npc.gov.cn/。

一 2014 年立法概况

（一）规范政府与市场关系，推进法治政府建设

转变政府职能，推进简政放权，是激发市场活力和经济内生动力的创新举措。2014 年 8 月 7 日，国务院出台《企业信息公示暂行条例》，明确规定企业对其公示信息的真实性、及时性负责，政府部门只承担其职责范围内的公示和监管责任。实施企业信息公示制度是推进政府简政放权、放管结合的重大举措，也是社会信用体系建设的重要手段，更是国家治理体系和治理能力现代化的具体体现。

为贯彻落实《物权法》、推进不动产统一登记制度的实施，2014 年 11 月 24 日国务院颁布《不动产登记暂行条例》，对不动产的概念进行了界定，并以实现登记机构、登记簿册、登记依据和信息平台"四统一"为

核心，明确了统一登记的机构、规则和范围，明确界定了登记机构及其工作人员的职责，全面规范了登记程序和登记行为，为不动产统一登记提供了法律上的指引和保障，对保障交易安全、维护权利人的合法权益具有重要意义。

推进法治政府建设必须处理好政府与市场的关系，坚持有限政府的理念，让市场在资源配置中起主要作用。2014 年 6 月 4 日，在《国务院关于促进市场公平竞争维护市场正常秩序的若干意见》中，明确提出了市场监管的改革目标，以适应中国建设市场经济的发展趋势。7 月 29 日，为依法推进行政审批制度改革和政府职能转变，根据 2014 年 1 月 28 日公布的《国务院关于取消和下放一批行政审批项目的决定》，国务院对取消和下放的行政审批项目所涉及的行政法规进行了清理，对《国务院关于通用航空管理的暂行规定》《高等教育自学考试暂行条例》《船舶登记条例》等 21 部行政法规的部分条款进行了修改。8 月 31 日，全国人大常委会根据国务院的提请，对《保险法》《证券法》《注册会计师法》《政府采购法》《气象法》5 部法律的部分条款进行了修改。

此外，为了进一步放宽市场主体的准入条件，激发社会的投资活力，2014 年 2 月 19 日，依据新修改的《公司法》，落实《注册资本登记制度改革方案》中关于注册资本实缴登记改为认缴登记、年度检验验照制度改为年度报告公示制度，以及完善信用约束机制的内容，国务院对所涉及的相关行政法规进行了清理，废止了《中外合资经营企业合营各方出资的若干规定》和《〈中外合资经营企业合营各方出资的若干规定〉的补充规定》，并对《公司登记管理条例》《企业法人登记管理条例》等 8 部行政法规的部分条款进行了修改。

（二）突出民生保障和社会管理立法，切实保障公民权益

社会救助是一项保民生、促公平的托底性、基础性的制度安排，是维护和保障困难群众切身利益的重大民生措施。2014 年 2 月 21 日国务院颁布的《社会救助暂行办法》（以下简称"办法"），确立了以最低生活保障、特困人员供养、受灾人员救助以及医疗救助、教育救助、住房救助、就业救助和临时救助为主体，以社会力量参与为补充的社会救助制度框

架。该办法赋予了民政部统筹全国社会救助体系建设的职责，并规定了县级以上人民政府建立健全政府领导、民政部门牵头、相关部门配合、全社会共同参与的社会救助工作机制。特别值得一提的是，该办法在特困人员供养、医疗救助、临时救助等方面不再区别对待城乡居民，实现了城乡居民权利的平等。

安全生产事关人民群众生命财产的安全，事关改革开放、经济发展和社会稳定的大局。2014 年 8 月 31 日，全国人大常委会修订了《安全生产法》，强化了三个方面的制度措施：一是强化落实生产经营单位的主体责任，建立事故隐患排查治理制度；二是强化政府监管职责，对生产单位实行分类分级监管，完善监管措施，增强监管执行力；三是强化安全生产责任追究，加大对违法行为特别是对责任人的处罚力度。此外，该法还充实了对生产安全事故应急救援和调查处理的相关规定。医疗器械的安全有效直接关系到人的健康和生命安全。2014 年 3 月 7 日国务院修订了《医疗器械监督管理条例》，强化了以下方面的监管：一是进一步简化和下放医疗器械生产经营审批，规范事前备案和许可制度；二是对医疗器械按照风险程度实行分类监管，重点监管高风险产品；三是将医疗器械的研制、生产、经营、使用四个环节统一纳入监管范围，加强"事中""事后"监管，形成了全过程无缝隙的监管体系；四是完善了法律责任，调整了处罚幅度，增加了处罚种类，加大了对严重违法行为的处罚力度。

南水北调是缓解北方地区水资源短缺、实现水资源整体优化配置的战略性基础设施。2014 年 2 月 16 日，国务院公布了《南水北调工程供用水管理条例》，对南水北调工程的水量调度、水质保障、用水管理和工程保护进行了全面规范，确保能充分发挥南水北调工程的经济效益、社会效益和生态效益。这也是国务院继三峡工程之后，第二次针对大型工程的专门立法。

事业单位是政府履行公共服务职能的重要机构，中国现有事业单位 111 万个，事业编制 3153 万人。因应事业单位人事制度改革的客观需要，国务院于 2014 年 4 月 25 日制定出台了《事业单位人事管理条例》，确立了事业单位人事管理的基本制度，并从实施公开招聘、规范聘用合同、参加社会保险、工资增长机制等方面对事业单位的人事管理进行了系统规范。

（三）推进生态环境立法，维护国家环境安全

长期追求 GDP 增速的粗放型发展模式，对人民赖以生存的大气、水、土壤等造成了严重污染。如何从制度和立法层面平衡公众的环境诉求与经济发展的关系，加快环境治理，成为修订《环境保护法》必须应对的问题。2014 年 4 月 24 日，全国人大常委会修订的《环境保护法》，确立了"经济社会发展与环境保护相协调"的环境优先理念，明确了政府对环境保护的监督管理职责，完善了生态保护红线、污染物总量控制、环境监测和环境影响评价、跨行政区域联合防治等环境保护的基本制度，强化了企业的污染防治责任，加大了对环境违法行为的法律制裁力度，还就政府、企业公开环境信息与公众参与、监督环境保护作出了系统规定，是一部操作性很强的实施法。

航道既是重要的公益性基础设施，也是战略性资源，在支撑江河流域产业带的形成和发展流域经济中发挥了重要作用。2014 年 12 月 28 日，全国人大常委会出台了《航道法》，规范和加强了航道的规划、建设、养护和保护，把综合利用和保护水资源与保护环境作为促进航道发展的一项重要原则，要求在编制航道规划时应当依法进行环境影响评价。《航道法》的出台，意味着对中国 13 万公里航道的通航里程实现了立法支持，为解决目前航道发展面临的主要问题和突出矛盾，为促进航运发展，提供了法律保障。

（四）加强财政金融领域立法，加快建立现代财政制度

为改进预算管理制度，实施全面规范、公开透明的预算制度，2014 年 8 月 31 日全国人大常委会修订了《预算法》，完善了全口径预算管理、地方政府举借债务、预算公开等方面的内容，并强化了人大对预算的监督审查，以最严密的制度"笼子"，管好国家的钱袋子。《预算法》还规定，预算包括一般公共预算、政府性基金预算、国有资本经营预算、社会保险基金预算，同时明确了每一类预算的编制方法和原则，以此推进各类预算的规范编制，加强立法监督。

2014 年 11 月 27 日，国务院修订了《外资银行管理条例》，对在中国

运营的外商独资银行、中外合资银行和外国银行在华分行的设立与登记以及业务范围作出了明确规定，允许在华外资法人银行为中国客户提供全面的金融服务。条例既兑现了中国加入世界贸易组织时的承诺，又对国内银行业进行了适度保护，而且在向外资全面开放银行业的同时又加强了对外资银行的监督管理。条例标志着中国在开放金融领域的过程中迈出了历史性的一步。

（五）加快国家安全立法，构建国家安全法律制度体系

为适应中国国家安全面临的新形势、新任务，进一步规范和加强反间谍工作，2014 年 11 月 1 日，全国人大常委会制定了《反间谍法》，规定了反间谍工作的原则、间谍行为的定义、国家安全机关的相关职责、保障公民和组织的合法权益等方面的内容，对于防范、制止和惩治间谍行为，维护国家安全具有十分积极的意义。《反间谍法》公布实施后，《国家安全法》亦同时废止。

军事设施的保护事关国家安全，为了统筹兼顾经济社会建设和军事设施保护，适应国防和军队建设、军事斗争准备的需要，以及贯彻分级分类保护思想，2014 年 6 月 27 日，全国人大常委会修订了《军事设施保护法》，全面规范军事禁区、军事管理区、军事禁区外围安全控制范围、作战工程安全保护范围的划定标准；内部保护与外部保护并举，完善军事设施保护措施；规定设有军事设施的地方，有关军事机关和县级以上地方人民政府应当建立军地军事设施保护协调机制，相互配合，监督、检查军事设施的保护工作。此外，为全面加强反恐怖主义斗争、最大限度地消除恐怖主义威胁，全国人大常委会对《反恐怖主义法》的立法程序亦稳步推进。这些国家安全方面的立法，为构建国家安全法律制度体系，推进公共安全的法治化进程奠定了基础。

政府行使保密职权是维护国家安全的需要，但公民的知情权和民主监督权亦应受到同等甚至更高程度的重视。因此，为平衡保密与政府信息公开之间的关系，2014 年 1 月 17 日国务院制定的《保守国家秘密法实施条例》，在《国家保密法》关于"法律、行政法规规定公开的事项，应当依法公开"的基础上，与《政府信息公开条例》相衔接，强调"机关、单

位不得将依法应当公开的事项确定为国家秘密,不得将涉及国家秘密的信息公开"。此外,该条例还进一步细化了国家保密事项,明确了定密责任人制度,增加秘密标志、秘密载体等使用、销毁方面的技术性规范,强化保密执法主体的监督管理职责,强化保密工作保障。该条例自 2014 年 3 月 1 日起实施,《保守国家秘密法实施办法》同时废止。

（六） 完善行政诉讼程序，畅通权利救济渠道

为解决人民群众反映强烈的立案难、审理难、执行难等突出问题,适应依法行政,建设法治政府的要求,2014 年 11 月 1 日,全国人大常委会表决通过了《关于修改〈行政诉讼法〉的决定》,对这部与百姓息息相关的"民告官"法律作出了重要修改。一是扩大受案范围,加强权利保护。将对征收、征用及其补偿决定不服的,行政机关滥用行政权力排除或者限制竞争的,违法集资、摊派费用的,没有依法支付最低生活保障待遇或者社会保险待遇的等行政行为纳入了受案范围。二是解决行政案件立案难、审理无权威、执行难的问题。规定立案由审查制变为登记制,规定行政机关不得干预、阻碍法院立案,起诉期限延长至"六个月",行政首长应当出庭应诉,民事和行政争议一并审理,行政赔偿、补偿以及行政机关行使法律法规规定的自由裁量权的案件可以调解,不执行可拘留行政机关直接责任人等制度,以减少原告起诉和诉讼阻碍,畅通权利救济渠道。三是完善证据制度,明确举证责任。具体包括明确被告逾期不举证的后果、完善被告的举证制度、明确原告的举证责任、完善人民法院调取证据制度、明确证据的适用规则五个方面。四是规定法院可附带审查规范性文件。五是明确了复议机关决定维持原行政行为的,复议机关是共同被告。

（七） 推进政府采购配套立法，规范公共采购

据中国物流与采购联合会的不完全统计和测算,中国公共采购市场规模已超过 20 万亿元,面对如此大规模的采购市场,政府采购相关的法律制度体系亟须完善。为此,在 2014 年 12 月 31 日召开的国务院常务会议审议通过了《政府采购法实施条例（草案）》,强化了对政府采购源头和结果的管理,强化信息公开,强化对政府采购行为的监管和社会监督。

二　2014 年立法评析

（一）坚持立法先行，发挥立法引领作用

中国正处在全面深化改革和全面推进依法治国的进程之中，如何让深化改革与推进法治并行不悖、相得益彰，就要对立法与改革的关系有一个清晰的定位。一方面，重大改革要于法有据；另一方面，立法应主动适应改革和经济社会发展的需要。因此，必须在两个方面加强立法工作：一是科学立项，增强立法的针对性、计划性，发挥立法的引领作用；二是实现立法和改革决策的衔接，确保在法治轨道上推进改革。

首先，十八届四中全会决定提出"完善立法项目征集和论证制度"前后，全国人大常委会以及广东、四川、海南、山东、北京、上海、广州、深圳、成都等省市的人大常委会和政府法制办不仅陆续开始实施立法项目征集和论证制度，而且还制定了一些地方性法规来规范立法计划编制、立法项目征集、立项论证等立项程序。立法项目征集和论证制度必将对科学、合理编制立法计划，推进科学立法、民主立法，增强立法的针对性，以及从源头上提高立法质量，起到很好的推动和保障作用。

其次，为适应财政体制和社会管理体制改革的需要，全国人大常委会修订了《预算法》《安全生产法》，国务院制定了《社会救助暂行办法》和《事业单位人事管理条例》；为确保在法治轨道上推进改革，全国人大常委会和国务院分别对取消和下放的行政审批项目涉及的法律和行政法规进行了清理，修改法律 5 部，修改行政法规 21 部；为了落实《注册资本登记制度改革方案》，国务院对涉及的行政法规进行了清理，废止了 2 部行政法规，修改了 8 部行政法规。这些立法有力地保障了立法与改革决策的相互协调。

（二）坚持立法为民，更好保障公民权益

以民为本、立法为民，确立了立法的价值取向。近十多年来，以改善民生为重点、着力加强社会领域立法，日益成为立法工作的重点。2014

年，《环境保护法》《安全生产法》《行政诉讼法》的修改，《社会救助暂行办法》《医疗器械监督管理条例》《南水北调工程供用水管理条例》的制定，《食品安全法》《大气污染防治法》《广告法》等民生领域立法和修法步伐加快，也都充分考虑到了百姓关注的热点问题。例如，雾霾治理入法是新环保法回应百姓关切的一大亮点，该法还强调了全社会共同治理的理念，更加重视信息公开和公众参与，并对社会广泛关注的环境公益诉讼作了进一步完善。

"法不察民之情而立之，则不成。"无论是新制定的法律还是正在修改的法律，都应在"立法为民"理念的指引下，使立法成为保护人民群众合法权益的重要途径。

（三）坚持开门立法，立法更加公开透明

立法的过程，实质是不同利益的整合、协调和平衡的过程。平衡各种不同利益要求的最好办法，是在立法过程中充分发扬民主，广泛听取各方面的意见：一是充分发挥人大代表、立法顾问、专家学者和社会公众的作用；二是建立立法协商制度；三是采取公开征求意见、召开座谈会和论证会等方式广泛听取社会各方面的意见。其中，向社会公布法律草案，公开征求意见，是坚持开门立法的重要举措。2014 年全国人大常委会公布了《立法法修正案（草案）》《立法法修正案（草案二次审议稿）》《行政诉讼法修正案（草案）》《行政诉讼法修正案（草案二次审议稿）》《广告法（修订草案）》《广告法（修订草案二次审议稿）》《食品安全法（修订草案）》《食品安全法（修订草案二次审议稿）》《安全生产法修正案（草案）》《大气污染防治法（修订草案）》《航道法（草案）》《反间谍法（草案）》《反恐怖主义法（草案）》《刑法修正案（九）（草案）》，共向社会征集 8.3 万余条意见（见表 3）。

表 3　　　　　　　　　2014 年法律草案公开征集意见情况

法律草案名称	征求意见时间	参与人数（人）	意见条数（条）
《立法法修正案（草案）》	2014 年 8 月 31 日至 2014 年 9 月 30 日	230	609

法律草案名称	征求意见时间	参与人数（人）	意见条数（条）
《立法法修正案（草案二次审议稿）》	2014 年 12 月 30 日至 2015 年 1 月 29 日		
《行政诉讼法修正案（草案）》	2013 年 12 月 31 日至 2014 年 1 月 30 日	1483	5436
《行政诉讼法修正案（草案二次审议稿）》	2014 年 8 月 31 日至 2014 年 9 月 20 日	1586	2300
《广告法（修订草案）》	2014 年 8 月 31 日至 2014 年 9 月 30 日	1403	2380
《广告法（修订草案二次审议稿）》	2014 年 12 月 30 日至 2015 年 1 月 29 日		
《食品安全法（修订草案）》	2014 年 7 月 1 日至 2014 年 7 月 31 日	2468	8877
《食品安全法（修订草案二次审议稿）》	2014 年 12 月 30 日至 2015 年 1 月 29 日		
《安全生产法修正案（草案）》	2014 年 3 月 2 日至 2014 年 4 月 1 日	3181	7142
《大气污染防治法（修订草案）》	2014 年 12 月 30 日至 2015 年 1 月 29 日		
《航道法（草案）》	2014 年 4 月 25 日至 2014 年 5 月 24 日	445	1487
《反间谍法（草案）》	2014 年 8 月 31 日至 2014 年 9 月 15 日	81	211
《反恐怖主义法（草案）》	2014 年 11 月 4 日至 2014 年 12 月 3 日	1023	3295
《刑法修正案（九）（草案）》	2014 年 11 月 4 日至 2014 年 12 月 3 日	15096	51362

资料来源：中国人大网，http://www.npc.gov.cn/。

2014 年，公开征求意见工作机制出现了两个新亮点：一是法律草案的二次审议稿公开征求意见逐步作为一种制度坚持下来，二是建立健全公众意见采纳情况反馈机制。

（四）坚持立改废释并举，增强法制统一性

2014 年立法，不仅坚持立改废并举，根据行政审批制度改革的需要对相关法律、行政法规进行了集中清理，而且加强了法律解释工作，保障法律的正确贯彻实施，并使法律规范更加统一、衔接。2014 年 11 月 1 日，全国人大常委会关于《民法通则》第 99 条第 1 款、《婚姻法》第 22 条的解释，是首次对民法领域的法律作出的立法解释。此外，为保证《刑法》《刑事诉讼法》的正确贯彻实施，根据司法实践需要，全国人大常委会还对《刑法》《刑事诉讼法》有关规定作出了 7 项法律解释。

（五）加强配套立法，增强立法可操作性

配套立法在确保法律体系系统存在和有效运行中发挥着重要的作用，也是立法系统中比较薄弱的部分。随着依法治国的全面推进，按照四中全会决定提出的"建设中国特色社会主义法治体系"的要求，立法应当更加注重法律规范的可操作性、增强立法的实效性。《保守国家秘密法实施条例》的制度就比较典型。此外，为贯彻落实于 2014 年 5 月 1 日施行的新商标法，国务院还对《商标法实施条例》进行了修订。新修改的条例在便利当事人方面作出了多项规定，细化了新商标法的相关条款，使其更便于操作，更有利于社会公众简便快捷地办理各类商标申请事宜①。

三　2015 年立法展望

（一）继续推进司法体制和行政体制改革的配套立法

十八届四中全会《中共中央关于全面推进依法治国若干重大问题的决定》（以下简称"四中全会《决定》"）确立了探索设立跨行政区划的人民法院和人民检察院、最高人民法院设立巡回法庭、检察机关提起公益诉

---

① 《〈商标法实施条例〉解答》，国务院法制办公室网站，2015 年 1 月 2 日访问。

讼等司法体制改革举措，这些改革措施已经突破了《宪法》《全国人民代表大会组织法》《地方各级人民代表大会和地方各级人民政府组织法》规定的人民代表大会制度和民主集中制的国家机构组织活动原则，突破了人民法院组织法、人民检察院组织法的相关规定，因此，相关法律的修改应该成为未来立法关注的重点。四中全会《决定》还提出了健全宪法解释程序机制、健全依法决策机制以及完善立法制度、设区的市享有地方立法权等改革措施，据此启动了宪法解释程序法、行政决策程序法的制定，加快推进《立法法》修改等，也将成为今后立法的重要内容。此外，转变政府职能，推进简政放权的行政体制改革还将继续深化，因此，为适应形势的变化和经济社会发展的需求，相关的立改废工作也必须协调推进。

（二）继续推进民生保障和社会管理立法

食品安全聚焦了全社会的关注目光，2013 年 3 月，国务院组建国家食品药品监督管理总局，推进食品安全监管体制改革。推动以法律形式固定改革成果、完善监管制度机制，《食品安全法》的修改势在必行。广告对百姓生活的影响广泛而深远，近年来，社会各界对广告市场存在的问题反映十分强烈，《广告法》的修改亦是当务之急。2014 年 12 月 28 日，全国人大常委会审议了《食品安全法（修订草案）》《广告法（修订草案）》，并公布了《食品安全法（修订草案二次审议稿）》《广告法（修订草案二次审议稿）》，于 2014 年 12 月 30 日至 2015 年 1 月 29 日向社会公众公开征求意见。按照全国人大常委会的立法程序，《食品安全法》《广告法》的修订成为 2015 年民生保障与社会管理立法的首要之举。

（三）加快生态环境保护立法，着力环境治理

抓紧制定新《环境保护法》配套法规，完善相关法律制度，着重解决大气、水、土壤等污染方面存在的突出问题，是生态环境保护立法的重点。新《环境保护法》对以往的环境规划、环境标准、环境监测、环境评估、环境经济政策、总量控制、生态补偿、排污收费、排污许可等管理制度作了切合实际的修改，不仅可以独立适用，对单项环保法律的"立改废"也有重要的指导意义，对有关行政法、民法和刑法在环保领域的适用

也具有统合作用，同时，对地方环境立法给予了相应授权①。

2014 年 12 月 28 日，全国人大常委会审议通过了《大气污染防治法（修订草案）》，并就修订草案公开向社会公众征求意见。草案强调源头治理、全民参与，强化污染排放总量和浓度控制，增加了对重点区域和燃煤、工业、机动车、扬尘等重点领域开展多污染物协同治理和区域联防联控的专门规定，明确了对无证、超标排放和监测数据作假等行为的处罚措施。加快推进《大气污染防治法》的修改，加强环境治理，是 2015 年立法的一个着力点。

（四）加强互联网领域立法，填补立法空白

伴随互联网及电子商务行业在中国的兴起，互联网广告、互联网交易、互联网知识产权保护和竞争秩序建构等都急需纳入法律的规制范围。例如，随着互联网的迅速发展，互联网广告所占的市场份额逐年大幅提升，由于规范与监管缺位，互联网广告逐渐成为虚假、低俗等违法广告投放的重灾区，严重损害消费者的合法权益和扰乱公平竞争的市场秩序。为此，《广告法》修订的重要内容之一，就是将互联网广告等新的广告形式纳入法律规范对象，填补立法空白。此外，备受关注的网络食品交易监管法律亦付阙如，因此必须加快推进《食品安全法》的修改，填补网购食品的立法空白，加大网络食品交易第三方平台的责任，保护消费者的合法权益。

（五）加快反腐败国家立法，推进法治反腐

针对反腐败立法尚存在权力运行制度不健全、惩治腐败的规则较为分散、欠缺反腐败综合性立法等缺陷，四中全会《决定》作出了"加快推进反腐败国家立法，完善惩治和预防腐败体系"的改革部署。反腐败国家立法大致包括三个部分：一是制定反腐败基本法；二是制定反腐败专门法律和配套法律；三是注重立改废工作，增强现有立法的协调性和统一性，实现国家立法与党内法规的协调与衔接。目前，国家立法是反腐败立法体

---

① 《环境立法史上的又一里程碑》，新民网，2015 年 1 月 2 日访问。

系中最基础、最欠缺也是最有待加强的，包括：加快推进反腐败基本法的制定；从源头上加强和完善政务公开、公民参与、行政程序和行政组织法等一系列的立法，让权力在法律下运行；有针对性地制定和完善专门的反腐败单行法律，如完善惩治贪污贿赂和渎职侵权犯罪、规范国家工作人员从政行为方面的法律规定，规范领导干部工作生活保障制度，制定领导职务责任追究法、公民举报法等，使反腐完全运行在法治轨道上，增强法治反腐能力。

第二篇

2014 年政府信息公开第三方评估报告

中国社会科学院法学研究所法治
指数创新工程项目组[*]

摘要：为落实《政府信息公开条例》及相关政策文件的要求，推动政府信息公开工作，提升政府信息公开效果，受国务院办公厅政府信息与政务公开办公室委托，中国社会科学院法学研究所法治指数创新工程项目组对国务院部门、省级政府、计划单列市政府 2014 年实施政府信息公开制度的情况进行第三方评估。项目组从主动公开、依申请公开、政策解读与热点回应三个方面观察分析了目前政府信息公开工作及其成效。评估发现，政府信息公开平台建设成效明显，重点领域信息公开力度加大，依申请公开渠道较为畅通，不少行政机关注重政策解读与热点回应。但也存在一些问题，如政府信息公开工作专门机构建设滞后，部分信息公开不全面，依申请公开规范化程度待提

---

* 项目组负责人：田禾，中国社会科学院法学研究所研究员、国家法治指数研究中心主任。项目组成员：吕艳滨、王小梅、栗燕杰、缪树蕾、赵千羚、张誉、刘迪、郑博、王旭、慕寿成、张多、张爽、周震、宁妍、赵凡、沙元冲、郑瑶、孙琳、张丽、邹奕、王艳萍、王璐、颜云云、赵雪、万琪珑。执笔人：吕艳滨，中国社会科学院法学研究所研究员；刘迪、张多、周震、宁妍、张爽、赵凡等参与了部分内容的写作。

升。项目组建议进一步加强制度建设，细化公开标准，提升公开效果。

关键词： 政府信息公开　第三方评估　法治政府　透明政府

Third Party Assessment Report on the Disclosure of Government Information in China（2014）

Team of Innovation Project on Indices of Rule of Law,

CASS Law Institute

Abstract： In order to implement *Regulations on the Disclosure of Government Information* and other related policy documents and enhance the effect of disclosure of government information in China, the Team of Innovation Project on Indices of the Rule of Law of the Institute of Law Chinese Academy of Social Sciences, entrusted by the Office of Disclosure of Government Information and Openness of Government Affairs of the General Office of the State Council, carried out third party assessments of the implementation of the system of disclosure of government information by various organs under the State Council, local governments at the provincial level, and governments of municipalities separately list on the state plan in 2014. The Project Team carried out the assessments through examination and analysis of the work of disclosure of government information from the perspectives of disclosure at their own initiatives, disclosure upon the application, explanation of policies and response to public concerns over hot issues. The assessments show that these government organs have made evident achievements in constructing platforms of disclosure, intensified their efforts in the disclosure in key fields, established smooth channels of disclosure of upon application, and attached great importance to the explanation of policies and response to public concerns over hot issues. However, the assessments have also revealed some problems, such as the slowness in the construction of special organs responsible for disclosure, the incomprehensiveness of disclosure of some categories of information, and the lack of standardization of the work of disclosure upon application. Based on the results of the assessments, the Project Team puts forward suggestions to the government organs on further strengthening institutional construction, and elaborating the standards and enhancing the effect of the disclosure of government information.

Key Words：Disclosure of Government Information；Third Party Assessment；Law-based Government；Transparent Government

为落实《政府信息公开条例》和《国务院办公厅关于印发 2014 年政府信息公开工作要点的通知》（国办发〔2014〕12 号）、《国务院办公厅关于进一步加强政府信息公开回应社会关切提升政府公信力的意见》（国办发〔2013〕100 号）等相关政策文件的要求，推动政府信息公开工作，提升政府信息公开效果，受国务院办公厅政府信息与政务公开办公室委托，中国社会科学院法学研究所法治指数创新工程项目组（以下简称"项目组"）对国务院部门、省级政府、计划单列市政府 2014 年实施政府信息公开制度的情况进行了第三方评估。评估指标体系经过多轮论证，并征求了部分国务院部门、地方政府以及部分在京相关领域专家学者的意见。

一 评估依据、对象、指标及方法

（一）评估依据

评估指标体系中的指标均依据《政府信息公开条例》等法律法规及《国务院办公厅关于印发 2014 年政府信息公开工作要点的通知》（国办发〔2014〕12 号）、《国务院办公厅关于进一步加强政府信息公开回应社会关切提升政府公信力的意见》（国办发〔2013〕100 号）等国务院办公厅近年来发布的关于实施政府信息公开制度的系列文件设定。

（二）评估对象

本次评估的对象为 56 家国务院部门、31 家省级政府、5 家计划单列市政府。其中，国务院部门的评估对象为具有独立的行政法人资格，对外有行政管理权限，与企业、人民群众办事密切相关或社会关注度较高的国务院下属机构。

（三）评估指标

项目组对政府信息公开工作的评估，坚持以结果为导向，以公众视角为重点，分析各被评估对象的实际公开效果，从外部观察政府信息是否依法公开、是否方便公众获取。据此，本次评估内容分为主动公开、依申请公开、政策解读回应三个方面。

（四）评估方法

项目组主要是通过观测评估对象门户网站、实际验证等方式，对各级政府依法、准确、全面、及时公开政府信息的情况进行测评，总结政府信息公开工作中取得的成就，并分析其当前存在的问题。本次评估不采取打分排名的形式。

项目组自2014年11月开始，陆续对被评估对象开展测评，观察、统计各被评估对象门户网站公开政府信息的情况以及开展重大政策解读、回应社会关切的情况；11月底，项目组开始向评估对象发出政府信息公开申请，验证申请渠道是否畅通及申请答复的规范程度。

二　各级政府在信息公开方面取得的成就

（一）信息公开平台建设整体较为规范

对政府信息公开平台的评估主要是考察各行政机关在门户网站设置政府信息公开专栏及其基本要素的情况，政府信息公开目录配置情况，新闻发布情况，微博、微信平台开通运行情况，对地方政府还考察了其政府公报的发布情况。评估发现，各级行政机关在信息公开平台建设方面成效显著。

1. 信息公开渠道多元化

政府信息公开有政府网站、政府公报、新闻发布会、微博、微信等多种渠道。政府网站是政府信息公开的第一平台，其他渠道也各具特点和优势，可以适应不同情况的公开要求、满足不同群体的需求。从评估情况看，各级行政机关的信息公开渠道呈现出多元化的特点。

首先，门户网站已经成为各级行政机关公开政府信息的第一平台。本次评估发现，所有被评估的国务院部门、省级政府、计划单列市政府都建有门户网站，并集中发布本级政府机关的各类信息。一些地方政府还积极探索建立政府信息公开的集中平台，如广东省开通网上办事大厅，集中发布各部门、各地市的行政审批事项；浙江省开通"浙江政务服务网"，集中发布行政权力清单、部门责任清单、企业投资负面清单和财政专项资金管理清单。这些集中平台的建设，极大地方便了信息查询，使服务型政府建设落地坐实。

其次，政府公报在公开重大政策方面发挥了重要作用。政府公报是公开重大决策最权威、最正式的渠道之一。依据项目组的调研，各地方政府都十分重视政府公报的编写和出版，有的地方政府在经费有限的情况下，还最大限度地给镇、街道、村委会、居委会等基层机构送阅公报，以方便基层人民群众了解政府管理动态和政策文件。而随着信息化的发展，各地方政府还普遍在门户网站公开政府公报的电子版，以方便公众通过门户网站查阅。本次评估发现，31家省级政府中仅有2家未在门户网站提供政府公报电子版、1家提供的政府公报栏目信息链接无效，5家计划单列市政府的门户网站均设置了公报栏目。

再次，新闻发布会成为发布政府信息的权威渠道。国办发〔2013〕100号文提出，与宏观经济和民生关系密切以及社会关注事项较多的相关职能部门，要进一步增加发布会的频次，原则上至少每季度举办一次新闻发布会。评估发现，不少行政机关已经形成了较为固定的新闻发布机制，并及时对外发布政府信息。据不完全统计，截至12月中旬，56家国务院部门中除外交部每月召开10次以上新闻发布会外，召开发布会次数较多的有：证监会召开40余次，商务部召开近30次，教育部召开近20次，发展改革委每月2次，卫生计生委每月1次；31家省级政府中，山东省政府共召开57次，湖南省政府共召开45次，甘肃省政府共召开44次，北京市政府共召开39次；5家计划单列市政府中，青岛市政府召开了70

余次新闻发布会。

最后，微平台成为发布政府信息的新渠道。随着信息化及移动通信技术的发展，微博、微信等新媒体的普及率提升，越来越多的人习惯于通过移动通信设备获取信息。为此，各行政机关积极配合信息传播的需要，纷纷开通微博、微信。截至 2014 年 12 月 31 日，有 25 家国务院部门、31 家省级政府、4 家计划单列市政府开通了政务微博（未统计以行政机关内设机构名义认证的微博账号）；有 22 家国务院部门、22 家省级政府、4 家计划单列市政府开通了政务微信（未统计以行政机关内设机构名义认证的微信公众号）。在过去一段时间，有些党政机关开通微博、微信后，更多的是发布一些与自身工作无关的信息或者主要转载其他机关的信息，其微平台在发布本部门信息方面做得不到位。本次评估则发现，被评估对象普遍表现较好，在开通微博的行政机关中，有 24 家国务院部门、28 家省级政府发布的主要是本部门业务信息；在开通微信的部门中，分别有 21 家国务院部门和 21 家省级政府发布的是本部门业务信息。此外，有些行政机关还研发并开通了移动客户端，公众在手机、平板电脑等移动通信设备上安装相关 APP 软件后便可以实时接收该部门推送的信息。截至 12 月 31 日，共有 6 家国务院部门、5 家省级政府、3 家计划单列市政府开通了此功能，另有 1 家计划单列市政府开通了 WAP 版手机访问平台。从调研情况看，上述微平台都能做到定期发布本行政机关的政府信息，活跃度较高。

2. 政府信息公开栏目及要素配置较为齐全

设置政府信息公开栏目并配置公开依据、政府信息公开目录、政府信息公开指南、依申请公开、政府信息公开工作年度报告等要素，有助于集中发布政府信息，方便公众查询信息。评估发现，绝大多数行政机关在其门户网站上设置了专门的政府信息公开栏目或者开设了政府信息公开专网，集中发布政府信息。在 56 家国务院部门中，有 54 家设置了政府信息公开栏目；在设置此栏目的 54 家部门中，有 39 家的政府信息公开栏目配置了公开依据、政府信息公开目录、政府信息公开指南、依申请公开、政府信息公开工作年度报告等全部栏目。31 家省级政府和 5 家计划单列市政府的门户网站全部设置了政府信息公开栏目，其中，26 家省级政府和 5 家计划单列市政府门户网站的政府信息公开栏目设置了包括公开依据、政府信息公开目录、政府信息公开指南、依申请公开和政府信息公开工作年度报告等在内的全部子栏目。

（二）重点领域信息公开取得显著成效

国办发〔2014〕12 号等文件反复强调，要加强规范性文件、财政信息及涉及权力运行的行政审批、行政处罚信息的公开。这些重点领域的政府信息关系到政府依法行政和人民群众的切身利益，逐步扩大其主动公开范围、提升公开效果，意义十分重大。本次评估发现，在不断的要求和督促下，2014 年各级政府在重点领域的政府信息公开工作方面成效显著。

1. 规范性文件公开规范有效

规范性文件俗称"红头文件"，是各级政府机关执行法律法规、进行管理过程中下发的，对人民群众权益产生一定影响，但效力等级低于规章的文件总称。公开这些规范性文件是《政府信息公开条例》明确要求的。评估发现，所有被评估的国务院部门、省级政府和计划单列市政府都在门户网站上设置了规范性文件栏目，集中发布本部门制定的规范性文件，公众可以通过网站直接查询、下载。此外，为了防止"红头文件"的规定违法，进而侵害人民群众的合法权益，近年来不少地方政府加强了对规范性文件的备案审查力度，并定期公布经过备案审查的文件目录。本次评估发现，有 18 家省级政府在其门户网站或者政府法制办公室网站以目录的形式公开了规范性文件的备案审查结果；有 5 家计划单列市政府公开了经过备案审查的规范性文件目录。

规范性文件是否有效关系到人民群众的切身利益。标注规范性文件是否有效是体现规范性文件公开水平的重要指标。评估发现，有的国务院部门在发布的规范性文件中标注了有效性，如海关总署公布的规范性文件中绝大多数都标注了是否有效。还有的国务院部门公示了现行有效的规范性文件目录，如外汇管理局。一些地方政府如重庆、湖南在文件目录列表上加注了是否有效的说明，公众能一目了然地知悉相关文件的效力情况，其中，湖南省还在其门户网站上开设了"规范性文件清理"栏目，集中标注规范性文件是否有效。一些地方政府如江西和四川发布了失效类文件清单。还有一些地方政府在文件正文的最后一条明确交代了该文件实施的起止时间，如上海、天津、山东、广东、湖南、陕西、青海、深圳、青岛、大连、厦门等。

2. 财政信息公开推进有力

项目组对各行政机关公开本部门 2013 年决算、2014 年预算及 2013 年"三公"经费决算的情况进行了评估。国务院部门中，除公务员局预算纳入人力资源和社会保障部集中编制、煤矿安全监察局纳入国家安全生产监督管理总局集中编制外，项目组在各部门的门户网站及其他网站查询到 51 家部门 2014 年的本部门预算及说明、49 家部门 2013 年的本部门决算及说明、44 家部门 2013 年的"三公"经费使用情况详细说明。地方政府中，项目组在各相关门户网站上查询到 12 家省级政府和 3 家计划单列市政府 2014 年的预算信息、13 家省级政府和 3 家计划单列市政府 2013 年的决算信息，其他地方政府普遍都在本级财政厅（局）网站公开了预决算信息。

3. 行政审批信息透明度较高

公开行政审批信息，是简政放权、改革行政审批制度的重要方面，因此，国务院反复提出公开行政审批事项的要求。2014 年，中央机构编制委员会办公室（以下简称"中编办"）网站发布了各部门行政审批事项清单，以权力清单的方式公开了各部门现行有效的行政审批事项，这对于促进国务院部门的行政审批事项公开发挥了重要作用。

本次评估发现，56 家国务院部门中，除 5 家没有行政审批权限的部门外，有 46 家国务院部门在门户网站上公开了本部门行政审批事项清单，提供了审批依据、申报条件、审批流程信息等内容。地方政府则普遍在门户网站或者政务服务中心网站公示了行政审批事项清单。31 家省级政府和 5 家计划单列市政府都能以行政服务中心网站、专门的行政审批网站或政府网站在线办事栏目等形式，为行政审批信息公开提供网络平台。这些网站的建设使得政府的行政审批事项、权限及审批权运行更加透明，也方便了企业和人民群众。海南省人民政府政务服务中心在其网站首页设置专门栏目，列出了省级行政审批权力清单和进驻省政务中心的审批权力清单，并配有行政审批单位、行政审批事项（包括子项）、管理服务事项（包括子项）、互联网申报事项、全流程互联网审批事项的实时数量信息。

但由于行政审批事项的发布平台趋于多元化,不同网站间或不同平台间可能出现所发布的信息不一致的情况,会影响公开效果。本次测评结果显示,多数地方政府在政务服务中心发布的行政审批事项信息能与当地政府门户网站或部门网站发布的信息保持一致。有 22 家省级政府和 3 家计划单列市政府的政务服务中心网站提供的行政审批事项信息与本级政府门户网站或部门网站是一致的。

公开的行政审批事项信息在形式上相对完整。有 10 家国务院部门较为完整地公开了所有行政审批相关事项,如审批依据、申报条件、审批流程、办理进度、审批结果信息等。有 13 家省级政府和 5 家计划单列市政府能够全面提供上述信息。甚至有行政机关对审批依据作出了详细解释,例如,海南省网上审批大厅在列明行政审批依据的同时,对每一条审批依据都进行了解释说明,其条理清晰、文字简洁,方便办事群众在申报过程中理解和适用法律法规、规章以及规范性文件的条文,有助于提高办事效率。

4. 行政处罚信息公开取得重要突破

行政处罚是行政机关重要的管理手段,依法行使行政处罚权既是保障相对人合法权益的要求,也是全面履行政府职责的重要体现。长期以来,行政处罚往往只能做到对当事人特别是被处罚人公开,而一般不对公众公开。但实际上,不少违法行为关系到公共利益,特别是一些企业的违法行为危害了人民群众的人身健康和财产安全、损害了市场环境,因此公开行政处罚信息不仅仅是对行政机关依法行政的监督,也有助于督促市场、社会主体自觉守法,构建诚信的市场环境。本次评估发现,国务院部门中除不具备行政处罚权限的部门外,发展改革委、民政部、住建部、商务部、环保部、工商行政管理总局、新闻出版广电总局(新闻出版领域)、保监会、证监会、民用航空局等部门都在门户网站上公开了全部类别或者部分类别的行政处罚案件信息,包含处罚依据、当事人姓名或者企业名称及主要违法事实、处罚结果等信息。地方政府中,宁波市政府开通了"阳光执法网上服务大厅",青岛市政府开通了"青岛行政网上行政处罚服务大厅",集中发布全市各部门的行政处罚事项及作出的行政处罚决定信息。

（三）政府信息公开工作年度报告规范化程度不断提升

政府信息公开工作年度报告是政府机关对上一年度本机关政府信息公开工作的总结，按照《政府信息公开条例》规定，上一年的年度报告应于每年 3 月 31 日前对社会发布，接受社会的检验和监督。项目组评估了年度报告的发布情况、年度报告是否具有新颖性以及报告的内容是否全面。早在 2014 年 3 月 31 日前，项目组就已经完成了对各评估对象 2013 年年度报告发布情况的评估工作。项目组在各政府机关网站对其年度报告进行了检索，结果显示，绝大部分政府机关能在规定的时间内发布年度报告。截至 2014 年 3 月 31 日 24 点，被评估的国务院部门中，按时发布 2013 年年度报告的有 52 家，省级政府及计划单列市政府全部都做到了按时发布。

多数年度报告内容较为翔实，详细列明了主动公开政府信息、依申请公开政府信息的情况及相关行政复议和行政诉讼的情况，指出了本级政府在信息公开工作方面存在的主要问题，并明确提出了改进措施和努力方向。

年度报告的评估结果显示，不少行政机关的年度报告不仅内容翔实新颖，形式上也有了不同程度的创新。有些行政机关注重内容的可读性，有些行政机关注重公众查询年度报告的便利性，还有些行政机关注重年度报告外观的多样性和生动性。比如，北京、上海和四川的年度报告制作成了 Flash 动画，样式精美，内容完整，集创新与实用于一体。不少行政机关在年度报告中加入了详细的图表，增强了年度报告的可视性。有些行政机关还将本年度的情况与往年的情况做了对比，使得年度报告的内容更加完整丰富、直观易懂。有些行政机关在年度报告中列出了主动公开法规、规章及规范性文件的名称列表，且可以直接链接到文件内容。有的省级政府在门户网站的年度报告栏目中放置市级政府年度报告。上海市政府在年度报告栏目中设置查询下拉框，方便公众查询。上述做法都为公众查询、获取信息，理解内容提供了极大便利。

值得一提的是，有的国务院部门还提供了政府信息公开月度统计报告，有助于公众实时了解其政府信息公开状况，如商务部和文物局。其中,文物局还公开了地方文物管理机构报送的月度统计信息。

(四) 政府信息公开申请渠道较为畅通

依申请公开是《政府信息公开条例》规定的重要制度,也是行政机关公开政府信息的重要方式。从各行政机关发布的政府信息公开工作年度报告可以看出,近年来,政府信息公开申请量逐年攀升,依申请公开制度已经成为人民群众获取信息的重要途径,也给行政机关进一步做好信息公开工作带来了压力与动力。本次评估主要是验证邮寄申请和网络在线申请两种渠道的畅通情况。

自 2014 年 11 月 20 日开始,项目组陆续以个人名义,采取邮政特快专递、在线申请的方式,向国务院部门、各地国土资源管理部门、财政部门提出了政府信息公开申请。对国务院部门,以邮政特快专递发送申请,随机要求其公开本部门的特定信息,向各部门发送的申请内容各有不同。地方政府方面,由于国土资源管理部门和财政部门都可能持有土地出让金收取信息,因此,项目组对地方国土资源管理部门通过邮政特快专递发送申请,要求其公开当地过去一年中土地出让金的收取情况;对地方财政部门采取在线申请的方式,也要求其公开当地过去一年中土地出让金的收取情况。

项目组按照《政府信息公开条例》规定,结合邮政特快专递签收时间、在线申请发送时间,预留了合理的时间,验证其答复的时间情况。在邮寄申请渠道方面,共有 40 家国务院部门、20 家省级国土资源管理部门和 4 家计划单列市政府的国土资源管理部门在规定时限内作出了回复;在在线申请方面,提供在线平台的机关中,有 18 家国务院部门、7 家省级财政部门和 3 家计划单列市财政部门在规定时限内作出了回复。这说明,绝大多数部门的依申请公开渠道是畅通的。

为了更好地做好依申请公开工作,有的部门积极探索如何进一步做好依申请公开工作,如国家卫生计生委在依申请公开栏目中,公示了此前处理的较为典型的申请案例及卫生计生委作出的答复,以提示申请人注意申请的规范性并对可能的答复结果作出合理预期。国家宗教事务管理局在接到项目组提出的公开全国登记在册的宗教活动场所数目的申请后,不但按时答复,还及时在门户网站主动公开了"全国宗教事务场所基本信息"。

（五）对重大文件法规的解读及时、准确

对重大政策文件作出解读，是行政机关正面、主动阐释政策出台背景、依据、具体管理思路等的重要手段，有助于人民群众全面、准确地理解相关决策的内涵，有效维护自身的合法权益。国办发〔2013〕100 号、国办发〔2014〕12 号文均对此提出了明确要求。

本次评估发现，不少行政机关十分重视重大政策法规的解读工作。在 56 家国务院部门中，有 38 家在门户网站设置了专门的政策法规解读栏目。地方政府方面，计划单列市政府均在门户网站开设了政策解读栏目，省级政府中有 26 家开设了此栏目。从解读数量上看，2014 年全年解读政策法规数量超过 30 部的有国家税务总局、卫生计生委、教育部、财政部、商务部等部门。不少行政机关做到了主要发布对本部门、本地方作出的重大政策法规的解读。比如，宁波市政府、厦门市政府的解读栏目中全部为本地方出台的重要政策法规的解读信息。宁波市政府针对企业办事依据公开不集中、企业查询信息不方便的情况，专门在门户网站上开通了"宁波市企业政策查询平台"，在市一级及所属部门发布的每一条政策法规后都附有"政策解读"子栏目，提供解读信息。为了方便企业理解相关政策法规，所有政策法规后还根据需要提供相关的政策，以及主管部门的联系电话，方便了企业电话咨询，体现了工作的细致与用心。

（六）主动回应社会关切问题

积极主动地回应社会关切问题，做好政策等的解释说明，消除人民群众的各种疑虑，是新形势下做好信息公开工作、掌握舆论主导权和话语权、维护社会稳定的重要举措。国办发〔2013〕100 号、国办发〔2014〕12 号文为此专门对行政机关主动回应社会关切问题提出了要求。本次评估对各行政机关 2014 年回应社会关切的情况做了摸底。项目组从 2014 年 1 月 1 日至 2014 年 12 月 31 日的新浪新闻"每日热点新闻 Top10"的 3650 条热点新闻中，筛选出需要被评估的国务院部门和各级地方政府进行回应的 237 条热点新闻；并以环境保护为主题，从新浪、网易、搜狐、腾讯的新闻栏目中截取了 2014 年的 5437 条新闻报道，筛选出需要被评估的各行政机关作出回应的 108 条热点新闻。结果显示，各级行政机关日益注重积极主动回应社会关切问题。

1. 门户网站纷纷开设热点回应栏目

项目组发现，不少行政机关较为重视对社会关切问题的主动回应，有些地方的行政机关还在门户网站上专门开辟了回应栏目，如上海、云南、四川、陕西、甘肃、内蒙古、宁波等。

2. 注重重大舆情的研判

做好主动回应的前提是及时掌握公众关切问题的动态，为此，各级政府部门需要对舆情有一定的研判。宁波市政府在门户网站设置了"宁波市市级部门网站群最受关注的信息"栏目，以全市各部门相关信息被关注的热度情况，作为相关部门判断是否需要及时作出应对的重要依据。

3. 回应率高、回应意识较强

作为公众最为关注的信息，热点信息的回应率很大程度上反映了政府信息公开的回应程度如何。评估发现，被评估对象对热点新闻的回应率较高，回应意识在不断增强。

如前所述，在 237 条需要回应的新浪热点新闻中，共有 193 条得到回应，回应率高达 81.43%。其中，涉及中央各部门的 30 条热点新闻中，有 25 条得到回应，回应率为 83%；涉及地方政府的 207 条热点新闻中，有 168 条得到回应，回应率为 81.16%。在 108 条环保热点新闻中，涉及国务院部门的 8 条新闻全部得到了回应；涉及地方行政机关的 100 条新闻中，有 92 条得到了回应，回应率为 92%。此外，由于公众监督范围越来越广，行政机关所回应的热点信息所涉及的事项也越来越宽泛，不仅涉及养老金改革、公务员涨工资等问题，也有对诸如重庆一路口 5 年未装红绿灯这类公民身边事的回应。

通过对个案的观测，项目组也发现，2014 年不少行政机关面对热点问题时能够主动、及时地作出回应。例如，财政部 2014 年 12 月 12 日宣布上调燃油税后，舆论反响强烈，对此，财政部、国家税务总局相关负责人 13 日就作出回应，表示提税是为了治污。虽然回应并未完全消除质疑，但其回应速度值得肯定。又如，针对部分媒体有关"1 月 20 日起，北京首套房贷八五折优惠利率将全面取消"的报道，中国人民银行当天即发表声明辟谣，称日前北京地区首套房贷政策没有任何改变。

此外，2014年，不少地方政府针对舆情或者社会关注的热点问题也作出了及时回应，如：（1）北京针对公交票价改革、冬季供暖、雾霾狙击战、进京证办理等热点问题作出回应；（2）上海针对亚信峰会、上海车牌拍卖等问题作出回应；（3）湖北针对征地农民养老保险补偿、适龄少年儿童上学、武汉公交专用道等问题作出回应；（4）广东省在其新闻发布会上多次对相应专项行动热点作出回应，如公安厅通过新闻发布会针对打击整治涉黄违法犯罪专项行动作出回应；（5）宁波市门户网站的"阳光热线栏目"中有相关厅局关于民生问题的访谈节目，对相关民生问题作出回应；（6）厦门在门户网站政民互动的领导访谈栏目中，对"关于厦门市公共自行车系统规划与建设的意见、建议"等热点问题作出回应。

4. 行政机关回应热点信息速度较快

对于热点信息，公众不仅想要知道是什么、为什么、怎么样，更急于在第一时间掌握信息，因此对于热点信息的回应必须做到及时迅速，否则当热点已经不"热"时再回应，效果将大打折扣。评估发现，被评估对象对于热点新闻的回应都非常迅速，争取第一时间作出回应。如前所述，在237条涉及中央各部门和各级地方政府的热点新闻中，共有193条新闻热点得到回应，且几乎都是在事情发生或事件曝光之后一周内就迅速回应，有的甚至当天就作出了回应。一般来说，回应时间与事件性质有关，一些需要调查的事件的回应往往会稍慢，相比之下，单纯解释性的回应较为迅速。如，2014年9月10日网传黑龙江依兰县一教师向学生索取礼品并辱骂学生，随后依兰县教育局仅一天就完成了调查并于9月12日向社会发布通报公布了调查结果。2014年5月23日四川一交警开房丢佩枪的新闻引发社会关注，24日，泸州市合江县政府就公布了调查结果。此外，行政机关回应不仅及时，主动性也在增强，相较于等待记者来追问，不少回应都是行政机关主动作出的。

5. 回应形式趋于多样化

基于对不同类型事件的回应，政府也采用了越来越多样化的方式与公众沟通。评估发现，行政机关进行回应的方式不局限于单纯地接受新闻媒体采访,还积极地采用包括门户网站公示、官方微博推送、召开新闻发布会在内的多种形式。国务院部门回应有关重大政策性问题时往往采用新闻发布会的形式,例如人力资源和社会保障部回应关于延迟退休、养老金改革等一系列热点问题时,即采取了新闻发布会的形式。此方式能够与新闻媒体实时沟通,回应正式。而省市级行政机关则更多选择通过微博这种新媒体的方式进行发布。以山东省为例,该省各级政府部门开设官方微博比较普遍,2014 年的 237 条待回应事项中,共有 12 条热点新闻涉及山东,在得到回应的 9 条中,有 5 条是通过其官方微博发布的。类似的常采用微博形式予以回应的还有上海、河南等。值得一提的是,有的政府部门对同一事件采取了多种方式予以回应,大大增加了信息发布和回应的立体化程度。2014 年 9 月 17 日,网曝河南获嘉县警察持枪护卫县长引起网民质疑,而就在消息曝光的当天,获嘉县警方即通过微博说明情况,澄清误会,同时,县领导在门户网站就此事说明情况并进行了诚恳的道歉。

此外,值得注意的是,在 193 条得到回应的信息中,有 109 条信息通过媒体采访的方式进行回应,占全部回应信息的 56%,可见通过新闻媒体回应舆论监督发挥着非常重要的作用。

可以说,积极主动地回应社会热点及社会关切的问题,正在成为各行政机关政府信息公开工作的新任务、新常态。通过回应社会关切问题,进一步提升了各级政府的公信力,拉近了政府部门与人民群众的距离。

三 政府信息公开工作尚需解决的问题

评估中,项目组也发现,目前我国政府信息公开还面临不少问题,信息公开工作距离人民群众最大限度获取信息的需求,距离打造法治政府、服务型政府的要求之间还有一定的差距,需要找准问题,逐步予以解决。

(一) 政府信息公开管理机制尚待完善

1. 机构建设还无法适应政府信息公开形势

政府信息公开工作是一项专业性极强的工作。要做好政府信息公开工作,不但要处理好公开与不公开的关系,还要处理好何时公开、对谁公开、如何公开等问题。许多事项的公开需要从法律、管理、传播等角度综合加以考量，既要合法，又要符合管理的需要，还要符合信息传播的规律，因此，必须有专门机构和专门人员负责政府信息公开工作。但据项目组近年来持续的跟踪调研，包括本次评估中进行访谈和对政府信息公开申请验证的情况来看，政府信息公开机构建设还没完全到位，制约了不少行政机关政府信息公开工作的推进。

目前，绝大多数行政机关没有专门的机构和人员负责政府信息公开工作。不少行政机关的政府信息公开工作机构都是议事协调性的虚设机构，无编制、无固定人员，只是由一些工作人员兼职，或者临时抽调其他部门人员帮忙，一旦遇到复杂的政府信息公开问题，尤其是在依申请公开工作方面，难以保证工作的专业性和准确性。截至 2014 年 12 月底，国务院部门中，仅 4 家有专门的信息公开工作机构，地方政府中，省级政府情况较好，有 25 家设置有专门的信息公开工作机构，计划单列市中仅 1 家设置了专门的信息公开工作机构。其他部门和地方政府往往还只能做到个别工作人员身兼多职，兼顾处理政府信息公开工作，或者临时从其他部门抽调人员来处理相关事务，公开工作的连续性、专业性难以保证。

2. 多头管理制约政府信息公开效果

政府信息公开工作的多头管理问题由来已久，目前，国务院办公厅层面已经对政府信息公开、政务公开、政府公报、政府网站等进行了整合，公开效果显著提升。但国务院部门乃至地方政府层面，多头管理的问题还比较突出。在一些行政机关，政府信息公开的工作由办公厅（室）负责，门户网站则由信息中心管理，热点回应归口为专门的舆情监测部门。甚至有的地方政府门户网站与信息公开管理机构分离，有的地方政府建有多个微信平台，且分属不同的部门管理。在本次被评估对象之外，项目组还发现有的地方政府建有多个门户网站，且分属于政府办公厅、党委宣传部门。多头管理、各自为政，非但没有提升政府信息公开的效果，往往还会导致信息公开的内耗、对外公开的信息口径不一、前后矛盾，使政府的公信力受到影响。

3. 地方政府工作部门的信息公开水平亟待提升

评估发现，各省、市政府本级的信息公开工作都已经相对规范，但其所属部门的公开水平还有待提升。本次评估涉及地方政府的政务服务中心、环境保护部门、食品药品监督管理部门、财政部门、国土资源管理部门、政府法制办等部门,有的部门门户网站建设水平不高,有的部门还没有开设网站,有的部门信息公开栏目设置不到位,有的部门信息公开指南不齐全、不规范,有的部门信息公开申请渠道不够畅通,有的部门信息公开更新慢,有的部门信息链接无效。这说明各级地方政府在做好本级政府信息公开工作的同时,还需要督促所属部门同步做好工作。

（二）主动公开水平尚待提升

1. 政府信息公开栏目建设规范化程度待提升

评估中发现,有的行政机关门户网站的政府信息公开栏目建设还不够规范。

首先,政府信息公开栏目的要素不齐全。在国务院部门中,有 9 家没有提供政府信息公开依据,有 2 家没有配置政府信息公开目录栏目,有 4 家没有提供政府信息公开指南,有 8 家没有提供依申请公开栏目,2 家提供的依申请公开栏目链接无效,有 4 家未提供政府信息公开工作年度报告栏目。在省级政府部门中,有 4 家没有提供政府信息公开依据,有 1 家政府信息公开目录栏目链接无效,有 1 家提供的依申请公开栏目链接无效。

其次,政府信息公开目录中的信息有效性和便民性待提升。项目组随机对各行政机关目录信息的链接有效性进行了验证,结果显示,仍有个别行政机关的信息链接无效,国务院部门中其所公开的信息能够全部有效打开的有 50 家,省级政府中能够全部有效打开的为 26 家。此外,目录信息的便民性不理想。目录信息应具备检索功能,方便公众在目录中有针对性地检索需要的信息,但调研发现,仅 17 家国务院部门在门户网站上为目录配置了专门的检索功能且有效,其余部门或未配置检索功能或配置的检索功能无效。省级政府中,仅有 8 家在门户网站上为目录配置了专门的链接且有效,其余政府或未配置检索功能或配置的检索功能无效。计划单列市政府在上述指标评估中普遍表现较好。

最后,政府信息公开目录与政府门户网站的关系不明确。按照《政府信息公开条例》和国务院办公厅历次发文的要求，政府信息公开目录是行政机关管理政府信息、方便公众查询信息的重要保障，但如何处理政府信息公开目录与政府门户网站各栏目之间的关系，一直不明确。从评估情况看，政府信息公开目录与门户网站建设"两张皮"的现象十分普遍。许多行政机关的政府信息公开目录未能包含本级政府门户网站中发布的政府信息，即便将应进入目录的信息范围缩小到《党政机关公文处理工作条例》中所规定的各类可公开的文件形式，仍然普遍存在大量信息未纳入目录管理的情况。按照项目组的统计，国务院部门中仅有 5 家能确保门户网站上发布的公文类政府信息全部纳入目录管理，省级政府中仅 8 家、计划单列市政府中仅 2 家做到了此项要求。由于信息发布缺乏规律、未全部纳入目录，给公众查询信息带来了不便，也直接影响了信息公开的效果。

2. 个别行政机关新闻发布制度还未常态化

行政机关通过新闻发布会直接面对媒体和公众，进行互动交流，是落实政府信息公开制度的重要内容，也是向社会发布各类重要信息、与公众进行面对面沟通的重要渠道。国务院办公厅对各部门召开新闻发布会的频率有最低要求，目的是引导各部门积极主动对外发声，及时向社会传递准确的信息。但从评估结果来看，在新闻发布方面不少行政机关还有极大提升空间。国务院部门中，项目组通过多种渠道搜索，截至 2014 年 12 月中旬，有 11 家部门没有召开过新闻发布会或者参加过国新办召开的发布会的任何记录，有 9 家部门召开过 1 次新闻发布会或参加国新办会议的记录。按照国办发〔2013〕100 号文的要求，与宏观经济和民生关系密切以及社会关注事项较多的相关职能部门，主要负责同志原则上每年应出席 1 次国务院新闻办公室的新闻发布会，新闻发言人或相关负责人至少每季度出席 1 次，但评估发现，至少有 6 家此类部门未能达到这一要求。在省级政府中全年未召开过发布会的有 4 家，计划单列市政府中有 1 家；全年召开发布会低于 3 次的有 2 家省级政府和 1 家计划单列市政府。

3. 规范性文件的公开水平仍需提升

评估发现，虽然各行政机关都通过门户网站等公开了规范性文件，但公开水平不高，公开效果不太理想。

首先，规范性文件栏目设置不合理。在门户网站设置专门的规范性文件栏目，集中有序发布规范性文件，有助于公众查询。但评估发现，不少行政机关在门户网站上设置了多个专门发布规范性文件的栏目。如，有32家国务院部门在门户网站上设置了2个以上的栏目，相关栏目都在发布各类规范性文件；有19家省级政府和4家计划单列市政府的门户网站也存在这个问题。栏目设置不集中容易导致信息发布无序，影响公开效果。

其次，规范性文件放置随意的现象较为普遍。评估发现，几乎所有的行政机关在网站上放置规范性文件时都比较随意，如有的将规范性文件放置在"公示公告"栏目中，有的放置在"要闻通告"栏目中。再如，某国务院部门门户网站的"政策法规"栏目中放置了一些非政策法规类文件；某国务院部门将一部分处罚决定发布在"政策发布"栏目中；某国务院部门在"规章"栏目中放置了规章以外的信息；某国务院部门在"规范性文件"栏目中放置的是行政审批结果。信息摆放不合理不利于公众快捷便利地获取相关信息，必然会影响公开效果。

最后，部分规范性文件的效力难以从公开的信息中获知。各行政机关多年来制定并发布了大量的规范性文件，有的已经失效、被废止或者被新的文件所取代，但从各部门发布的信息看，一些文件难以判断其效力。此外，多数行政机关在发布新文件时把旧文件撤下，这种做法值得商榷，因为一些规范性文件虽然不再有效，但对于人民群众了解相关政策的延续性，或者对于解决一些历史上有争议的问题仍然是很有用处的。

4. 地方政府财政信息公开工作仍有改善空间

本次评估发现，国务院部门在财政信息的公开方面做得普遍较为规范，标准统一，这与国务院办公厅、财政部门的统一、明确要求密不可分，但地方政府在这方面还有较大的提升空间。省级政府及计划单列市政府中，绝大多数没有公开预决算的详细附表和说明；各级政府也基本上未对"三公"经费的增减原因作出说明；"三公"经费的信息公开普遍未对因公出国（境）的组团数和出访人数作出说明。在公开国内接待经费方面，省级政府和计划单列市政府中有13家政府公开了此项信息，有23家政府未公开相关信息。此外，公务用车经费信息公开大多也没有对车辆购置数和保有量作出说明。

5. 权力清单公开情况还需加强

梳理和编制部门权力清单、摸清特定部门职权职责的"家底"，是规范该部门行政权力行使的重要手段。为此，中共中央办公厅、国务院办公厅 2015 年 3 月印发了《关于推行地方各级政府工作部门权力清单制度的指导意见》。而近年来，国务院在推进简政放权的过程中，也要求国务院部门、地方政府梳理各自的权力清单，一些政府部门积极推进，取得了比较好的成果。但评估发现，梳理后的权力清单公开情况仍不太理想。在国务院层面，中编办 2014 年公开各部门行政审批事项清单后，一些国务院部门只是简单地转发了本部门清单，并没有在本部门门户网站上同步更新本部门的行政审批事项，部分国务院部门门户网站上发布的行政审批事项清单仍是 2011 年、2012 年的信息，出现了新旧清单"打架"的情况。此外，国务院部门还普遍没有公开本部门梳理后的行政处罚事项清单，公众无法获取该部门准确的行政处罚权限信息。虽然有部分部门公开了处罚案件信息，但公开的仅是其实有行政处罚权中的一小部分。地方政府方面，截至 2014 年 12 月底，有 13 家省级政府和 2 家计划单列市政府未能通过其门户网站查询到权力清单信息。

6. 行政处罚信息公开还需加大力度

公开行政处罚信息，是规范行政处罚权、构建失信惩戒机制的重要手段，为此，国务院多次发文要求公开行政处罚信息。评估发现，虽然行政处罚信息的公开取得了进展，但仍存在不少问题。

首先，行政处罚事项公开不到位。评估发现，截至 2014 年 12 月下旬，仅有 18 家省级政府、3 家计划单列市政府在门户网站公开了本级政府的行政处罚事项，国务院部门均未在门户网站公开此类信息。在 18 家公开了行政处罚事项的省级政府中，仅有 9 家公开了行政处罚依据。

其次，行政处罚结果信息公开不到位。项目组对地方政府工商、专利、质检、食药监部门查处侵犯商标权、专利权，非法售药，医疗器械违法行为的情况进行了观察和统计，结果发现，仅 4 家省和 3 家计划单列市的工商部门，4 家省和 1 家计划单列市的专利部门，12 家省和 3 家计划单列市的质检部门，14 家省和 3 家计划单列市的食药监部门，公开了相应的处罚结果。

7. 环境保护信息公开仍有待规范之处

环境保护信息公开总体水平较高，但也存在一些问题。首先，部分环境保护信息未有效公开。4 家省级和 1 家计划单列市的环保部门没有提供建设项目竣工环境保护验收的受理公告信息；8 家省级和 3 家计划单列市的环保部门没有提供危险废物跨省转移申请审批信息；2 家省级和 2 家计划单列市环保部门没有提供辐射安全许可证发证信息；3 家省级和 4 家计划单列市的环保部门没有提供辐射项目环评审批信息；4 家省级和 3 家计划单列市的环保部门没有提供辐射项目环保验收信息。《企业信息公示暂行条例》要求，政府部门应当公示其在履行职责过程中产生的企业行政处罚信息。这是企业信用信息的重要组成部分，但很少有环保部门公开此类信息。

其次，网站环保信息栏目无序建设的现象突出。在有些地方环保部门的门户网站中，危险废物许可证、辐射审批信息甚至排污收费和行政处罚信息放置混乱；有些地方环保部门的门户网站中，建设项目环评审批、环保验收信息栏目的设置不完善，大部分信息都混淆在一起；如将一些"拟审批"信息放在"审批后"栏目中。绝大多数环保部门没有设置企业环保信用信息专栏，企业环保信息放置随意；部分虽设置了企业环保信用栏目，但栏目中没有提供相关信息。

8. 网上非法售药及医疗器械整治专项行动信息发布仍不到位

根据项目组对被评估对象发布网上非法售药及医疗器械整治专项行动的信息公开情况的统计，仅 16 家省级食品药品监督管理部门网站设有网上非法售药专项行动信息栏目；23 家省级食品药品监督管理部门网站设有医疗器械整治专项行动信息栏目；10 家省级食品药品监督管理部门网站公开了 2014 年开展网上非法售药专项行动的信息；28 家省级食品药品监督管理部门和所有计划单列市的食品药品监督管理部门发布了 2014 年开展医疗器械整治专项行动的信息。此类信息关系到公众利益，是公众最为关心的信息，而政府在这方面也做了大量的工作，但却未通过有效途径对外公开，不能不说是一个遗憾。

9. 政府信息公开工作年度报告发布仍有待规范

政府信息公开工作年度报告是总结各部门上一年度政府信息公开工作、接受社会监督的重要形式，也是《政府信息公开条例》规定的各行政机关的法定义务。目前来看，政府信息公开工作年度报告发布还有不少待规范之处。

首先，年度报告的统计口径不一致。以依申请公开的受理量与答复情况来看，有的地方政府会在年度报告中披露包括全省（市）在内的各级政府部门受理政府信息公开申请的数量，但有的则只统计本级政府的受理量。

其次，年度报告对一些重要数据披露不详。据统计，有 26 家国务院部门提供了依申请公开信息数量居前列的事项，有 19 家提供了申请人按照不同申请方式提交申请的数量，有 21 家按照答复决定的内容（如公开、不公开、部分公开等）提供了分类数据，有 9 家按照不公开的理由（如涉及国家秘密、个人隐私等）提供了分类数据，同时提供了投诉、行政复议和行政诉讼数据的只有 6 家。有 8 家省级政府按照本级政府、下级政府、所属部门三个类别详细提供了收到申请的数量，有 14 家仅提供了本级政府与下级政府或者本级政府与所属部门收到申请的量；有 7 家提供了申请数量居前列的部门，有 21 家提供了申请数量居前列的事项；有 20 家提供了申请人按照不同申请方式提交申请的数量，有 24 家按照答复决定的内容（如公开、不公开、部分公开等）提供了分类数据，有 9 家按照不公开的理由（如涉及国家秘密、个人隐私等）提供了分类数据，而能够同时提供因政府信息公开工作而产生的投诉、行政复议和行政诉讼数据的只有 11 家。

再次，一些行政机关年度报告关于依申请公开情况的描述过于简单，有的甚至只用几句话概括依申请公开的工作情况。如某省政府 2013 年的报告中仅提到领导很重视，但是对依申请公开数据方面的内容既未说明是否公开，也未说明不公开的理由。

最后，个别行政机关历年年度报告存在雷同现象。如某国务院部门 2013 年年度报告的完善措施部分与 2012 年年度报告的此部分内容基本一致。这种现象可以从两方面进行解释。一是该部门前一年信息公开工作存在的问题未得到改善,因此,后一年提出了相同的改进建议,这说明其工作推动不力;二是该部门工作有了改进,但工作报告撰写态度不认真,敷衍了事。

(三) 部分行政机关依申请公开的说明与答复待规范

1. 部分行政机关对依申请公开的规定说明不详或欠缺

对依申请公开的条件、流程等作出说明,有助于人民群众正确提出申请。部分行政机关没有在门户网站提供依申请公开说明或依申请公开说明的公开位置设置不合理,不方便申请人查找相关信息。评估时,项目组先通过行政机关的政府信息公开指南查找申请条件及流程说明的信息,如果指南中没有该信息,则在依申请公开栏目下的申请说明中查找。通过上述方法查找,仍然发现有些行政机关门户网站没有公开指南或者申请说明。

2. 部分行政机关提供的申请方式单一

根据《政府信息公开条例》的要求,申请公开政府信息可以采取现场申请、邮寄申请、在线申请等多种方式,以满足不同人群的需要。但评估发现,部分行政机关只提供部分或仅提供一种申请方式。其中邮寄方式是最普遍的申请方式,几乎每个行政机关都提供了邮寄的申请渠道。有5家行政机关(3家国务院部门和2家市财政局)仅提供一种申请渠道。有12家行政机关(8家国务院部门和4家省级财政厅)没有提供在线平台或电子邮件的申请方式。9家行政机关(7家国务院部门和2家省级财政厅)不接受现场申请。

3. 部分行政机关对申请方式的说明与实际不符

有30家行政机关(17家国务院部门、11家省级财政厅和2家市级财政局)网站上的政府信息公开指南对申请方式的说明不准确。其中,有7家行政机关(4家国务院部门和3家省级财政厅)的政府信息公开指南显示该行政机关提供在线申请平台,但是在其网站上无法找到申请平台。

4. 部分行政机关的政府信息公开申请受理机构信息不全

政府信息公开申请受理机构信息是申请人正确提交信息公开申请的前

提，但是在实践中，部分行政机关没有提供完整的受理机构信息，使申请
人在申请时无法填写收件人信息，以致无法提交申请。如，有的政府信息
公开指南中没有提供受理机构的地址，有的政府信息公开指南中没有提供
受理机构的邮编。有 7 家行政机关（6 家国务院部门和 1 家省级财政厅）
的政府信息公开指南中没有提供受理机构的联系电话。有 24 家行政机关
（15 家国务院部门、7 家省级财政厅和 2 家市级财政局）的政府信息公开
指南中没有提供电子邮箱。

5. 部分行政机关的在线申请渠道不畅通

部分行政机关没有提供有效的在线申请平台。在线申请平台是最便
捷、成本最低的申请方式，也符合信息化时代申请渠道的发展趋势，但有
30 家国务院部门、18 家省级财政厅、1 家计划单列市的财政局没有开设
在线申请平台或在平台上无法有效提交申请。虽然有部分行政机关提供了
有效的在线申请平台，但对申请表的填写格式做了限制。如，某国务院部
门的在线申请平台限制联系电话的位数；某国务院部门的在线申请平台要
求申请人填写联系电话必须按照区号加电话号码的格式，也就是仅能填写
固定电话号码；某国务院部门的在线申请平台对申请内容做了字数限制；
某省财政厅的在线申请平台对工作单位填写有格式要求，不能不填写也不
能填写"无"；某省财政厅的在线申请平台对提交身份证扫描件的格式有
要求，只能是 JPG 格式的文件；某省财政厅的在线平台只对本省户籍的申
请人开放；某计划单列市财政局的在线申请系统在获取手机验证码阶段提
示尚不具备向外省手机用户发送验证码的功能，换句话说，该计划单列市
财政局的在线申请系统也只对当地手机用户开放。这些限制给申请人带来
了较大的不便，并且在实际工作中也无此必要。

6. 部分行政机关对所申请信息的描述要求不合理

部分行政机关要求申请人必须精确说明需要申请的信息内容。事实
上，不少申请人并不能准确知悉所需要信息的名称、文号，而只能对其特
征作出描述，因此，要求其准确说出申请文件名称的做法并不合理。在评
估验证过程中，部分行政机关要求项目组人员必须以书面形式补正信息公
开申请。需要指出的是，有 3 家国务院部门在与测评人员进行电话沟通
时，评估人员表示申请表中所要求填写的是信息内容描述，并非明确的信

息名称,而评估人员也不知道具体的信息名称,但是这几家部门仍表示需要提交书面的补正申请。其中,某国务院部门要求评估人员重新提交申请。某直辖市国土资源局的补正申请告知书称,该申请不是政府信息公开申请,而是咨询,评估人员需要再次明确所申请信息的名称、索引号等内容。

7. 部分行政机关工作人员的业务能力与服务态度有待改善

项目组评估人员与众多被评估对象的工作人员的电话沟通中,部分行政机关工作人员的业务能力和服务态度有待改善。比如,某国务院部门在寄给评估人员的政府信息公开申请补正通知书中虽留下了其信息公开工作办公室的联系电话,但评估人员多次拨打通知书上的电话都无人接听。某国务院部门的工作人员电话要求测评人员细化申请内容时,评估人员询问是否可将补正申请书通过电子邮件方式发送,该工作人员却要求测评人员重新提出信息公开申请,当评估人员再次询问可否通过电子邮件申请的时候,对方却拒不告知测评人员申请方式和工作邮箱。

8. 部分行政机关未按期作出答复

《政府信息公开条例》规定,行政机关应在收到申请后的15个工作日内答复申请,如需延期的话,最多只能延长15个工作日。本次评估中,有部分行政机关没有在15个工作日内答复项目组,且没有通知延长答复期限。评估显示,有16家国务院部门、11家省级国土资源管理部门、1家计划单列市的国土资源管理部门没有在规定期限内答复测评人员的政府信息公开申请。

项目组还发现了另外一个问题。评估人员于2014年12月1日向某国务院部门寄出政府信息公开申请,经评估人员查询,该部门已于2014年12月2日签收了该信函,但是主管信息公开的工作人员表示其实际收到申请的时间却是2014年12月10日。这表明,在邮寄申请方式下,受行政机关内部公文流转的影响,实际受理时间可能会大大滞后于信函签收时间,如何认定受理时间值得研究。

9. 部分行政机关对信息公开申请的答复不规范

在给予答复的行政机关中,有几家仅在电话中告知了答复结果,不出具书面答复。一些以电子邮件方式出具的回复中,答复格式较为随意。有

3 家国务院部门、2 家省级国土资源厅和 1 家计划单列市的国土资源局使用 QQ 或 163 邮箱作出答复，而非行政机关的官方邮箱，且邮件的正文也没有行政机关的抬头或落款，申请人很难相信这是官方作出的正式答复意见。例如，某国务院部门于 2014 年 12 月 5 日以电子邮件方式作出答复，但是答复邮件使用的是 QQ 邮箱，邮件附件虽然附有告知书，但告知书上没有加盖公章。某省国土资源厅答复的邮件正文只有一句话"请登录省国土资源交易网查询"，没有抬头或落款。有 8 家行政机关没有告知作出答复的依据。

在答复内容上也存在不规范的现象。有 3 家国务院部门答复称所申请的信息属于国家秘密，但未告知依据。大部分行政机关都没有在答复中提供对答复存有异议的救济途径，地方政府中仅北京、安徽、青岛告知了救济途径。

10. 公开与否的标准不够明确

项目组针对地方行政机关提出了公开土地出让金数据的相同申请，但是各地的答复结果大相径庭。

有 5 家省级国土资源厅和 2 家计划单列市的国土资源局公开了土地出让金的数据。在未公开土地出让金数据的行政机关中，有 1 家行政机关答复称，所申请的信息不存在；有 2 家省级国土资源厅称不负责加工汇总；有 16 家省级国土资源厅和 1 家计划单列市的国土资源局提出该信息非本机关政府信息公开范围；有 1 家省级国土资源局提出申请的信息非政府信息公开范围；有 1 家计划单列市的国土资源局以评估人员不能提供身份证明和用途证明为由不予公开。在以所申请事项非本机关政府信息公开范围为由不予公开的答复中，部分行政机关提供了《财政部、国土资源部、中国人民银行关于印发〈国有土地使用权出让收支管理办法〉的通知》（财综〔2006〕68 号）作为依据，这表明以非本机关政府信息公开范围为由的答复至少可以提供该文件作为答复的依据，但是，有 9 家省级国土资源厅未提供答复依据。而在这些认为该事项非本行政机关政府信息公开范围的答复中，7 家省级国土资源厅没有告知评估人员该向哪个行政机关申请公开该信息。某计划单列市国土资源局在没有要求评估人员提供身份证明或用途证明材料，且没有任何沟通的情况下，直接发出政府信息公开告知书,以所申请信息与生产生活科研无关为由不予公开。

(四) 对重大政策文件的解读尚需加大力度

首先,项目组发现,部分地方政府的政策解读栏目转载了大量国家相关部门的政策解读,本地文件的解读信息较为有限。

其次,政策文件的解读质量还有待提升。多数行政机关发布的解读内容多来源于当地新闻媒体不同角度的报道,缺乏政府主导下的全面性解读。而且,多数解读只是把制定有关法规、规章及规范性文件的说明以及媒体报道照搬到网上,不仅形式呆板,而且信息量也十分有限。

(五) 回应热点的水平尚待提升

虽然不少行政机关日益重视对热点事件和百姓关切问题的回应,主动性和及时性都有所增强,在一定程度上满足了人民群众的信息需求,但与此同时,一些问题也在逐渐暴露。回应模式化、回应缺乏实质内容等的现象较为普遍,这使得回应不仅没有起到正面的效果,反而引发了更多的质疑与不信任,降低了政府的公信力。在前述237条热点信息中,虽然有高达80%的信息得到了回应,但在得到回应的193条信息中,仅有86条信息回应较为成功,成功率仅为44.56%,不足一半。剩下的107条信息回应中,都或多或少存在解释不清、没有后续回应等问题。

回应的效果在于内容而非形式,回应迅速、回应形式好不等于回应效果好,好的回应应该是抱着真诚负责的态度对公众关心的问题进行合理的解释和明确的答复,从而获取公众的信任而不是进一步引发公众的质疑,但现实中回应不到位的情况并不少见。在得到回应的193条热点信息中,有26条信息虽得到了回应,但有头无尾,最后不了了之。

回应的目的在于将公众的疑惑解释清楚,给出明确清晰的答案,但现实中各政府部门对社会关切问题的回应流于形式,看似说了不少内容,实际却顾左右而言他,对公众最关注的核心问题往往并未给出令人信服的回应。此种做法最终会降低公众对政府的信任。类似的不太理想的回应并不少,这说明,政府机关在回应社会关切问题时,还需要找准公众的关切点,逐步提升回应水平。

四　完善政府信息公开工作的建议

第一，加强并整合政府信息公开工作机构。各级各类行政机关应成立专门的政府信息公开工作机构，由专门人员专职负责政府信息公开工作。同时，专门机构应统筹做好包括政府信息公开、网站建设、微博微信运作维护、舆情观测与应对在内的各项工作，形成政府信息公开的合力。

第二，逐步明确需主动公开的重点领域的公开标准和要求。建议在现有每年发布政府信息公开要点的基础上，选取几个重点领域，联合相关部门共同明确相关信息的公开要求和标准。可以考虑就某些行业自上而下地梳理权力清单，明确上下级机关的职责职权划分，确立行政审批、处罚、强制等信息的公开标准和范式。此外，可以推广教育部 2014 年发布的《高等学校信息公开事项清单》的做法，梳理本部门应主动公开的政府信息，以清单的形式对外发布，作为各行政机关公开相关信息的最低要求，并根据法律法规的修改完善及社会发展的需要进行动态更新。政府信息公开工作年度报告的发布也应当设定严格的标准，避免出现连续几年的报告在框架、结构、内容上严重雷同，只是更换个别统计数据的情况。

第三，明确政府信息公开专门栏目的设置要求。建议结合政府网站建设，进一步明确政府网站上政府信息公开栏目的设置要求和基本要素，设定明确的标准供各级行政机关参考。门户网站建设方面，需明确网站应具备的基本要素及各类重点信息（如规范性文件）的公开方式，为各级行政机关进一步建好网站提供可操作性强的指引。2014 年，中央政府网网站进行了改版，改版后的网站更加简洁、大气，信息查询更加方便，不少行政机关纷纷效仿，不失为一个成功的实例。

第四，行政机关需要养成主动发声的习惯，使政府形象更加开明和开放。所有行政机关都应在做好政府网站信息公开的同时，养成用新闻发布会、微博、微信等方式主动对外发声的习惯。而且，还要改变发声时生硬、冰冷的模式，充分运用动漫等传播手段，使用更加通俗的语言，让信息公开更生动，拉近与人民群众的距离。尤其是应当加强舆情监测，将发布前的舆情风险预判与发布后的主动回应紧密结合，提升信息公开效果。

第五，进一步加强依申请公开工作。从各行政机关面临的依申请公开形势看，未来申请量仍会逐步攀升，申请的复杂性仍会不断加剧，借助政府信息公开申请实现信访、维权等目的的情况短期内还可能增加。为此，应规范各行政机关的依申请公开处理流程，确保对依申请公开的说明描述准确，渠道多元化且通畅。应保证有专门人员专职处理政府信息公开申请。建立疑难、重大、复杂申请会商机制，遇到难以处理的申请，应邀请相关业务主管部门、专家参与论证。还要结合实务中遇到的问题，定期开展有针对性的培训。各级办公厅（室）应发挥领导和指导作用，从整体上掌控本级政府的政府信息公开申请处理工作，对疑难、重大、复杂的申请，应及时介入，指导和帮助有关部门做好论证和答复，提升答复的规范化和专业化水平。

第六，建议各级政府办公厅（室）进一步加大对本级政府信息公开工作的指导、督查力度。各级政府办公厅（室）在做好本级政府的信息公开工作的同时，还应整体推进本级政府下属部门的信息公开工作，确保本地的政府信息公开工作整体有序推进。

第七，将政府信息公开工作与法治政府建设同步推进。政府信息公开工作不是孤立的，其与法治政府建设紧密相连。一些地方、部门的政府信息公开申请工作压力大、难处理，除了与目前公开与不公开的标准还不够明确、操作性不强等因素有关外，更多的则是因为依法行政还不到位，不少情况下权力的运行还很难符合依法行政的要求，在一定程度上还存在管理不规范的现象。在这种情况下，一旦遇到政府信息公开的申请，有关部门就没有公开的自信和底气。因此，政府信息公开不能孤立对待，必须与法治政府建设同步发展、同步推进，即做好政府信息公开工作除了要解决一些政府信息公开工作自身存在的问题外，还需要加大依法行政的力度，进一步规范权力运行。权力运行规范了，各级政府才能有公开信息的底气和勇气。

附　录

附录1　政府信息公开第三方评估体系（2014 年）

一　国务院部门

（一）主动公开

政府信息公开平台与目录建设

一级指标	二级指标	三级指标	主要依据
主动公开	政府信息公开平台与目录建设	公开平台	国办发〔2007〕54 号、国办发〔2013〕100 号文
		政府信息公开目录	国办秘函〔2009〕6 号、国办发〔2007〕54 号

机构信息

一级指标	二级指标	三级指标	主要依据
主动公开	机构信息	本部门职能	《政府信息公开条例》第 9 条、国办发〔2006〕61 号
		内设机构及职能	
		信息公开工作专门机构	国办发〔2007〕54 号

规范性文件

一级指标	二级指标	三级指标	主要依据
主动公开	规范性文件	栏目分类	《政府信息公开条例》第 10 条
		发布时效	
		链接有效性	
		文件修改废止情况	

重点领域信息

一级指标	二级指标	三级指标	主要依据
主动公开	重点领域信息	行政审批信息	《企业信息公示暂行条例》、国发〔2014〕20号、国办发〔2014〕12号
		行政处罚信息	《企业信息公示暂行条例》、国发〔2014〕6号、国办发〔2014〕12号
		财政信息	国发〔2014〕12号、国办发〔2014〕12号

政府信息公开年度报告

一级指标	二级指标	三级指标	主要依据
主动公开	政府信息公开年度报告	报告可获取性	《政府信息公开条例》第32条
		报告新颖性	
		报告内容	

（二）依申请公开

一级指标	二级指标	三级指标	主要依据
依申请公开	申请条件及流程说明	申请条件说明	《政府信息公开条例》
		申请方式说明	
		受理部门信息	
		申请办理流程说明	
	申请渠道畅通性	网上申请平台	
		传真申请渠道	
		信函申请渠道	
		答复时限	
	答复规范化	答复方式	
		答复内容	

（三） 政策解读与回应

一级指标	二级指标	三级指标	主要依据
政策解读与回应	政策解读	解读栏目设置情况	国办发〔2013〕100号
		解读率	
		解读情况	
	社会热点回应	回应栏目设置情况	
		热点回应情况	
		重大决策征求意见反馈情况	

二 地方政府

（一） 主动公开

政府信息公开平台与目录建设

一级指标	二级指标	三级指标	主要依据
主动公开	政府信息公开平台与目录建设	公开平台	国办发〔2007〕54号、国办发〔2013〕100号
		政府信息公开目录	国办秘函〔2009〕6号、国办发〔2007〕54号

机构信息

一级指标	二级指标	三级指标	主要依据
主动公开	机构信息	信息公开工作专门机构	国办发〔2007〕54号
		地方部门机构设置及职能	《政府信息公开条例》第9条

规范性文件

一级指标	二级指标	三级指标	主要依据
主动公开	规范性文件	栏目分类	《政府信息公开条例》第10条
		发布时效	
		链接有效性	
		文件修改废止情况	

重点领域信息

一级指标	二级指标	三级指标	主要依据
主动公开	重点领域信息	行政审批信息	《企业信息公示暂行条例》、国发〔2014〕20 号、国办发〔2014〕12 号
		行政处罚信息	《企业信息公示暂行条例》、国发〔2014〕6 号、国办发〔2014〕12 号
		本级政府财政信息	国办发〔2014〕12 号
		食品药品安全信息	国办发〔2014〕12 号
		环境保护信息	国办发〔2014〕12 号

政府信息公开年度报告

一级指标	二级指标	三级指标	主要依据
主动公开	政府信息公开年度报告	报告可获取性	《政府信息公开条例》第 32 条
		报告新颖性	
		报告内容	

（二）依申请公开

一级指标	二级指标	三级指标	主要依据
依申请公开	申请条件及流程说明	申请条件说明	《政府信息公开条例》
		申请方式说明	
		受理部门信息	
		申请办理流程说明	
	申请渠道畅通性	网上申请平台	
		传真申请渠道	
		信函申请渠道	
	答复规范化	答复时限	
		答复方式	
		答复内容	

（三）政策解读与回应

一级指标	二级指标	三级指标	主要依据
政策解读与回应	政策解读	解读栏目设置情况	国办发〔2013〕100 号
		解读率	
		解读情况	
	社会热点回应	回应栏目设置情况	
		热点回应情况	
		重大决策征求意见反馈情况	

附录 2　关于政府信息公开第三方评估指标设计的说明

受国务院办公厅政府信息公开办公室委托，中国社会科学院法学研究所法治指数创新工程项目组（以下简称"项目组"），对国务院部门、省级政府、计划单列市政府实施政府信息公开制度的情况开展第三方评估。此次主要围绕主动公开、依申请公开、政策解读回应三个一级指标开展评估。项目组在过去 6 年开展政府透明度测评的基础上，初步设计了评估指标，并在国务院办公厅政府信息公开办公室协调下，先后召开了 3 次座谈会，13 家国务院部门、7 家地方政府、部分在京专家学者，分别对评估指标提出了意见建议。项目组据此反复修改了评估指标体系。

现就评估指标设计做简要说明。

一　评估及指标设计的原则

评估政府信息公开工作的效果，应以公众视角为主，重点评价政府信息是否依法公开、是否方便获取，因此，评估不对其内部管理和工作机制进行评判，而是注重结果导向，对各被评估对象实际公开的效果进行评价和分析。

随着信息化的发展，政府门户网站已经成为最为重要、最为便捷的公开方式，国务院多次强调，政府网站是政府信息公开的第一平台。因此，本次评估依托于各被评估对象的门户网站，对其依法、准确、全面、及时公开政府信息的情况进行评价。

本次评估的方法和指标设计，严格遵循依法、客观、突出重点、渐进、引导的原则。

所谓"依法"是指，所有评估指标均应有法律法规的依据，这些依据包括但不限于：

（1）《行政许可法》《行政处罚法》《食品安全法》《环境保护法》等法律；

（2）《政府信息公开条例》《企业信息公示暂行条例》（国务院令第654号）等行政法规；

（3）《国务院关于加强法治政府建设的意见》（国发〔2010〕33号）、《国务院批转全国打击侵犯知识产权和制售假冒伪劣商品工作领导小组〈关于依法公开制售假冒伪劣商品和侵犯知识产权行政处罚案件信息的意见（试行）〉的通知》（国发〔2014〕6号）、《国务院关于促进市场公平竞争维护市场政策秩序的若干意见》（国发〔2014〕20号）、《国务院办公厅关于进一步做好中央政府门户网站内容保障工作的意见》（国办发〔2006〕61号）、《国务院办公厅关于做好施行〈中华人民共和国政府信息公开条例〉准备工作的通知》（国办发〔2007〕54号）、《国务院办公厅关于进一步加强政府信息公开回应社会关切提升政府公信力的意见》（国办发〔2013〕100号）、《国务院办公厅关于印发2014年政府信息公开工作要点的通知》（国办发〔2014〕12号）、《国务院办公厅秘书局关于印发政府信息公开目录系统实施指引（试行）的通知》（国办秘函〔2009〕6号）等国务院办公厅多年来发布的关于实施政府信息公开制度的系列文件。

所谓"客观"是指，评估不采用满意度测评的方法，而是将政府信息公开的各项要求转化为具体的、可量化的评价指标，由评估人员据此判断被评估对象是否依法公开了政府信息，仅就"有"和"无""是"和"否"作出评判，以避免评价结果的主观随意性，防止评估结果失真。

所谓"突出重点"是指，指标设计中，将与人民群众关系密切、人民群众关注度高，且对于推进法治政府建设较为重要的政府信息公开情况作为此次评估重点。

所谓"渐进"是指，由于各部门、各地方情况不一，评估指标的设定得过高，可能让广大被评估对象感到目标遥不可及，甚至挫伤工作积极性，因此，应立足现实情况、逐步提升要求。

所谓"引导"是指，个别指标的设计具有一定的前瞻性，引导被评估对象的努力方向。

二　评估对象

根据政府信息公开办公室的要求，此次评估的对象为国务院部门和31 家省级政府、5 家计划单列市政府。

其中，目前还需要进一步确定的是国务院部门的范围。项目组选择具有独立的行政法人资格，对外有行政管理权限，与企业、人民群众办事密切相关或社会关注度高的部门作为评估对象，且暂不涉及涉密部门及党政合署办公的机构。据此，项目组将国务院组成部门、国务院直属特设机构、国务院直属机构、部分具有行政管理权限的国务院直属事业单位、国务院部委管理的国家局纳入评估范围，共计 56 家部门。

其中，国务院组成部门不含国家安全部、国防部、监察部；国务院直属机构不含国务院参事室、预防腐败局；国务院直属事业单位只包括中国地震局、中国银行业监督管理委员会、中国保险监督管理委员会、中国证券监督管理委员会；国务院部委管理的国家局中不含国家国防科技工业局、国家档案局、国家保密局、国家密码管理局（名单附后）。

三　评估指标

（一）主动公开指标

主动公开是落实《条例》，做好政府信息公开的重要保障。主动公开指标下包括政府信息公开平台与目录建设、机构人员信息、规范性文件、重点领域信息、政府信息公开年度报告 5 个二级指标。

在具体指标设计上，国务院部门与地方政府有所区别，主要体现在政府信息公开平台与目录建设、机构人员信息、规范性文件及重点领域信息方面。区别对待的原因主要是：国务院部门负责某一方面的管理事务，而地方政府负责综合性的管理工作，这决定了其公开的信息范围也不尽相同。如地方政府有食品药品监管职能，但不是所有的国务院部门都有该职能。因此,为了更全面、客观地反映政府信息公开状况,体现落实国办相关文件的要求,项目组对国务院部门和地方政府的部分指标做了区分。其中,在地方政府的评估中,在机构人员信息方面增加了人事任免信息的评估,在规范性文件方面增加了法制办备案审查结果的评估,在重点领域信息公开方面增加了食品药品监管信息、环境保护信息公开的评估。重点领域信息公开方面,对地方政府选择评估食品药品监管信息、环境保护信息公开是因为,国办发〔2014〕12号文将上述两方面作为公共监管信息公开的两个重点,且这两项也是公众关注度较高的领域,可通过评估进一步推进这两方面的公开工作。在行政处罚信息的公开方面,国发〔2014〕6号要求公开制售假冒伪劣商品行政处罚案件、侵犯知识产权行政处罚案件的信息,但这些信息无法用以对所有国务院部门进行评估,因此,该指标评估仅适用于地方政府,对国务院部门则按照《企业信息公示暂行条例》(国务院令第654号)、国发〔2014〕6号等,要求其公开本部门职能权限范围内的处罚事项及处罚结果即可,无处罚权限的不扣分。在政府信息公开平台与目录建设板块中,因公报是地方政府的主要公开形式之一,但国务院部门普遍没有必要编制公报,因此,此方面的评估仅适用于地方政府。

此外,国务院部门是否具有行政审批权和行政处罚权,在评估中也有一定差异,需要区别对待,如审计署没有直接的行政审批权和行政处罚权,但有发布审计报告的要求,因此,将此方面信息公开的评估替代行政审批和行政处罚信息的评估。

以下对主动公开板块的各二级指标做简要说明。

1. 政府信息公开平台与目录建设

政府信息公开平台是在政府门户网站集中发布政府信息公开的重要平台,配置政府信息公开目录则是落实《条例》要求,加强政府信息管理,发布公众查询信息,提升主动公开效果的保障。因此,本指标主要对各部门、地方政府在门户网站上设置政府信息公开平台和配置政府信息公开目录的情况进行评估。

其中,政府信息公开栏目板块具体包括是否设有专门的公开平台(或开通政府信息公开专网)、平台(或专网)是否具备公开依据、政府信息公开目录、政府信息公开指南、依申请公开栏目、年度报告栏目等基本要素。同时，本板块还将评估各政府机关新闻发言人制度的运行情况及微博、微信平台的信息公开情况。这也是国办发〔2013〕100 号文等文件中反复强调和要求的。

政府信息公开目录板块则对网站所设置的目录栏目中提供的信息链接有效性、信息分类、信息查询功能、信息更新及时性、目录信息是否全部包含了主动公开的政府信息进行评估。其中，目录全面性指标目的在于引导政府机关将主动公开的政府信息全部纳入目录管理，防止出现网站公开与目录建设"两张皮"的情况。

针对地方政府评估的政府公报板块，将对各地方政府定期发布政府公报的情况、是否实现了政府公报的电子化和在线查询、公报内容是否包括了当地主要的政策信息等进行评估。

2. 机构人员信息

根据《政府信息公开条例》第 9 条的规定，政府应当主动公开行政机关机构设置和职能的信息。机构信息、人员信息也是公众关注的热点，推动做好公开工作，有助于公众办事和监督。

国务院部门的机构信息板块包括本部门职能、内设机构及职能（本次评估到司局）、信息公开工作专门机构的信息（含机构名称、联系电话、通信地址及电子邮件地址）、下属单位信息的名称及简介、领导分工信息（该部门副职以上领导的工作分工）。

地方政府的评估包括信息公开工作专门机构信息（含机构名称、联系电话、通信地址及电子邮件地址）、地方部门机构设置及职能、地方政府副职以上领导的工作分工及副职以上领导的人事任免信息。

3. 规范性文件

加强规范性文件的公开是《条例》明确要求的，《中共中央关于全面推进依法治国若干重大问题的决定》进一步要求，涉及公民、法人或其他组织权利和义务的规范性文件，应按照政府信息公开要求和程序予以公布。规范性文件板块的评估内容包括规范性文件栏目设置、发布时效、所发布信息的链接有效性、规范性文件废止修改情况。在规范性文件的废止修改情况方面，地方政府的测评还将评估其在门户网站或者法制办网站公开规范性文件备案审查结果的情况。

4. 重点领域信息

重点领域信息公开是国务院办公厅每年发布的政府信息公开要点中明确要求的。本年度评估选择其中国务院办公厅三令五申要求做好公开工作，且与人民群众生产生活关系密切、与人民群众监督政府依法行政关系密切的领域进行评估。

国务院部门的评估中主要涉及行政审批信息、行政处罚信息、财政信息的公开。《企业信息公示暂行条例》、国办发〔2014〕6 号文、国办发〔2014〕12 号文、国办发〔2014〕20 号文等对此均明确要求。行政审批信息主要评估各部门公开行政审批事项、审批依据、审批流程信息、行政审批结果的情况；行政处罚信息主要评估各部门公开行政处罚事项、处罚依据、处罚结果的情况；财政信息则主要评估预决算信息、三公经费信息的公开情况。

地方政府的评估中，还根据国办发〔2014〕12 号文的要求，选择食品药品安全信息和环境保护信息这两项公众关注较高的领域进行评估。

5. 政府信息公开年度报告

政府信息公开年度报告是政府机关对上年度本机关政府信息公开工作的总结，按照《条例》规定，应于每年 3 月 31 日之前对社会发布，接受社会检验和监督。评估内容包括年度报告发布情况（2013 年年度报告是否按时发布，是否留存了 2008—2012 年年度报告）、年度报告是否具有新颖性（是否做到图文并茂、内容是否不同于往年）以及报告内容是否全面。其中，报告内容的评估包括年度报告中是否描述 2013 年政府信息公开工作的情况、是否披露了主动公开数据和依申请公开数据。依申请公开数据的公开涉及报告是否公开了过去一年的政府信息公开申请量、受理量、申请量居前位的部门或者领域、答复率、不公开信息的数量、因政府信息公开工作被复议和诉讼的情况、过去一年工作中存在的问题及今后改进的方向。

（二）依申请公开

依申请公开是人民群众获取政府信息的重要渠道。本板块着重评估各政府机关依申请公开办理渠道的畅通情况。评估内容包括：申请条件及流程说明、申请渠道畅通性、申请办理查询功能、申请的回复情况。项目组匿名对各评估对象处理政府信息公开申请的渠道畅通性和规范化程度进行验证。

1. 申请条件及流程说明

申请条件及流程说明拟对被评估对象说明申请条件、申请方式、申请办理流程、受理部门的情况进行评估。

2. 申请渠道的畅通性

根据《条例》的规定，政府机关应当提供多种而不是单一的申请渠道供申请人选择，且受申请人年龄、学历、习惯等因素的影响，针对不同人群设置相应的申请渠道十分必要。为此，项目组选择了实践中最常用的在线申请、传真申请、邮寄申请方式，拟对其渠道畅通性进行验证和评估。

3. 申请办理查询功能

申请办理查询功能是指方便申请人查询申请的处理状态和处理结果。此功能类似行政审批办理过程中的办理进度查询。启用该功能可以方便申请人查询自身申请的办理进度和结果，目前不少政府机关已经开通了该功能，对于提升申请办理的透明度、让申请人对处理进度有所预期有重要作用。设计该指标意在引导行政机关优化申请处理流程管理工作。

4. 申请的回复情况

申请的回复主要评估政府机关回复申请的时限及回复的规范化程度。按照《条例》规定，行政机关须在受理申请后15个工作日内作出回复。项目组将验证被评估对象的答复时效。回复的规范化程度既包括回复格式的规范化，也包括回复内容的规范化，具体包括是否采取书面答复形式，不予公开信息是否告知依据、理由，是否告知救济渠道。

（三）政策解读与回应

加强政策解读与回应，有助于提高公开效果，提升政府公信力。为此，国办发〔2013〕100号文明确要求行政机关对所作出的决策进行答疑解惑，对民众关切作出回应，以使政府的行为能够被民众正确理解。本指标的评估内容包括重大文件草案征集意见及反馈、政策解读、回应三部分。

政策解读的评估内容拟包括解读栏目设置情况和解读规范化。其中，征求解读栏目要求各政府部门应在门户网站设置专门的栏目,集中发布解读信息。解读率将对各机关2014年内发布的政策文件中进行解读的比例进行统计。解读规范化的评估主要包括解读是否通俗、解读是否全面阐释了文件制定的背景及主要制度设计。

回应是为公众答疑解惑,澄清事实,提高政府公信力的积极措施。这一部分主要对各机关门户网站设置回应栏目,且在栏目中发布回应信息的情况进行评估。

重大文件草案征集意见及反馈的评估内容包括是否公开了重大文件草案、提供征集意见渠道,以及是否就征集的意见进行了反馈。

附录3 拟评估的国务院部门(56家)

一 国务院组成部门(22家)

中华人民共和国外交部

中华人民共和国国家发展和改革委员会

中华人民共和国科学技术部

中华人民共和国国家民族事务委员会

中华人民共和国民政部

中华人民共和国财政部

中华人民共和国国土资源部

中华人民共和国住房和城乡建设部

中华人民共和国水利部

中华人民共和国商务部

中华人民共和国国家卫生和计划生育委员会

中华人民共和国审计署

中华人民共和国教育部

中华人民共和国工业和信息化部

中华人民共和国公安部

中华人民共和国司法部

中华人民共和国人力资源和社会保障部

中华人民共和国环境保护部

中华人民共和国交通运输部

中华人民共和国农业部

中华人民共和国文化部

中国人民银行

二　国务院直属特设机构（1 家）

国务院国有资产监督管理委员会

三　国务院直属机构（13 家）

中华人民共和国海关总署

国家工商行政管理总局

国家新闻出版广电总局

国家安全生产监督管理总局

国家统计局

国家知识产权局

国家宗教事务局

国家税务总局

国家质量监督检验检疫总局

国家体育总局

国家食品药品监督管理总局

国家林业局

国家旅游局

四　国务院直属事业单位（5 家）

中国地震局

中国银行业监督管理委员会

中国保险监督管理委员会

中国气象局

中国证券监督管理委员会

五　国务院部委管理的国家局（15家）

国家信访局

国家能源局

国家烟草专卖局

国家公务员局

国家测绘地理信息局

中国民用航空局

国家文物局

国家外汇管理局

国家粮食局

国家外国专家局

国家海洋局

国家铁路局

国家邮政局

国家中医药管理局

国家煤矿安全监察局

第三篇

中国地方人大立法指数报告（2014）

——基于省级人大常委会网站的考察

中国社会科学院法学研究所法治
指数创新工程项目组[*]

摘要： 为把握人大立法工作的实际状况，提高立法的科学性和民主性，推进各级人大立法工作，法治指数创新工程项目组立足省级人大门户网站，从立法工作信息、立法活动、立法参与、立法优化四个方面进行了测评。测评发现，部分地方人大在加强立法公开、依法积极开展创制性立法和适用性立法等方面有不少亮点，但总体仍存在立法公开不到位、创制性立法仍处于探索阶段、立法参与待扩展等问题，需要在今后逐步完善相应的工作机制。

关键词： 地方人大　立法指数　网站

---

* 项目组负责人：田禾，中国社会科学院法学研究所研究员。项目组成员：吕艳滨、翟国强、王小梅、周婧、栗燕杰、缪树蕾、陈坤、赵千羚、郑博、刘迪。执笔人：翟国强，中国社会科学院法学研究所研究员；周婧，中国社会科学院美国研究所副研究员。

Report on Indices of Legislation by Local People's Congresses in China（2014）

—Based on Investigations of the Provincial People's Congress Websites

Team of Innovation Project on Indices of Rule of Law,

CASS Law Institute

Abstract：In order to better understand the actual situation of legislative work of local people's congresses, make legislation more scientific and democratic, and promote the legislation by people's congresses at various levels, the Team of the Innovation Project on Indices of the Rule of Law has recently carried out assessments of the legislative work of local people's congresses on the basis of information available on the web portals of provincial people's congresses. The assessments have been conducted from the following four perspectives: information about legislative work, legislative activities, legislative participation, and legislative optimization. The assessments show that some local people's congresses have made progresses in increasing the openness of legislation and in actively carrying out creative and applicative legislation in accordance with law. Generally speaking, however, many problems, such as the lack of openness of legislation, creative legislation and legislative participation, still exist in the current legislative work of local people's congresses. These problems need be solved through the gradual improvement of relevant work mechanisms in the future.

Key Words：Local People's Congresses；Legislative Indices；Website

地方各级人大及其常委会的立法活动是中国社会主义法治体系的重要组成部分，对于确保国家法律在各地得到有效实施，维护国家法治的统

一、尊严和权威，推进地方依法治理、实现地方治理体系现代化具有积极作用。为了把握人大立法工作的实际状况，提高立法的民主性和科学性，推进法律制定与法律监督制度的不断完善，中国社会科学院法学研究所法治指数创新工程项目组（以下简称"项目组"），通过网上测评和实地调研，对31个省、自治区和直辖市人大常委会（以下简称"省级人大常委会"）的立法情况进行了调研和评析，形成《中国地方人大立法指数报告》。

一　测评方法

项目组选取了31个省、自治区和直辖市的人大常委会进行测评，港澳台地区不在此次测评之列。

门户网站不仅是省级人大常委会公开法规草案、展示工作成效的有效方式，而且是公民参与立法、实现民主立法科学立法的重要平台。基于此，本次调研采用网上测评和实地调研相结合的方法，通过观察省级人大常委会的门户网站和对四川省、广东省、重庆市等地进行实地调研来分析、评估地方立法的情况。项目组根据宪法法律的相关规定，用了近一年时间，在咨询专家、反复论证、预测评和调整的基础上设定了指标体系。指标由4大板块组成，总分100分，包括立法工作信息公开（权重20%）、立法活动（权重35%）、立法参与（权重30%）、立法优化机制（权重15%）。

指标的设计以职权法定和民主立法、科学立法、公开立法为原则。本次调研旨在测评省级人大履行立法职责的实际状况，依据法律规定来设计指标，根据《宪法》《立法法》和其他有关法律法规所规定的省级人大常委会立法职责职能来设定相应板块。人大常委会立法职责之外的其他事项，如人大常委会对本行政区域内的国民经济和社会发展计划、预算的部分变更、对人民法院副院长和人民检察院副检察长等人员的任免等不予测评。依据法律的规定，省级人大常委会的立法职责职能包括两部分。一是制定地方性法规，即省级人大常委会根据本行政区域的具体情况和实际需要，在不与宪法、法律、行政法规相抵触的前提下，制定地方性法规。二是在立法完成之后，通过立法监督、立法评估等机制优化立法，确保法律法规得到有效实施，维护社会主义法制的尊严和统一，提高立法质量，不断完善立法。首先，通过备案审查、法规清理等方式对地方性法规和其他规范性文件进行审查，确保其不违背上位法，具备合法性、合宪性。根据《立法法》的规定，省级和较大的市的人民政府制定的规章、较大的市的人大及其常委会制定的地方性法规以及自治州、自治县制定的自治条例和单行条例应当报省级人大常委会备案审查。省级人大常委会还可以进行地方性法规清理，对法规是否继续适用、修改、补充和废止作出决定。其次，省级人大对地方性法规的实施情况进行检查，以提升法规的有效性。这主要是针对行政机关执行法律的情况进行执法检查。最后，省级人大进行立法后评估，分析所制定的地方性法规的实施效果，为今后的立法提供经验，以继续提高立法质量。基于此，本次调研从法规制定和立法清理优化两方面来测评省级人大常委会的立法工作情况。

除了职权法定，指标的设计还遵循民主立法、科学立法和公开立法的原则。民主立法和科学立法是中国立法活动的目标。一方面，民主立法是人民当家做主、社会主义民主的必然要求。中国是人民当家做主的社会主义国家，国家的一切权力属于人民。人民行使权力、当家做主的重要方式之一就是制定真正体现人民意志的法律规范。而要实现这个目标，除了由人民的代表组成权力机关来立法之外，还要让广大人民群众参与立法，即民主立法。另一方面，科学立法是依法治国、建设法治国家的前提和基础。只有从中国的实际情况出发科学立法，合理调整社会关系，有效规范国家权力，才能制定出体现公平、保护权利的法律，保障和促进国家各项事业的发展，实现法治国家的目标。而要实现民主立法和科学立法，就需要公开立法。只有向人民群众公开有关立法的事项，如公开草案征求意见稿、立法规划和计划、立法计划完成情况、年度立法情况等，人民群众才能对法律草案、立法规划计划乃至人大的整个立法工作表达自己的意见和建议，才能有效参与立法，从而实现民主立法。而且，通过人民群众参与立法，为立法献言献策，有助于提高立法质量，实现科学立法。基于此，本次调研着重从立法的民主、科学和公开三个维度来测评省级人大常委会制定地方性法规的情况。

本次评估时间为 2014 年 9 月 10 日至 12 月 31 日。项目组对所有评估指标涉及的内容进行了截屏。

二　立法工作信息公开情况

本次测评的第一个板块是"立法工作信息公开情况"，主要考察 31 个省级人大常委会通过门户网站公开立法工作相关信息的情况。该板块分为 7 个子板块，即"常委会领导信息""机构职能""年度工作信息""立法工作总结""本级人大代表信息""法规数据库""网站的检索功能"。"常委会领导信息"子板块主要考察人大常委会是否在门户网站上提供常委会领导成员名单、简历和分工等信息。"机构职能"子板块侧重于测评人大网站是否提供人大常委及其内设机构职能、负责人和联系方式。"年度工作信息"子板块主要考察人大网站是否提供本年度和上一年度的常委会公报。"立法工作总结"子板块主要考察人大网站是否提供上一年度立法工作的相关信息，如立法数据、立法的重点领域、过程和计划完成情况。"本级人大代表"子板块着重考察人大是否通过门户网站提供本级人大代表的名单和联系方式。"法规数据库"子板块考察人大网站是否设有法规数据库并提供搜索法规的引擎。"网站的检索功能"子板块则考察人大网站是否提供了检索引擎。

调研发现，31 家省级人大常委会都有自己的门户网站，并且能够打开，但个别网站运行不稳定，网站信息更新滞后。有的网站设置了"人大工作""人大职能""重要发布"等栏目，便于公众查找所需信息。西藏、上海等地的人大网站还开设了"立法工作"专栏，集中发布立法信息。这表明，网站正成为省级人大常委会发布信息、与公众沟通的重要平台。

（一）普遍建立人大常委会工作信息公开机制

人大常委会作为人大的常设机关，在人大闭会期间可以制定和颁布地方性法规。人大常委会的信息对于公众了解其立法工作而言十分重要。基于此，本次调研考察了人大网站是否提供人大常委会的领导信息、机构职能、年度工作信息和立法工作总结。

31 省省级人大常委会中，有 28 家在网站上提供了常委会正副主任的

名单，1 家只提供了部分常委会主任的名单，2 家没有提供相关信息。有
18 家提供了常委会领导成员简历，3 家只提供部分领导成员简历，还有
10 家没有提供。与上述公开情况相比，常委会领导分工的公开情况不尽
如人意，只有 2 家人大常委会在网站上提供了常委会领导成员分管部门或
业务的信息，3 家提供了部分常委会主任分管部门或业务。其他人大常委
会完全没有提供，占所测评 31 家人大常委会的 87.1%。

公开人大常委会的机构职能信息，不仅有助于提高公众对人大常委会
职能的了解，而且也能方便公众直接向相关部门反映情况和表达意见。为
此，项目组考察了省级人大常委会在门户网站上公开人大常委会职能、联
系方式和内设机构职能、负责人信息和联系方式的情况。有 19 家人大常
委会较详细地提供了人大常委会的职能信息，2 家提供了部分人大常委会
的职能信息。8 家提供了人大常委会的联系方式（包括地址和电话），6
家仅提供了人大常委会的地址或电话，还有 17 家没有提供人大常委会的
任何联系方式。有 28 家人大常委会在网站上提供了常委会内设机构及其
职能说明，有 3 家没有提供相关信息。10 家人大常委会提供了内设机构
的全部负责人名单，2 家提供了部分名单。通过网站提供内设机构联系方
式的人大常委会更少，仅有 2 家提供，只占所测评 31 家人大常委会
的 6.45%。

（二）常委会公报基本上网

常委会公报是人大常委会发布重要决定（包括有关立法的决定）的
权威载体。省级人大常委会大多在网站上设立了"常委会公报"栏目，
并于此栏目提供本年度的常委会公报。只有 1 家人大常委会网站没有在专
门的"常委会公报"栏目提供本年度常委会公报，但可以通过检索找到。
调研组同时还考察了上一年度常委会公报的公开情况。调研发现，26 家
人大常委会在网站的"常委会公报"栏目中提供了上一年度常委会公报，
并且可以有效打开；1 家没有在专门的"常委会公报"栏目提供上一年度
常委会公报，但可以通过检索找到。

（三）常委会立法工作总结普遍公开

31 家省级人大常委会都对 2013 年的立法工作情况进行了总结，但都

没有在门户网站提供专门的年度立法工作总结，仅在常委会工作报告中提及。在2014年常委会工作报告中，30家人大常委会介绍了年度的立法数量，如审议和通过的地方性法规数量，占测评总数的96.8%。13家人大常委会介绍了年度立法的重点领域，如西藏自治区人大常委会在工作报告中介绍了三个重点领域的立法：一是促进经济社会发展，审查批准《拉萨市老城区保护条例》，对《西藏自治区实施〈中华人民共和国非物质文化遗产法〉办法》《西藏自治区无线电管理条例》两件法规草案进行了初审；二是保障和改善民生，修订《西藏自治区实施〈中华人民共和国残疾人保障法〉办法》；三是促进依法行政、简政放权，修订政府规章提高罚款限额标准，并对《西藏自治区环境保护条例》《西藏自治区建筑市场管理条例》《西藏自治区文化市场管理条例》和《西藏自治区实施〈中华人民共和国档案法〉办法》中有关登记、备案、许可等内容进行修正，减少和规范行政审批。6家人大常委会在工作报告中虽提及立法的重点，但提供的信息不具体，比如只是提到"重点加强经济、环保和民生等领域立法"，并没有具体展开。就立法过程信息而言，15家人大常委会在工作报告中提供了该年度制定法规的过程信息，如《湖北省人民代表大会常务委员会工作报告》提到，在编制2014年度立法计划时首次增加"公推公选"、论证评估、民主票选三个环节，先后有25万网民直接参与立法选项投票，20多位专家参与论证评估；河南省人大常委会工作报告谈到，就新型城镇化建设中的法制保障、户籍管理制度改革、农村土地使用权有序流转等问题进行专题调研，先后深入12个省辖市50多个县（市、区）实地察看，召开座谈会40余场次，广泛征求意见建议。在上一年度立法计划完成情况方面，被测评的31家人大常委会均没有专门介绍是否以及在多大程度上完成了立法计划，只是在介绍年度审议和通过的地方性法规数量后，谈及年度立法任务完成情况。

（四）人大代表信息公开情况良莠不齐

人大代表是由人民选举产生，而且代表人民参与国家权力机关的立法工作。了解人大代表的信息不仅是公众的权利，而且是公众通过代表参与立法的前提。在测评的31家省级人大常委会中，30家在网站上提供了本级人大代表名单，其中 10 家还提供了代表的职业背景信息。但在公开本级人大代表联系方式方面，除了上海人大网站提供了人大代表的工作单位与邮编，其余 30 家没有提供相关信息，比例高达 96.8%。

（五）立法数据库建设仍有待加强

建设完备的法规数据库是立法公开的重要形式，有助于公众便捷的查询立法信息。本次调研考察了 31 家省级人大常委会网站是否设立了法规数据库、是否具有检索功能。18 家网站设有法规数据库，而且数据库具备检索功能；4 家网站有法规数据库，但数据库没有检索功能；还有 10 家网站或者没有法规数据库或者无法打开。项目组考察了 31 家省级人大常委会网站是否提供检索引擎，并对其有效性进行了验证。17 家网站提供有效的全网综合检索引擎，2 家提供简单检索引擎。还有 12 家网站或者没有检索引擎，或者提供的是无效的引擎。另外，调研还发现人大网站的检索能力普遍较差，检索的精确度也较低。这表明，公众通过人大网站查找信息的难度较大，网站的便捷性仍有待提高。

三 立法活动情况

"立法活动情况"板块主要考察人大常委会制定地方性法规的整体情况。省级人大常委会的立法工作涉及方方面面，本次调研并非逐一考察，仅测评 31 家省级人大常委会是否制定了本人大常委会的立法活动程序；是否制定了五年立法规划和 2014 年度立法计划；是否调整了 2013 年立法计划，计划的完成情况如何；在最近 3 年有无创制性立法，即在国家尚未立法的情况下，省级人大常委会在本地有需要且具备条件的情况下制定地方性法规的活动。同时，考虑到食品安全是与老百姓生活密切相关且近年公众关注度较高的立法领域，调研还测评了人大制定食品安全相关法规和食品生产加工小作坊相关法规的情况。

（一）立法活动有法可依

尽管《立法法》对全国人大及其常委会的立法程序、省级人大及其常委会的立法权限、地方性法规的调整事项和备案审查等作出了规定，但省级人大及其常委会的立法程序、省级人大常委会对地方性法规及以下规范进行审查的程序等事项仍缺少明确的规定，需要各省人大根据本省的具体情况来设定。在调研的 31 家省级人大中，已有 18 家制定了立法活动程序，规定了省人民代表大会的立法程序、省人大常委会的立法程序、较大的市地方性法规、自治条例、单行条例的批准程序，地方性法规的解释，规章的备案审查程序等。这有助于指引立法活动的有序开展，规范立法活动、提高立法质量。但立法活动程序的公开程度仍需提高。只有广西壮族自治区、贵州省、海南省、福建省、安徽省人大常委会在门户网站上公布了，其他 13 家并没有提供，通过百度等搜索引擎才能找到。

（二）普遍制定立法规划和计划

制定立法规划和立法计划是中国的一项立法惯例。人大常委会通过制定立法规划和计划来明确立法目标、原则、重点要求和任务分工，这有助于落实立法工作、实现任期立法目标。此次调研的 31 家省级人大常委会都制定了本届常委会的立法规划和年度立法计划，而且在制定的过程中大多征求了公众意见。但并非所有人大常委会都在网站上公布了立法规划和立法计划。仅 10 家人大常委会在网站上提供了立法规划；7 家网站没有提供，只能通过百度等搜索引擎进行检索；还有 14 家人大常委会的立法规划无法通过网络找到。15 家人大常委会的网站提供了 2014 年度立法计划；有 4 家网站没有提供，但通过百度等搜索引擎或者在地方立法网可以找到；1 家没有提供整个立法计划，但提供了人大各内设机构的工作要点；另有 1 家没有提供立法计划，只提供了草案，其他 10 家没有提供也无法查询到相关立法计划。17 家人大常委会的网站提供了 2013 年立法计划；2 家人大常委会没有在网站上公布 2013 年立法计划，但通过百度等搜索引擎能够找到；其他 12 家人大常委会的立法计划或者无法通过网络找到，或者无法打开。

年度立法计划制定之后，人大常委会可以根据具体情况进行调整。但调研的 31 家人大常委会没有在网站上提供有关 2013 年立法计划调整的信息。立法计划制定或调整之后,还须执行,否则就是一纸空文。为此,调研组还考察了立法计划的完成情况。31家人大常委会都没有就上一年度立法计划的完成情况发布专门的公告。相关信息只能在人大常委会工作报告或者新闻报道中找到,但信息不够具体,大多是在介绍2013年立法数量之后捎带提及顺利完成上一年度的工作任务或立法任务。

(三) 完成立法委托情况较好

近年来,食品安全事故时有发生,食品安全立法备受关注。2009年全国人大常委会制定并颁布了《食品安全法》。该法第29条第3款规定:食品生产加工小作坊和食品摊贩从事食品生产经营活动,应当符合本法规定的与其生产经营规模、条件相适应的食品安全要求,保证所生产经营的食品卫生、无毒、无害,有关部门应当对其加强监督管理,具体管理办法由省、自治区、直辖市人民代表大会常务委员会依照本法制定。调研发现,绝大多数省级人大常委会制定了食品安全相关法规。21家人大出台了食品安全相关法规,且未设定食品生产加工小作坊许可;8家出台了相关法规但设定了食品生产加工小作坊许可。而在食品生产加工小作坊的立法方面,人大常委会直接制定相关法规的情况并不多见,大多是由省政府依据省级人大常委会已经制定的食品安全生产条例或者其他法规,制定小作坊管理办法。

(四) 创制性立法仍处在探索阶段

《立法法》授权省级人大及其常委会根据本行政区域的具体情况和实际需要,在不同宪法、法律、行政法规相抵触的前提下制定地方性法规。省级人大常委会不仅为了在本地更好地实施全国人大及其常委会颁布的法律而制定地方性法规,还可以在没有相关法律的情况下,为解决本地面临的突出问题,制定一些探索性的法规。后者是一种创制性立法。调研发现,10家省级人大常委会在近三年进行了创制性立法,如甘肃省人大常委会制定的《甘肃省废旧农膜回收利用条例》是国内首部该领域创制性的地方性法规。在这10家人大常委会中,制定1件的有5家,制定2件的有4家,制定了3件以上创制性法规的只有1家。这表明省级人大常委会的立法工作主要围绕着在本地区有效实施的法律和行政法规而展开，创制性立法相对较少，仍处在探索阶段。

四　立法参与情况

立法参与既是民主立法、开门立法的必然要求，也是科学立法、提高立法质量的重要保障。立法参与的主体较多，如政府部门、相关利益群体、专家学者和普通公众；立法参与的形式也多种多样，如专家参与起草法案、召开专家咨询会、座谈会、论证会等。本次调研主要从公众参与的角度，考察立法草案公开、公众参与平台和召开立法听证会三个方面。

（一）多数立法草案在网上公布

立法草案公开是立法参与的前提和基础，调研首先考察了省级人大常委会公开立法草案的情况。在测评的 31 家人大常委会中，有 29 家在网站上提供了 2014 年的立法草案征求意见稿。其中 26 家人大常委会在公布草案征求意见稿的同时，提供了草案征求意见有关事项的说明，如反馈意见的电话、邮箱、邮寄地址、时限。12 家人大常委会公布草案征求意见稿时还提供了草案说明。只有 6 家在网站上对公众意见进行了反馈。根据立法程序的要求，人大常委会的内设机构还要对公众意见进行审议，并形成立法草案审议结果。在调研的 31 家人大常委会中，有 9 家在网站上公布了 2014 年草案的审议结果，如北京市人民代表大会法制委员会作出的《关于〈北京市控制吸烟条例（草案）〉审议结果》。这表明，网站已成为人大常委会公开立法草案、征集并回应公众意见的重要平台。

（二）公众参与立法机制有待完善

为了方便公众对草案征求意见稿提出意见和建议，上海、山西、云南等 13 家人大常委会网站设立了公众参与平台。如福建省人大网站设有"立法意见建议"栏目，专门征集公众意见；江苏省人大网站公开立法草案时，条文下面可以在线提出意见，并设有意见与答复一栏。有的人大网站不仅设有公众参与平台，而且公布了公众的意见。例如，河北省人大在网站上公布了公众对《河北省国土治理条例（草案）》提出的意见。

近年来，召开立法听证会已成为省级人大常委会听取各方意见、加强立法参与的重要方式。听证的内容涉及城市建设、市场物业管理、消费者权益保护、拆迁管理办法、环境资源保护等各个领域的立法。例如，甘肃省人大常委会于2004年举行了首次立法听证会，对《甘肃省消费者权益保护条例（草案）》中的欺诈消费者行为的范围及处罚方式、医疗服务和中介服务是否属于该条例的调整范围等问题进行听证。而且，听证会的形式越来越多样，如江西省人大常委会就《江西省企业权益保护条例（草案）》举行网上听证。2014年，9家人大常委会在门户网站上提供了立法听证会的相关报道，其中上海市人大常委会还公布了听证会的具体信息。

为了明确立法听证的步骤和方法、规范听证各方的行为，青海省、江西省等14家人大常委会制定了立法听证会相关规则。早在2004年北京人大常委会就出台了立法听证规则，对听证事项、听证方式做了详细规定。随后，一些人大常委会开始制定类似规则，如《安徽省人民代表大会及其常务委员会会议公民旁听办法》《广东省人民代表大会常务委员会立法听证规则》《甘肃省人民代表大会常务委员会立法听证规则》《湖北省人大常委会立法听证规则》《山东省人民代表大会常务委员会制定地方性法规听证规定》《天津市制定地方性法规听证办法》等。

五　立法优化机制情况

除了制定地方性法规，通过立法监督、立法评估等机制优化立法也是省级人大常委会的立法职责。这主要包括三个方面：一是对规范性文件进行审查，对地方性法规进行清理，纠正下位法违反上位法的情形，维护法制统一；二是进行立法后评估，提高立法质量；三是对地方性法规的执行情况进行监督，确保法规得到有效实施。基于此，"立法优化机制"板块主要考察省级人大常委会是否制定规范性文件审查办法；人大常委会对地方性法规以下的规范性文件进行审查的情况，审查结果是否公开；人大常委会是否制定地方性法规评估程序，并对地方性法规的效果进行评估；人大常委会是否制定地方性法规清理程序，并对地方性法规进行清理；人大常委会是否对政府执行地方性法规的情况进行监督检查。

　　对省政府制定的行政规章、较大的市的人大常委会制定的地方性法规等规范性文件进行备案审查，是省级人大常委会的重要职责。为了确立备案审查的程序、规范审查行为，省级人大常委会均制定了备案审查办法。而且，通过查阅人大网站或利用百度等搜索引擎进行搜索，项目组发现有26家人大常委会启动了备案审查。2家人大网站设有"备案审查"专栏，但没有具体信息。启动备案审查之后，人大常委会还要作出审查决定。但审查决定的公开程度仍有待提高。只有8家人大常委会公布了备案审查情况，如贵州省人大常委会法制工作委员会的《关于2013年规范性文件备案审查工作情况的报告》。

　　为了维护法制的统一和尊严，省级人大常委会除了对规范性文件进行备案审查，还要对地方性法规进行清理。近年来，省级人大常委会大多对地方性法规进行了清理。但项目组通过浏览31家省级人大常委会门户网站和百度等搜索引擎检索，未能找到2014年法规清理的相关信息。有的人大常委会虽在网站上设立了"法规清理"栏目，但该栏目没有2014年的信息。为了规范地方性法规清理活动，4家省级人大常委会制定了地方性法规清理程序，其中1家在网站上提供了此程序。可见，省级人大常委会法规清理工作的公开性和规范性还有待加强。

　　立法后评估是测评立法效果，提供立法质量的重要机制。在测评的31家人大常委会中，有8家在2014年进行了地方性法规评估，并在其门户网站或政府法制网上公布了相关信息。各地人大常委会在进行立法后评估的过程中形成了一些新的机制，如北京市人大常委会在制定立法工作计划时，就设立对立法后评估的项目；福建省人大常委会在对《福建省促进茶产业发展条例》进行立法后评估时，向社会公开征求意见和建议；湖南省人大常委会在开展《湖南省旅游条例》立法后评估中实施了评估问卷调查；山东省人大常委会建立了地方性法规实施情况报告制度，以便对法规进行立法后评估。而且，为了规范评估活动，4家省级人大常委会制定了地方性法规评估程序，其中2家公开了该程序。

　　对地方性法规的实施情况进行执法检查，是人大常委会立法监督的重要内容。31家省级人大常委会都开展了执法检查，并在每年的常委会工作报告中介绍执法检查的情况。人大常委会还在门户网站首页设置了关于执法监督的板块，如"监督工作""监督资讯""监督视窗""监督视点"等，方便公众查询相关信息。但个别网站的导航虽有监督专栏，有关执法检查的情况却在其他栏目中公布，存在栏目与信息不匹配的情况。

六　地方人大立法展望

本次调研主要考察了 31 家省级人大常委会的立法工作信息公开、立法活动、立法参与和立法清理完善机制的情况，发现地方立法已经形成了比较成熟的工作机制，摸索出了一些行之有效的方法。地方人大设立三十多年来，中国的地方立法机关依法履行职权，取得了令人瞩目的成就。但受制于立法经验不足、立法权限分配不够明确等体制机制原因，地方立法还存在一些问题，地方立法在科学立法和民主立法方面，仍有不断提升的空间。当前我国《立法法》修改的一个动向是进一步下放地方立法权，扩展具有立法权的较大市的范围，这对完善地方立法程序、提高地方立法质量提出了新的要求。当前完善我国地方立法，可以从以下几个方面着手。

第一，合理界定地方立法的权限范围。在调研中发现，由于地方立法机关进行创制性立法的界限不易把握，导致地方创制性立法的数量偏少。有些地方立法照搬上位法，有些只改动相关主体名称或者只简单地对上位法做些细化或解释。这样既浪费了立法资源，制定出的地方性立法也不符合地方实际，不具有可操作性。地方立法如果大胆创新，提出新概念、新观点、新做法，又容易造成与上位法相抵触的被动局面。如何准确地界定地方立法创新的边界，既能保证地方立法灵活适当地回应地方改革的需求，又能使地方立法从内容到形式上不至于违反宪法确定的法制统一原则，这是我国地方立法进行改革创新面对的重要法律问题。四中全会《决定》指出，要明确地方立法的权限和范围。在地方立法体制完善方面，要明确地方立法进行改革创新的法律界限，明确地方立法不抵触上位法的判断标准。此外，对于民族自治地方的立法权而言，还要明确其对国家法律变通的范围和界限。

第二，进一步实现地方立法程序的规范化。《宪法》《立法法》《地方各级人民代表大会和地方各级人民委员会组织法》，虽然明确了地方立法的权限，但没有对地方立法的程序作出详细地规定。地方人大常委会如何制定地方性法规、如何开展立法监督，有赖于各省根据本地的情况来决定。在调研的 31 家省级人大常委会中，有 18 家人大常委会制定了立法活动程序，这些条例或办法规定了地方立法程序，较大的市地方性法规、自治条例、单行条例的批准程序，地方性法规的解释，规章的备案审查程序等。这有助于保障地方人大常委会依法履职，科学立法。但是，仍有一些地方没有制定相关的立法程序。有的虽然对立法程序作出了规定，但规定不够明确具体。为此，建议各级地方立法机关加强制度建设，完善工作机制，对立法程序进行充分地法定化和制度化。

第三，进一步开门立法，扩大公众有序参与地方立法。调研发现，虽然地方立法机关在开门立法、民主立法方面积累了一定的工作经验，取得了一定的成效，但是公众参与立法的途径仍有待拓宽，参与的便捷性仍需提高。因此，各级立法机关在提高公众参与的便捷性和多样性方面，可以通过提供网络在线参与平台、举行网络立法听证会、微博直播听证会等方式扩大公众有序参与地方立法。同时，进一步推进立法公开，完善立法听证机制、意见征求与反馈机制、公众参与备案审查机制等。

第四，加强科学立法，完善立法评估机制。调研发现，地方立法机关重视科学立法，普遍建立专家参与立法机制。有些地方还尝试进行立法后评估工作，这些举措对于提高立法质量具有积极作用。但是，如何建立科学合理的立法评估机制，仍有待于在实践中进一步探索。评估的主体、程序、标准和指标体系等还需要进一步完善。

第四篇

中国地方量化法治的实践与评估

中国社会科学院法学研究所法治
指数创新工程项目组[*]

摘要： 在域外法治相关指数测评的理论与实践兴起的背景下，在中央政府的引导下，中国地方法治指数从无到有，迅速走向繁荣。发展至今，在立法、行政、司法都已有相关法治指数的设计和评估。立法领域有立法前评估和立法后评估，地方法治政府的量化评估则出现依法行政考核、法治政府建设指标体系、法治指数等多种形态，司法领域已有案件质效评估、阳光司法指数、法院公信力指数、公众满意度评估等。在较为全面介绍地方各种地方法治指数的基础上，本文还对其今后发展完善的关键议题展开了讨论。

关键词： 地方法治　法治指数　第三方评估　量化法治

---

* 项目组负责人：田禾，中国社会科学院法学研究所研究员；项目组成员：田禾、吕艳滨、栗燕杰、王小梅、郑博、赵千羚、刘迪等。执笔人：田禾，中国社会科学院法学研究所研究员；栗燕杰，中国社会科学院法学研究所副研究员。

Quantitative Local Rule of Law in China: Practice and Assessment

Team of Innovation Project on Indices of Rule of Law, CASS Law Institute

Abstract: On the background of rapid development of the theory and practice of assessment of indices of the rule of law in other countries and under the guidance of the relevant departments of the Central Government, indices of local rule of law has started from scratches and quickly flourished in China. Today, indices of the rule of law have been designed and assessed in the legislative, administrative, judicial and many other fields. In the legislative field, there are assessments before legislation and assessment after legislation; the quantitative assessment of law-based local government takes many different forms, including assessment of administration by law, the system of indices of construction of law-based government and indices of the rule of law; in the judicial field, there are assessment of case-handling quality and efficiency, indices of sunshine administration of justice, indices of judicial credibility, and assessment of the degree of public satisfaction. This report gives a comprehensive introduction to various indices of local rule of law in China and discusses the future development and improvement of these indices.

Key Words: Local Rule of Law; Indices of Rule of Law; Third-Party Assessment; Quantitative Rule of Law

《中共中央关于全面深化改革若干重大问题的决定》提出要"建立科学的法治建设指标体系和考核标准"。对法治发展状况进行量化分析,用数量工具分析其得失,有助于直观地发现和总结法治发展的进展与存在的问题,并有针对性地加以完善。近年来,中国各地对量化法治开展了大量实践,有的是对当地整体法治发展情况进行量化评估,有的则是对立法、法治政府、司法等方面进行评估。其中,有不少实践是以指数这一数量工具对法治发展状况进行评价的。

一 对地方法治总体情况的量化和评估

对地方法治总体情况的量化评估立足从法治建设的总体情况进行评估。从连续性与影响力来看,杭州市余杭区的法治指数脱颖而出。2007年底,《"法治余杭"量化考核评估体系》公布,2008年6月,余杭区宣布全国内地首个地方法治指数出炉。到2014年,余杭法治指数已完成第7次测评。其测评分三步:一是量化考核评估体系,二是搜集可量化法治数据,三是各方评分,最终计算出余杭的法治指数得分。由区级9个目标分解出二级指标,再层层分解到区级机关、乡镇和街道、农村和社区3个层次。其测评指标内容包括民主执政优化、建设法治政府、司法公正权威、法律服务完善、市场规范有序、民众尊崇法治、全面协调发展、社会平安和谐、监督力量健全共9个方面。余杭法治指数的数据来源主要为纪委、公、检、法、司等部门的数据。客观数据仅是评估的参考依据,不计入分数。

余杭区的区域性法治指数对其他地方产生了示范效应。2013年,上海市静安区发布了上海市首个区级层面的依法治区评估体系及报告。静安区评估体系将各项指标量化,通过内部治理、工作绩效和社会评价构建了三维的指标体系框架。以街道为单位,在曹家渡街道、江宁路街道和南京西路街道开展了"法治环境满意度调查",总计向市民发放问卷206份,其中有效回收问卷200份,有效率达97.1%。经过评估、统计,2012年静安区依法治区状况的最终得分为78.55分。评估报告不仅对静安区依法治区工作经验、特色及挑战进行了梳理,还对静安区推进依法治区工作提出了对策建议。

2010年,《法治昆明综合评价指标体系》正式发布。该指标体系由"法治的社会环境指标""法治的制度环境指标"和"法治的人文环境指标"3个一级指标系统,13个二级指标群和33个具体要素指标构成。

2011 年，昆明市整体委托给独立第三方评估团队实施。在采取法治量化评估方法，并兼顾社会指标评价和运算的科学原理基础上，对昆明政府和社会运作的法治状况加以评估，最终得出分值为 72.96 分的年度"昆明法治指数"。

此外，一些地方还开发了法治城市考核指标体系。2008 年，全国普法办和司法部开展的法治城市、法治县（市、区）创建评选活动，随后司法部出台了《全国法治城市、法治县（市、区）创建活动考核指标指导标准》。但该标准只是提出了指导性意见，均为相对原则的要求，缺乏可操作性，也没有进行权重赋值。在该标准的指引下，一些地方积极探索形成了指数化的地方法治城市考核评估体系。有代表性的如成都市。2009 年，《成都市创建全国法治城市考核评估指标与测评操作体系（试行）》，包括党委依法执政能力、地方法制建设、依法行政、司法公开公正、公民法治意识、市场秩序、法律服务、依法治理、法制监督 9 个一级指标、72 个二级指标和 216 个三级指标。在该指标体系基础上，成都市制发了《成都市创建全国法治城市工作评议考核办法》，各县（市区）创建办参照该标准，制定了本级相应的标准、目标、实施细则和考评办法，将创建任务细化分解到基层，并建立了评估考核机制和监督激励机制。

另外，一些地方的其他相关测评、评估也有关注的价值。湖州市政府创设"阳光湖州服务指数"，用量化数值反映各网络成员单位（市级机关部门）服务发展、服务基层、服务企业、服务群众的能力和水平及全市总体的作风效能状况。其基础性数据信息主要来源于"12345 政府阳光热线"这一直接联系群众实践平台的工作运行数据，通过设置一个较为科学的评估体系。测评方法将服务对象主观评价和实际工作效能监测相结合，对"12345 政府阳光热线"网络成员单位（市级机关部门）在回应群众诉求过程中反映出来的即时响应情况、按时办结情况、及时反馈情况及群众满意情况等赋予权重，测算后得出测评结果。通过每季度定期公开发布的形式，发挥其评价、预警、督促功能，促进政府服务质量和水平的提高。

二 对立法活动的量化评估

对立法活动的评估既有定性评价，也有定量评价。本报告着重分析对立法的量化评估，其中又分为立法前评估和立法后评估两种基本类型。

（一）立法前评估

立法前评估是在法律文件出台前，为使编制的立法规划和计划具有科学性和可行性，列入立法规划计划的项目应当经过评估，对立法的必要性、可行性作出评估；也可以延伸到立法过程中对条文草案、出台时机、制度措施等内容的评估。立法前评估的鲜明特色是一次性的，即评估是在特定地方性法规、地方政府规章出台前甚至起草前进行，不按年度反复实施。

2014 年 3 月，全国人大常委会领导提出要"探索法律出台前的评估工作"。在此之前，地方人大及其常委会已经开始了立法前评估的探索与实践。2007 年，海南省人大常委会在制定《海南经济特区机动车辆燃油附加费征收管理条例》时，侧重强调了评估立法成本，对立法自身的工作成本、执法成本和社会成本进行评估。青岛市也展开了类似的立法前评估。2011 年青岛市人大常委会委托青岛理工大学对《青岛市建筑废弃物资源化综合利用管理条例（送审稿）》展开立法前评估。在评估体制上，采取立法机关主导，行政主管部门为基础，并引入专家评审、社会公众参与的评估程序。其基本步骤是：（1）市人大常委会法制工作机构根据不同的法规类型，有针对性地拟定立法前评估的指标；（2）行政主管部门根据评估指标，对立法项目进行分析评估，提出评估报告；（3）科研院校根据市人大常委会的委托，从立法、专业技术等层面，对行政主管部门的评估报告进行专家评审，提出评审意见；（4）通过网上公开、座谈等方式，征求有关部门及社会公众对立法项目的意见；（5）法制工作机构对评估报告、评审意见以及其他方面的意见进行汇总研究，提出综合评估报告，并向常委会主任会议报告。在评估方法上，青岛市的立法前评估采取了包括系统评价法、比较分析法、成本效益分析法等多种评估方法。在指标设计上，根据各个拟制定地方性法规的不同情况，设计不同的评估指标。其评估指标包括立法条件、立法成本、执法成本、守法成本、纠纷解决成本、立法效益、法规实施情况预测等板块。①

2012 年，天津市人大、山东省人大等在吸收起草单位、专家学者和社会公众意见和建议的基础上对拟立法规进行"立法前评估"，最大限度地过滤掉不合法、不适当的立法项目。

从总体上看，立法前评估的强制性特征日渐凸显。立法前评估越来越多地成为立法前的必经程序。比如，2014 年浙江省出台了《政府立法项目前评估规则》，要求向省政府申报和报送立法计划一类项目时，要开展立法前评估，并提交立法前评估报告；未展开立法前评估的，原则上不列入省政府一类立法计划项目，但省委、省人大常委会、省政府要求立即进行立法的项目除外。在成为必经程序的背景下，立法前评估必将发挥更加重要的作用。

（二）立法后评估

立法后评估一般指法律、法规颁行一段时间后，结合实施取得的成效与存在的问题予以评价，以便更好地实施或修改，为相关立法、执法提供借鉴和指导。地方立法后评估从对象上包括地方性法规和地方政府规章两大类。

在地方人大及其常委会的地方性法规层面，自 2005 年起，福建、上海、浙江、海南、山西太原、山东青岛等省市人大先后开展了不同形式的立法后评估。在地方政府规章层面，2000 年起就有一些省份试点对规章实施效果进行测评。2005 年，上海市人大法制委、法工委将《上海市历史文化风貌区和优秀历史建筑保护条例》首次作为立法后评估的对象，把法规实施的绩效及法规中各项制度设计和程序规定是否需进一步完善作为评估的主要内容，并确定了执法部门评估、委托相关区人大常委会组织调研、向社会公众开展问卷调查、专题调研、邀请市人大代表参与评估的方法。评估结论认为，该条例的立法目的基本实现，同时存在若干需要重视

---

① 参见张桂芹、周怡萍《青岛市启动立法前评估试点》，《中国人大》2011 年第 16 期。

的问题。2006 年,山东省青岛市在对《青岛市专利保护规定》进行单项法规立法后评估的同时,在全国率先开展了对当地所有现行有效法规的全面评估。发展至今,各地的立法后评估工作已经开展多种探索,取得了丰硕成果。

广州市人大常委会开展的立法后评估也比较有特色。广州市人大常委会于 2012 年出台的《广州市人大常委会立法后评估办法》,对立法后评估予以较为全面系统地规范。该办法要求地方性法规施行 5 年内应进行一次评估,评估前制定评估工作方案,成立评估组和专家组,制定由合法性、合理性、操作性、实效性、协调性、规范性六个方面组成的评估指标,按百分制量化,确定具体、细化的评估指标,制作评分表,通过实地调研、召开座谈会和专家论证会、书面发函等方式,以及通过网站、立法官方微博或者报纸公开征集公众意见,展开民意调查,汇总形成法规实施情况报告,进行集体评议,再量化评分,形成评估报告。广州市人大法制工作委员会根据该办法,委托专业机构对《广州市大气污染防治规定》等 3 部地方性法规进行立法后评估。其准备工作步骤包括制定评估计划和评估工作方案,确定委托评估单位并签订委托合同,成立评估组和专家组。评估方法包括文献研究法、问卷调查法、座谈访谈法、量化评分法。满分为 100 分,其中合法性评价占 15 分,合理性评价占 25 分,操作性评价占 25 分,实效性评价占 25 分,协调性评价占 5 分,规范性评价占 5 分。最终量化评分的计算公式为:评估分数 = 评估组平均分 × 0.5 + 专家组平均分 × 0.3 + 法规实施部门评分 × 0.2。最终,评估组评分为 77.29 分,专家组评分为 88.78 分,法规实施部门评分为 97 分。《广州市大气污染防治规定》按照计分公式计算得出的最终评估分数为 84.68 分。

另外,2011 年青岛市人大常委会颁布的《青岛市人大常委会立法后评估暂行办法》,分别对评估的原则、评估对象、评估主体和组织机构、评估内容、评估程序、评估结果的使用等作出了规定。2013 年南京市人大常委会出台的《南京市人大常委会立法后评估办法》,虽然规定可以引入第三方,也设置了评估的标准及方式方法、程序和评估报告,但并未强调量化技术的应用。

三　对法治政府建设的量化评估

近年来，地方法治政府的量化评估已经成为中国法治量化评估的一道亮丽风景线。地方法治政府的量化评估，与中央领导和顶层设计具有密切地关系。在 2004 年国务院下发《全面推进依法行政实施纲要》后，2009 年国务院办公厅《关于推行法治政府建设指标体系的指导意见》出台，对法治政府建设指标体系考评工作的考评主体、考评方法、考评步骤、结果运用等提出了要求。该意见还附有《法治政府建设指标体系总体框架》，设置了 8 个一级指标，50 个二级指标，187 个三级指标。在 2010 年《国务院关于加强法治政府建设的意见》中也要求"加强依法行政工作考核，科学设定考核指标并纳入地方各级人民政府目标考核、绩效考核评价体系，将考核结果作为对政府领导班子和领导干部综合考核评价的重要内容"。

中央的政策文件对地方推动法治政府考核、评估具有巨大的激励作用，并确定了法治政府评估的基本框架与发展方向。之后，各地关于法治政府建设的量化考评指标大多以此作为蓝本，在其基础上，结合各地实际制定本地的法治政府指标体系。已经提出或正在进行依法行政考核、测评的省、自治区、直辖市人民政府包括北京、天津、内蒙古、辽宁、江苏、广东、福建、湖北、重庆、四川、贵州等。一些地级市和较大的市政府也提出了类似的考核指标。比如，浙江省温州市在 2010 年出台了《温州市法治政府建设指标体系（试行）及 2010 年度考核评分标准》。江西省南昌市、陕西省渭南市、贵州省黔西南布依族苗族自治州、江苏省苏州市、广东省惠州市、辽宁省沈阳市、湖北省襄阳市、安徽省马鞍山市、河北省藁城市等也出台了当地的法治政府指标体系。在区县级政府层面，四川省金牛区、河北省永年县、江西省玉山县、贵州省普安县、江西省修水县、浙江省鹿城区、青岛市市南区、江苏省苏州市吴中区等也对法治政府指标体系进行了探索。

值得注意的是，在中央提出具体要求之前，一些地方政府对于法治政府指标考核已经开展试点。比如，安徽省宣城市的依法行政考核起步于

2007 年。根据《宣城市人民政府关于印发宣城市依法行政考核指标体系的通知》（宣政〔2007〕32 号），该市设置了适用于县市区政府和政府所属部门、直属机构的两套考核指标体系。该考核指标体系采取百分制，由市政府法制办公室具体负责组织实施，考核对象对照指标体系将依法行政工作情况书面报告市法制办公室，考核名次靠前的单位由市政府给予表彰。

在省、自治区、直辖市层面，2010 年，湖北省政府宣布在全省范围内施行《湖北省法治政府建设指标体系（试行）》。该指标体系由 8 个大项、35 个中项、160 个小项构成，涵盖了政府职能界定与机构职责配置、制度建设、行政决策、行政执法、行政服务、社会矛盾的防范和化解、行政监督、依法行政能力建设等方面。

上海市以构建"服务政府、责任政府、法治政府"为目标，对政府依法行政的实际运作情况进行评估。为了获知公众对市政府依法行政的感知情况，研究者制定了"制度健全度、公众参与度、信息透明度、行为规范度、高效便民度、行为问责度" 6 项测评指标，并由第三方机构对普通市民、企业以及律师开展了问卷调查，根据调查结果对依法行政的状况进行打分。① 上海市还设置了法治建设满意度综合指数，设置了 4 个一级指标，22 个二级指标，52 个三级指标。2013 年上海法治建设满意度综合指数值为 76.7 分，较 2011 年略有提高。

四　对司法活动的量化评估

量化考核一直是中国司法机关的重要管理手段。一个值得关注的现象是，量化数据对司法管理有着强烈的吸引力，并被广泛应用。比如，为推进诉讼调解、撤诉，不少地方法院都提出了明确的量化比例要求。2009 年河南省高院要求全省法院推行马锡五审判方式，民事案件的一审调解率要达到 60%—80%，广东省《法治广东建设五年规划（2011—2015 年）》

---

① 上海市人民政府法制办公室编：《上海市依法行政状况白皮书（2004—2009）》，上海人民出版社 2011 年版，第 89 页。

也要求"力争全省法院一审民事案件调解撤诉率达到55%"。

2008年，最高人民法院出台的《关于人民法院案件质量评估工作的指导意见（试行）》，将案件质量分为公正、效率和效果三个方面，并量化为33个指标、赋予其不同的权重，采用专门的数据收集和计算方法，得出案件质量的综合指数。2011年，最高人民法院下发修订后的《关于开展案件质量评估工作的指导意见》将公众满意度纳入指标体系。2013年6月，最高人民法院印发了《人民法院案件质量评估指数编制办法（试行）》。

2010年，四川省高级人民法院出台的《关于全省中级法院案件质效评估的实施意见（试行）》，旨在依托信息化建设，科学、公正地评价各中级人民法院的工作成效。省高院对中级人民法院开展案件质效评估，各中级人民法院可结合实际开展自行评估及对辖区内基层法院的评估。评估指标体系分为3个层级，由1个一级指标（案件质效综合指数）、3个二级指标（公正、效率、效果）及25个三级指标组成，涵盖了结案率、上诉率、申诉率、诉讼调解率、信访投诉率等多方面内容。案件质效评估以案件流程管理为基础，省高院利用评估软件从网上提取各中级人民法院案件的数据，自动生成任意时段案件质效评估数据（包括综合数据和各单项数据）。为便于进行类型案件分析，各项指标数据可以追溯。各中级人民法院可从查询接口查询该院数据。案件质效评估数据将作为对中级法院审判绩效考评的重要依据。

此外，浙江省高级人民法院在全国率先开展了司法公开的第三方评估。2013年，浙江高院委托中国社会科学院法学研究所作为第三方机构对浙江省105家法院（2013年为103家）开展阳光司法指数测评。2013年的测评涉及审务公开、立案庭审公开、裁判文书公开、执行信息公开、保障机制五个方面，2014年则包括审务公开、立案庭审公开、裁判文书公开、执行信息公开四个方面。评估采取观察法院门户网站、实地考察验证、评查案卷及庭审录像、调取法院日常统计数据等方式。长期以来，在对司法机关的量化评估工作中，第三方评估主体的作用相对有限。比如，案件质效评估中几乎没有第三方的参与，限于司法机关的自说自话而公信力和影响力缺乏。浙江法院的阳光司法评估则取得了较大突破,其测评主体为第三方。并且,浙江高院对测评什么、怎么测评、测评结果不做任何干预;在测评中,要求全省各级法院做到"四不",即不提示通知、不做动员、不提前布置、不告知测评科目,最大限度地保证了指数测评能够客观真实地反映司法公开工作的现状。为确保测评的准确和高效,浙江省高级人民法院还授权第三方测评组直接从应用系统的数据库中获取相关数据和信息,并随机调取案卷档案。

在浙江省启动阳光司法量化评估且经过两年测评之后,其他一些地方的法院也启动了类似的评估。比如,河北省法院系统于2014年出台的《河北法院阳光司法指数评估暂行办法》,将立案、庭审、案件执行、听证、裁判文书的公开状况及法院接受监督状况,司法公开工作机制等量化为7项一级指数和27项二级指数,并明确规定了各项指数的评估权重。

2014年江苏省宿迁中级人民法院也发布了《宿迁法院阳光司法指数评估体系》。该体系分为内部评估指数和外部评估指数两个部分,其中内部评估指数包括4项一级评估指标和30项二级评估指标,每项指标均设置了相应的权重。其阳光司法指数还引入外部评估,公开接受当事人和社会公众的测评,通过纸质问卷调查和互联网在线调查,由诉讼参与人及社会公众对全市各法院的司法公开程度进行量化打分,客观评估司法公开的外部效果,包括向诉讼参与人和社会公众开展的26项问卷调查。内部评估每半年进行一次,外部评估每年进行一次。根据各项指标的评估得分与权重,综合计算出法院的"年度阳光司法指数",连同评估报告向社会公开发布。

有的地方还开展了针对司法机关的公众满意度测评。2008年9月开始,江苏省高级人民法院启动了对全省法院的公众满意度调查工作,委托民意调查机构对各级法院的司法公正、司法效率、司法公开、司法便民、司法公信、工作作风、队伍形象、依法服务大局等方面进行调查。自2010年起,广东省高级人民法院委托第三方机构对全省21个中级人民法院和128个基层法院的各项工作进行群众满意度调查。

山东省淄博市中级人民法院开展了"公信法院"创建活动。这项活动拟采用量化评估方法,以规范司法权运行、提升司法公信力为目标,对法院、法庭、法官进行量化考核。

检察机关也开展了公信力测评的试点。2014 年，宁波市 11 个县（市）区的基层检察院在全国开展了首个检察院公信力测评的试点。宁波市检察院委托专业的第三方机构，采取电话、计算机、访问等形式展开。测评结合各地情况，从每个县（市）区 18—75 周岁的城乡居民中随机抽取 500—1000 份样本，针对当地检察机关执法办案、队伍建设、检务公开、工作作风四个方面展开测评。

五　对目前量化法治实践的总体评价

（一）总体成效

对法治进行量化评估是转变拍脑袋决策管理的根本出路，也是国家治理能力和治理体系现代化的具体体现。近年来，量化法治的实践取得了明显成效。

一是量化评估类型的广泛性与全面性。就测评对象而言，立法机关、行政机关、法院和检察院等司法机关均被纳入法治量化评估的实践中来；就级别而言，省级、地市、区县都被纳入法治量化评估范围或开展独立的法治评估。从零开始的法治量化评估，短短数年时间就做到这种广泛性与全面性，其速度可谓空前。

二是第三方参与逐步发挥更大的作用。在立法评估上，许多地方均强调根据需要，起草单位可邀请有关高等院校、科研院所等单位参与评估或委托第三方展开立法前评估。浙江省的《政府立法项目前评估规则》明确规定了起草单位根据需要，可邀请有关高等院校、科研院所等单位参与或委托其开展评估工作；在法治政府的评估方面，"开门评估"日渐成为共识，委托第三方实施部分评估的做法已屡见不鲜；在司法评估方面，在一些地方已从第三方的有限参与，发展到第三方独立参与乃至第三方主导测评的模式。显然，第三方独立、主导法治测评，必将成为大势所趋。

(二) 暴露出的问题

1. 官方主导色彩较浓，第三方评估主体作用有待提升

现有大量的地方法治指数测评体系表现出了浓厚的政府主导色彩，政府不仅操刀确定评价指标体系、评价方式方法，甚至亲自主导评价。已有的地方法治指数相关测评大多以上级主导测评、被测评对象自我测评为主，虽然引入部分公众和专家参与，但并未发挥应有的作用。即便测评中采取了民意调查，或者其他方式的公众参与，但测评结果依然难以取信于民。其测评的中立性无法得到保障，缺陷显而易见。

2. 定性指标占据比例仍然较高，赋值量化仍有不足

不少地方的法治指数测评均将"定性与定量"相结合作为一项重要的测评方式，其中定性评估往往占据着重要位置；在测评结果方面，各板块、指数未予赋值的现象广泛存在。这在法治政府指标体系的起步阶段表现尤其明显。比如，深圳市的法治政府指标体系起步较早，但比较可惜的是，该指标体系虽名为"指标"，但并未脱离传统窠臼，未能进行必要的赋值量化。再比如，《沈阳市人民政府关于印发沈阳市法治政府建设指标体系的通知》(沈政发〔2012〕41号)，虽然名为"指标体系"，也初步划分了板块，但大量要求为"显著提高""及时""有力"，并未进行数字精确化，也无法进行量化评估考核。

3. 客观性指标仍较为缺失

客观性指标与主观性指标，在法治测评中应当予以合理配置，客观性指标基于其准确性、科学性具有不可或缺的位置。但是，过于仰赖主观性数据，采用满意度测评的方式是一些地方的主要测评方式。这种方式受制于问卷调查中样本选择的科学性、问卷设计的严谨性等因素，往往容易出现失真的情况，难以客观真实地反映法治运行的情况。

4. 指标设置及实施的科学性有待进一步提升

通过权重量化赋值的方式，使得测评在外观上表现出一定的客观性。但其科学性仍有较大的提升空间。

一是权重赋值本身是否合理？如何赋值？是否征求公众意见，如何展开专家论证？其论证研讨往往并不充分。

　　二是这种量化本身的客观性受到测评体制的严重削弱。测评的实施往往带有强烈的公权力主导色彩，由第三方主导的测评并未成为主流。即便个别地方委托第三方实施部分测评，也缺乏足够的中立性和独立性，而是由被测评对象国家机关如政府、法院主导。以法治政府的测评为例，或者由上级政府法制机构主导，或者由依法治省（市）领导机构主导，再引入不同程度的公众参与、第三方参与。这种第三方参与往往是有限的，甚至是被扭曲的。

　　三是不同地方的法治指数的设置、实施各自为政，并不统一，导致各地区间的法治指数测评结果无法横向比较，并因此受到质疑。比如，昆明法治指数、余杭法治指数虽然最终均对外公布分值，但其分值意义如何尚待商榷。由于测评仅针对个别地方，缺乏也不能进行横向比较，其分值的意义并不显著。

5. 测评结果缺乏必要地公开公示，应用不够充分

　　不少地方政府虽然较为重视法治测评结果的应用，注重强调发挥测评的评价作用、引导作用和督促作用。其主要做法包括对于测评指数排名靠前的政府、部门予以奖励，对于排名靠后或结果在一定限度以下的，则予以督办；在指标中设置上级政府引领的改革方向；通过测评结果摸底下级的机构设置、惯例做法等。但是，与测评本身的兴师动众、轰轰烈烈形成鲜明对比的是，测评结果的外部公开与外部应用仍然相当薄弱。绝大部分地方的测评结果仅仅通过新闻媒体公开排名靠前的若干机关，且大部分还是由测评对象作为"自我表扬"的方式来公之于众，对于测评结果、测评报告缺乏系统、完整、全面地公开、公示。这里固然有"家丑不可外扬"的传统观念考虑，但对于测评结果更为广泛地应用、发挥社会各界的监督作用，都是极大地制约。

六　展望：地方法治指数及其测评的关键议题

　　从域外做法和部分地方已有做法的经验教训出发，地方法治指数设计及其测评，在今后的改进完善中，应充分考虑以下方面的议题。

（一）建构第三方为主导的测评体制

评估主体的中立是评估结果客观、公正的最基本前提。从近年的实践来看，凡是突出第三方的测评，其效果往往较好；凡是政府、法院主导，乃至关门测评的，其效果就相对较差。今后应突出独立的第三方测评机构的作用和地位。具体而言，应由第三方主导测评而非国家机关自我主导，第三方机构应当有独立自主性，不应被上级机关、被测评对象过多干扰，但官方机构可以从提供数据等方面给予必要地配合与支持。

（二）提升指标体系的科学性

测评指标科学与否直接关系到测评结果的科学性，除了依法、客观、可操作等因素外，评价指标的科学性还应当具有以下几个特点。

一是测评指标应具有连续性与灵活性。缺乏连续性的测评，年度纵向之间缺乏比较的可能；但指标缺乏灵活性，则必然走向僵化，进而流于形式。因此，如何兼顾连续性和灵活性，对指标设计者提出了更高层次的要求。

二是测评指标应兼顾地方性与普适性。中国地方法治指数的实施，表现出强烈的地方性创新与突破色彩。其指标体系也呈现出区域化特征，既有省一级的指标体系，也有地市级、区县级的指标体系。地方创新，已成为中国法治指数实践的鲜明特色。有理由预期，今后中国的法治量化工作，在相当长时间内仍会保持这种地方创新的特征，既要有普适性的指标，更要有凸显地方特色的指标；既要有适用于各个层级政府的一般性指标，也要有适用于地市级、区县级、各个部门机关的指标体系。因此，法治指标体系必然带有多元性、区域性。

三是测评指标的设置与修订应兼顾公众意志、公众需求的主观性与法治自身规律的客观性。不能体现公意的测评指标，再完善也只是空中楼阁，仍会遭到公众的抛弃。对法治的测评，需要充分考虑公众的法感情和法需求。因此，闭门造车的指标，不能适应社会需求。同时，法治的公平正义、公开透明、平等可预期等要求，也带有普遍性和客观性。以满意度调查来测评法治过于简单粗暴，无法适应胜诉方与败诉方、执行难与顺利执行的精微情感需要。必须意识到，传统社会抽样调查关注的是抽样对象的主观感受，尽管主观感受在一定程度上能够反映客观真实性，但任何抽样调查的统计结果都不等于客观真实性。以问卷调查为例，调查样本越具有代表性，满意度的评估越真实；而样本的代表性取决于各类使用者的特点、问卷的选项和问卷对细节要求的程度。此外，法治类的调查相对于其他调查而言，专业性更强，体验性要求更高，对一个未体验过相关法律过程的个体而言，满意与否是一个无法回答的问题。即便对于一个已经体验过该过程的个体来说，其是否满意与相关主体是否依法行事仍是不同层面的问题，难以客观量化。对此需要强调的是，地方法治指数在相当一段时间内，应当考虑根据客观数据（包括官方权威数据，以及课题组自行调研的实证数据），利用客观的方法进行分析，以及有针对性地进行制度实施状况测评，以保障指标的中立性、科学性和客观性。

（三）测评指标及结果应合理适度地公开

在阳光政府、阳光司法、开门立法等背景下，测评指标及结果是保密还是公开，并非不言自明的话题。

一是测评指标是否事前向测评对象公开？如果事先公开测评指标，作为测评对象的国家机关很可能根据指标调整自身做法或者其外观表现，这很可能让测评走过场。事实上，不少地方已有的测评正是如此，白白浪费了宝贵的人财物力。如果测评指标从起草到出台保密，则测评指标的科学性从根源上就难以得到保证，测评结果也难以服众。面对如此两难的问题，选择的出路需要智慧。可选措施有：测评指标的事先公开为部分公开，即考虑仅公开一级、二级指标，但三级或更具体的指标则秘而不宣；另一种方案是测评前虽然不公开指标，但测评结果出来后在下一年度（或按其他测评时间段）测评开始前，公布上次的测评指标。但这种模式，要求每年测评指标必须更新，应有较大幅度的变动。

二是测评结果是否向社会公示？一些地方政府将法治相关的测评作为内部绩效考核的形式之一，因此测评结果也作为政府内部信息而存在，并无公开的必要。但发展至今，测评结果与公众并非无关，公开测评结果的呼声日渐高涨。对于公众而言，测评名次靠前的政府机关理应提供更规范的公共服务,由此公开测评结果也有强化公众监督的客观效果;对于学术界而言,测评结果及相应报告的公开,更是提供了丰富的研究素材。显然,测评结果的逐步公开,将是大势所趋。

（四） 提升指数评估结果的可检验性与可比性

测评指标和测评结果并不是密闭于行政系统内部,让行政机关孤芳自赏的,而应向社会各界开放。其开放既有利于提升指数测评的科学性与可信度,也有利于社会各界予以检验、比较。而无论是上级政府评估还是被测评对象自我评估,评估所依据的信息、素材往往是国家机关内部工作的文件、材料。加上测评指标、测评结果缺乏充分公开,社会公众、学术科研机构往往无从检验、比较。

因此,地方法治指数在实施中,应当注重指标体系、测评方式、评估结果的公开,提升其可检验性,以及地方之间、年度之间的可对比性。

（五） 警惕法治指数的异化

指标设置科学、测评体制顺畅、结果应用有力的"地方法治指数",将成为客观评价法治建设成效与仍存在问题的标尺,也可起到法治建设抓手的效果。因此,地方法治指数既有评价的客观功能,也有发现问题、不足的监督功能,还有鲜明的引导、预测、修正等建设性功能。

但是,在指数热的同时,也要警惕法治指数的异化。特别是在测评结果经常成为被考评对象负责人与一般工作人员职务升降、奖励惩处的重要考虑因素的背景下,在指标考评中造假的动机将有增无减。而主导测评的上级国家机关也不希望测评结果过于"难看"以至于"难堪",特别是在打造阳光政府的背景下,测评结果的保密并无正当理由。最终,地方法治指数测评在各方合谋之下成为了一项新的政绩工程,各级政府皆大欢喜而群众并不买账。如此这般,地方法治指数测评必将彻底异化,丧失存在的正当性。

为避免法治指数测评的异化,应考虑从以下几个方面的制度和规范建设上加以预防。

一是测评指标的设置上,应兼顾全面性和重点内容,既立足现有制度规范又有适度前瞻。既要避免将各个被测评对象都已经做到的规则作为主要测评指标，又要避免指标陈义过高而"逼良为娼"，促使测评对象靠做假来应付过关。另外，还应妥善设置客观性指标与主观性指标（如满意度、幸福感）的权重分配，避免测评中的走形变样。

二是在测评体制上，以第三方独立、客观的测评为主导，避免受到被测评对象的干扰。

三是在测评指数的应用上，在强调更充分地应用测评成果改进工作的同时，应避免与被测评对象的福利、晋升过度挂钩，避免测评指数被滥用和误用。

第五篇

中国高等教育透明度指数报告（2014）

——以高等学校网站信息公开为视角

中国社会科学院法学研究所法治
指数创新工程项目组[*]

摘要： 本文根据教育部《高等学校信息公开办法》《高等学校信息公开事项清单》等规定，选取115所高等学校，通过观察其门户网站、实际验证等方法，对其基本情况、招考信息、学生管理、财务管理公开和信息公开栏目建设等内容，进行了调研和测评。测评发现，2014年高等学校信息公开工作推进有力，进步明显，透明度显著提升，但也存在部分信息公开不全面等问题，需要进一步引起重视，加强监督。

关键词： 教育透明度　高等学校　网站　信息公开　指数

＊ 项目组负责人：田禾，中国社会科学院法学研究所研究员。项目组成员：吕艳滨、王小梅、栗燕杰、缪树蕾、赵千羚、张誉、刘迪、张多、张爽、宁妍、徐蕾、郑雪、郝珠、龚凌、宋君杰、任娇、单颖、刘桂亮、李家琛、刘亚晨、周震、刘永利、张瑜、宋薇。执笔人：吕艳滨，中国社会科学院法学研究所研究员；田禾，中国社会科学院法学研究所研究员；缪树蕾，中国社会科学院法学研究所工作人员。张爽、宁妍、徐蕾、郝珠、刘桂亮、刘永利等参与了部分内容的写作。

Report on the Indices of Transparency of Institutions of Higher Learning in China（2014）

—In the Perspective of Information Publicitied in

Websites of Colleges and Universities

Innovation Project Team on the Rule of Law Index,

Law Institute, CASS

Abstract: In 2014, Innovation Project Team on the Rule of Law Index of CASS Law Institute, in accordance with the Measures for the Information Disclosure of Institutions of Higher Learning and the Catalogue of Information Subject to Disclosure by Institutions of Higher Learning, both promulgated by the Ministry of Education, and other relevant regulations and using such methods as visiting the web portals of relevant institutions of higher learning and carrying out field verification, conducted investigation and assessment of the disclosure by 115 institutions of higher learning of general information about themselves and information on entrance examination and admission, management of students, management of financial affairs and the construction of website columns on the disclosure of information. The assessments show that institutions of higher learning in China had made obvious progresses in the disclosure of information and markedly increased their transparency in 2014, although some problems, such as the incompleteness of disclosure of some information, still existed. These problems should be attached more importance to and dealt with by further strengthening the relevant supervision mechanisms.

Key Words: Educational Transparency; Institutions of Higher Learning; Websites; Disclosure of Information; Index

2014 年，中国社会科学院法学研究所法治指数创新工程项目组（以下简称"项目组"）对 115 家高等学校通过其门户网站公开学校信息、落实《高等学校信息公开办法》及《教育部关于公布〈高等学校信息公开事项清单〉的通知》（教办函〔2014〕23号）的情况，进行了调研和测评，本报告是对此次测评情况的总结分析。

一　测评意义

高等学校，俗称为"大学"，是依照《高等教育法》等法律法规设立的，符合国家高等教育发展规划，符合国家利益和社会公共利益，为公民提供高等教育服务，不以营利为目的的教育机构。优质的高等教育是提升国民素质、培育高素质人才、提升国家综合实力的根本，为公民提供高水平的高等教育是国家履行教育公共职能的重要体现。作为高等教育的提供者，高等学校具有公共性，一方面，公立高等学校由国家举办并依靠财政经费运营，另一方面，高等学校的校长、副校长也须按照国家有关规定任免，以保证高等教育的公共产品属性。因高等学校之公共属性，《政府信息公开条例》第37条明确规定教育信息公开应参照该条例的要求。同时，如果认定学位授予是《教育法》授权的行为，那么，高等学校授予学位相关的行为还应适用《政府信息公开条例》第36条的规定。因此，高等学校对社会公开相关信息，既是满足公众知情权的需要，也是其应尽之义务。

公开高等学校信息可以增强其管理透明度，保障公众、学生、教职员工合法权益，监督高等学校依法治校。公开高等学校信息也是教育行政管理部门创新高等学校管理理念与管理方法、提升管理水平、促进高等学校学术自由的重要手段。近年来，不断爆出高等学校腐败、管理不善等问题，引发社会关注。为了规范高等学校管理，回应社会关切，教育部早在2010年就发布了《高等学校信息公开办法》（教育部令第29号），对高等学校公开信息的范围、方式、方法等做了规定。2014年，教育部又发布了《教育部关于公布〈高等学校信息公开事项清单〉的通知》（教办函〔2014〕23号），梳理了法律、法规、规章中有关高等学校信息公开的规定，以清单的形式明确了公开的范围和标准，提出引入第三方对教育部直属高等学校落实情况开展评估，并适时组织督查，评估和督查情况将向社会公开。

《中共中央关于全面深化改革若干重大问题的决定》提出，要建立科学的法治建设指标体系和考核标准。近年来，引入第三方评估已经成为各级政府部门创新管理方式的重要手段。对高等学校落实法律、法规、规章等关于公开信息要求的情况进行评价，也需要引入第三方评估机制，避免管理者主导评价、高等学校自我评价的种种弊端。只有这样，才能站在客观的立场上，对高等学校信息公开的管理工作和高等学校落实信息公开规定的情况作出准确的判断。

需要说明的是，信息公开水平只是反映高等学校管理水平和依法治校水平的指标之一，并不一定直接反映其教学科研水平，但信息公开做得好，必然会对其管理水平和教学科研水平有所促进。

二　测评对象、指标及方法

（一）测评对象

本报告以 75 所教育部直属院校、112 所"211"工程高等学校、39 所"985"工程高等学校为测评对象。上述三类高等学校存在交叉重复，且中国石油大学分为校本部与北京校区，华北电力大学分为北京校区和保定校区，中国地质大学分为北京校区和武汉校区，中国矿业大学分为北京校区和徐州校区，其门户网站各不相同，项目组对其分别进行了测评，故实际测评对象为 115 所高等学校。

（二）测评指标

项目组设计测评指标遵循依法、客观中立、重点突出的原则。

1. 依法原则

设计测评指标的依据是《高等学校信息公开办法》《高等学校信息公开事项清单》及其他涉及高等学校信息公开的法律法规及规范性文件，每项指标的测评内容均有对应的法律法规依据。本次测评中每项指标的法律依据可参见《教育部关于公布〈高等学校信息公开事项清单〉的通知》，报告分析过程中，不再一一赘述。

2. 客观中立原则

所有测评指标一视同仁，适用于所有被测评对象。测评过程中，测评人员对被测评对象仅作"是"与"否""有"与"无"的判断,而不对信息公开效果等作出"好"与"坏"的价值性判断。整个测评过程中,何时开始测评、何时结束测评、何时测评某高等学校,项目组未通报教育主管部门及高等学校,并以测评结束时间点为准进行统一复查。所有依申请公开的验证均不披露任何可以识别项目组身份的信息。

3. 重点突出原则

《高等学校信息公开事项清单》所列内容十分庞杂,个别项目信息具有非常态化的特点,不一定适用于所有测评对象;因此,测评主要围绕推进高等学校依法治校、满足公众高度关切的重点领域需求,以《高等学校信息公开事项清单》的信息分类为基础,选定了测评内容。

本次测评的一级指标共 5 项,总分 100 分(见表 1),分别是:学校基本情况(权重 15%)、招考信息(权重 25%)、学生管理信息(权重 20%)、财务信息(权重 20%)、信息公开专栏(权重 20%)。

表 1   高等学校信息透明度指数指标体系

一级指标及权重	二级指标及权重
学校基本情况(15%)	学校概况(10%)
	学校章程(10%)
	学科简介(10%)
	机构设置与职能(10%)
	学校领导信息名单(25%)
	境内外教育与合作办学(10%)
	后勤保障(10%)
	校园安全(15%)
招考信息(25%)	招考栏目设置(10%)
	招生信息发布(30%)
	特殊类型招考信息(15%)
	研究生复试信息(15%)
	录取查询渠道(20%)
	咨询与申诉渠道(10%)

续表

一级指标及权重	二级指标及权重
学生管理信息（20%）	学籍管理信息（10%）
	教学质量信息（15%）
	奖学金与助学金发放（35%）
	学位授予（15%）
	就业质量（10%）
	奖惩机制（15%）
财务信息（20%）	财务管理栏目设置（5%）
	财务、资产管理制度（5%）
	受捐赠财产的使用与管理（15%）
	校办企业资产信息（15%）
	采购及招投标信息（15%）
	预算信息（15%）
	决算信息（15%）
	收费信息（15%）
信息公开专栏（20%）	栏目设置（15%）
	信息公开制度（10%）
	信息公开指南（10%）
	信息公开目录（20%）
	信息公开年度报告（15%）
	依申请公开（20%）
	网站检索功能（10%）

（三）测评方法

测评方法主要是观察各高等学校门户网站并进行实际验证。根据《高等学校信息公开办法》以及《教育部关于公布〈高等学校信息公开事项清单〉的通知》（教办函〔2014〕23号）等的要求，部属高等学校应于2014年10月底前在学校门户网站开设信息公开专栏，统一公布清单所要求的各项内容。也就是说，门户网站应是高等学校信息公开的第一平台，且清单所列的信息均应通过高等学校自身门户网站向社会公众公开。因此，项目组以高等学校门户网站为基础，对其发布相关信息的情况进行了测评。对于高等学校在其他网络平台公布的相关信息，本报告未统计在内。

依申请公开的测评采取实际验证的方法。项目组按照各高等学校公开的申请渠道，向其发送了信息公开申请。申请过程中，凡提供在线申请平台（包括电子邮箱）的，均通过在线申请的方式验证，无此功能或在线申请功能无效的，则通过中国邮政挂号信、EMS 或者传真的方式发送书面申请。项目组的申请内容为该校受捐赠财产的使用和管理情况，并为高等学校预留了较法定期限宽松的答复时间。

测评活动自 2014 年 10 月 11 日开始，12 月 31 日截止。依申请公开测评的回复截止时间为 2015 年 1 月 10 日。为了保证测评结果的准确性，项目组对所有测评对象的门户网站 2014 年 12 月 31 日前的情况进行了严格复查，并保留了所有的网站截屏记录。由于高等学校的信息公开工作是动态发展的，且在教育部的督查下各高等学校不断对网站建设和信息公开进行修改完善，本报告仅反映 2014 年 12 月 31 日前网站主动公开和 2015 年 1 月 10 日前依申请公开的测评情况。

三　总体测评结果

测评显示，排名居前的高等学校为：中国海洋大学、西南交通大学、湖南大学、华中师范大学、北京外国语大学、北京交通大学、北京师范大学、上海外国语大学、西安电子科技大学、西北农林科技大学（测评结果见表 2）。

其中，教育部直属高等学校和"211"工程院校中排名居前的是：中国海洋大学、西南交通大学、湖南大学、华中师范大学、北京外国语大学、北京交通大学、北京师范大学、上海外国语大学、西安电子科技大学、西北农林科技大学。

"985"工程院校中，排名居前的是：中国海洋大学、湖南大学、北京师范大学、西北农林科技大学、电子科技大学、武汉大学、中国人民大学、同济大学、四川大学、重庆大学。

　　从测评情况看，2014 年高等学校信息公开工作呈现出不少亮点，但也还存在不少问题。

表 2　　2014 年高等教育透明度指数测评结果（满分 100 分，单位：分）

高等学校	学校基本情况（15%）	招考信息（25%）	学生管理信息（20%）	财务信息（20%）	信息公开专栏（20%）	加权平均分
大连海事大学	41.5	57.5	85	37	55	56
大连理工大学	66	67.5	85	82	85	77.18
上海大学	71	76.25	86	54.25	73	72.36
上海外国语大学	80.5	85.25	85	76	93	84.19
上海交通大学	86	60.75	72.75	75.25	85	74.69
上海财经大学	75	83.25	78	76	78	78.46
山东大学	78.5	53.38	92.5	80.5	85	76.72
广西大学	53	73.63	85	46	45	61.56
天津大学	55	73.5	68.25	51.25	81	66.73
天津医科大学	63.5	49.75	68.25	54.25	63	59.06
云南大学	51.5	81.75	77.5	17	31	53.26
太原理工大学	51	52.5	67.75	50.5	18	48.03
中山大学	76	71.63	71	77.5	85	76.01
中央民族大学	37.5	76.25	35	14.5	0	34.59
中央戏剧学院	48.5	38.5	71	35	51	48.3
中央财经大学	66.5	69	75.25	70.75	65	69.43
中央音乐学院	64	44.75	70.75	64	25	52.74
中央美术学院	40.5	63.5	82.5	80.5	62	66.95
中国人民大学	82	74	94.75	79	83	82.15
中国石油大学（北京）	65.5	78.38	90	82	85	80.82
中国石油大学（华东）	72.5	63.75	93	60	83	74.01
中国地质大学（北京）	65.5	82	100	71.5	69	78.43
中国地质大学（武汉）	55	55.25	75.25	32.5	73	58.21
中国传媒大学	61.5	76.63	92.5	57.5	71	72.58
中国农业大学	80	60.25	78	51.5	96	72.16
中国矿业大学（北京）	63	67.13	100	64	81	75.23

续表

高等学校	学校基本情况（15%）	招考信息（25%）	学生管理信息（20%）	财务信息（20%）	信息公开专栏（20%）	加权平均分
中国矿业大学（徐州）	91	65.88	100	58	80	77.72
中国政法大学	95	57.75	85	77.5	85	78.19
中国药科大学	65.5	70.5	78	85.75	55	71.2
中国科学技术大学	73.5	58.13	68	38	71	60.96
中国海洋大学	84	71.88	100	98.5	93	88.87
中南大学	68	67.5	63.5	53	81	66.58
中南财经政法大学	77.5	66	79	68.5	73	72.23
内蒙古大学	62	55.63	69.75	19.5	25	46.06
长安大学	73	86.25	68.25	76	85	78.36
东北大学	68.5	54.75	93	76	65	70.76
东北师范大学	71.5	76.63	100	77.5	59	77.18
东北农业大学	64.5	56	49	73.75	67	61.63
东北林业大学	88	47.88	86	70	55	67.37
东华大学	74	70.75	85	34	83	69.19
东南大学	87.5	56.75	75	82	93	77.31
北京工业大学	47.5	46.13	71	32.5	70	53.36
北京大学	75.5	68.75	85	53	55	67.11
北京中医药大学	30	56.5	40	61	0	38.83
北京化工大学	65.5	82.75	64.75	57.5	53	65.56
北京外国语大学	70.5	85.25	92.5	88	93	86.59
北京师范大学	79	82.75	93	76	93	84.94
北京交通大学	69.5	76.5	100	94	85	85.35
北京邮电大学	66.5	55.25	70	79	85	70.59
北京体育大学	45.5	60.75	60	47.5	57	54.91
北京林业大学	63	52.13	77.5	41.5	65	59.28
北京科技大学	45	87.25	79.75	91	73	77.31
北京语言大学	59.5	49.75	57.5	52.5	93	61.96
北京航空航天大学	63	67.75	85	32.75	12	52.34
北京理工大学	49	70	39	37.25	10	42.1

续表

高等学校	学校基本情况（15%）	招考信息（25%）	学生管理信息（20%）	财务信息（20%）	信息公开专栏（20%）	加权平均分
电子科技大学	78.5	73.5	92.5	83.5	85	82.35
四川大学	75.5	87.25	100	46	93	80.94
四川农业大学	64	51.88	86	1.5	8	41.67
兰州大学	82.5	76.25	51.25	30.5	93	66.39
辽宁大学	54.5	68	63	32.5	31	50.48
对外经济贸易大学	54	63.75	85.5	62	83	70.14
吉林大学	74	67.25	78	65.5	59	68.41
西北工业大学	80.5	71.63	65.75	31	48	58.93
西北大学	78	56.25	62.75	24	78	58.71
西北农林科技大学	86.5	63	100	76	93	82.53
西安电子科技大学	75.5	70.63	84.75	92.5	93	83.03
西安交通大学	81	75	71	86	85	79.3
西南大学	88	55.75	100	94	81	82.14
西南交通大学	78	90	100	92	77	88
西南财经大学	75	68.75	85	70	70	73.44
同济大学	79.5	60.5	93	92.5	85	81.15
延边大学	52.5	67.25	78.5	87.25	35	64.84
华中师范大学	85	81.75	100	95.5	73	86.89
华中农业大学	71.5	80.63	85	55	75	73.88
华中科技大学	71	70.25	85	94	81	80.21
华东师范大学	81.5	39.25	90	76	93	73.84
华东理工大学	67.5	67.5	85	76	96	78.4
华北电力大学（北京）	68	60	100	79.75	93	79.75
华北电力大学（保定）	63	53.5	75	73	65	65.43
华南师范大学	57.5	60	76	58.75	65	63.58
华南理工大学	88.5	82.5	75.25	77.5	81	80.65
合肥工业大学	95	58.25	80.75	34.75	48	61.51
江南大学	70.5	77.5	75	72.25	73	74
安徽大学	68.5	65.25	60.75	25	73	58.34

续表

高等学校	学校基本情况 (15%)	招考信息 (25%)	学生管理信息 (20%)	财务信息 (20%)	信息公开专栏 (20%)	加权平均分
苏州大学	46.5	70.38	75	35.5	83	63.27
武汉大学	93	57.13	100	77.5	93	82.33
武汉理工大学	85.5	69.13	100	83.5	63	79.41
国防科学技术大学	25	47.25	10	1.5	20	21.86
郑州大学	46	76.5	78	10.5	8	45.33
河北工业大学	57	42.5	54.75	6	12	33.73
河海大学	59	77	85	6	74	61.1
陕西师范大学	65	71	61.25	74	77	69.95
南开大学	60	62.5	75.25	76	56	66.08
南昌大学	73.5	70.13	92.5	10	75	64.06
南京大学	76	67.38	79.75	65.5	39	65.1
南京师范大学	67.5	80.5	67.5	80.5	77	75.25
南京农业大学	70.5	75.88	100	55	77	75.95
南京航空航天大学	66	71.75	65.75	27.5	73	61.09
南京理工大学	51	58.13	79.75	19	54	52.73
贵州大学	73.5	59.75	77.5	25	15	49.46
哈尔滨工业大学	59.5	65.38	61	44.5	56	57.57
哈尔滨工程大学	61.5	67.25	61.25	32.5	65	57.79
重庆大学	80.5	78.38	85	76	85	80.87
复旦大学	64	73	75	91	93	79.65
浙江大学	72.5	62	100	73	85	77.98
海南大学	64	66.25	77.5	20.5	18	49.36
第二军医大学	10	44.75	0	1.5	12	15.39
第四军医大学	25	34.25	19.25	3	20	20.76
清华大学	69.5	75.25	78	79	81	76.84
厦门大学	88	64.5	85	62.75	73	73.48
湖南大学	83.5	85	86	95.5	85	87.08
湖南师范大学	70.5	42.5	100	45.25	20	54.25
新疆大学	52	63.5	32	20.5	71	48.38

续表

高等学校	学校基本情况（15%）	招考信息（25%）	学生管理信息（20%）	财务信息（20%）	信息公开专栏（20%）	加权平均分
福州大学	65	44	67.5	59.5	65	59.15
暨南大学	77.5	53.5	69.75	70.75	65	66.1

注：按照高等学校汉字笔画排序。

（一）高等学校信息公开的亮点

1. 教育行政主管部门创新高等学校信息公开工作，推动和主导效果明显

教育部出台的《高等学校信息公开办法》对高等学校信息公开的内容、途径和要求、监督和保障等作了全面明确的规定。但几年来的实施效果并不理想，高等学校信息公开水平亟待提升。为此，《教育部关于公布〈高等学校信息公开事项清单〉的通知》率先采用清单的形式，列举了高等学校应予公开的事项，并附有各项内容所对应的具体文件依据。通知还进一步对信息真实及时、即时公开、年度报告、平台建设和监督检查提出了明确的要求。清单制的管理方法是一项创新，是政府管理精细化、标准化的集中体现，有助于高等学校明确公开义务，也有助于管理部门开展督查，更有助于社会监督。而且，清单是高等学校信息公开的最低要求，它是动态变化的，会根据法律法规的规定及社会形势的需求不断扩大范围、细化要求。

教育部的指引、督促在高等学校信息公开工作中功效显著。测评结果显示，2014年不少高校的网站建设、公开栏目设置、各类信息公开均有了显著改善，信息发布较为及时，信息公开水平及效果也有了明显提升。不少高等学校门户网站在复查时已经发生了很大的变化，政府信息公开栏目等网站栏目纷纷上线。这与《高等学校信息公开事项清单》的实施和教育部的反复督查有很大关系，也与高等学校信息公开工作越来越受到重视的发展趋势相一致。

2. 注重信息公开专门平台建设，提升信息发布效果

为了适应信息化时代信息公开的需要，高等学校网站的信息公开专栏应运而生，其使得之前相对分散或未予发布的信息在统一的栏目或平台集中及时发布，既有利于提高公众信息检索的便捷性，也便于实现信息之间的连贯性与可比性。

合作办学、校园安全、后勤保障、招考信息、奖助学金、财务管理、校办企业的信息公开工作受到重视。80%以上的高等学校均为上述信息的发布设置了相应栏目，这是进一步做好栏目内具体信息公开工作的重要前提。

教办函〔2014〕23号要求："2014年10月底前，部属高等学校应当在学校门户网站开设信息公开专栏，统一公布清单各项内容。"测评发现，2014年12月31日前，有101所高等学校在门户网站设置了公开专栏，占87.83%。且信息公开制度、指南、目录、最新信息公开等栏目要素配置齐全。以西安交通大学和上海交通大学为例，信息公开网页集合了各方面应公开的信息，栏目设计科学，信息发布集中，网页设计简约清楚，目录制作较为完善、层级分明，并以类似书籍目录或表格的形式展现，访问者可以像翻阅书籍一样快速准确地定位到所需信息。

教育部还在自身门户网站上设置了"教育部直属高等学校信息公开专栏"，对已经建立起信息公开专栏的高等学校逐一列示，并可直接点击链接到相应的网页。该栏目既可以使公众一目了然地知晓哪些高等学校设立了信息公开专栏，同时也便于查找其公开的具体内容。教育部设立的"阳光高考信息平台"对于公众查阅本科生招考信息也有很大帮助。在该平台上，公众可以轻松查询到教育部动态和政策、各高等学校招生章程等相关信息，并且可以较便捷地查询到高等学校特殊招生学生名单及其相关测试成绩和录取信息等情况。一些高等学校也在其相关网页上设有链接到该平台的栏目。

3. 高等学校规章制度类信息公开较好

高等学校章程作为高等学校治理的基本准则，是促进高等学校依法治校、科学发展的重要文件，是高等学校规章制度体系中重要内容之一，不少高等学校都制定了本校章程并得到了教育部的核准。核准后的章程不但公开在本校门户网站上，也在教育部门户网站上集中对外发布。很多高等学校对章程的制定非常重视，并在门户网站开辟了专题栏目公开章程的制定动态。比如北京交通大学、对外经济贸易大学、湖南大学、四川大学、中国传媒大学、东北大学、大连海事大学等高等学校均开设了专门的栏目，集中公开该校在章程制定过程中的各类信息，方便社会公众了解并提出意见和建议。

4. 传统上社会关注度较高的信息在网络平台上公开程度也较高

招生简章等招生信息是高等学校招考工作的基础信息，关系到考生的切身利益，秘而不宣会导致社会公众特别是广大考生在报考时无所适从。在网络平台兴起和普及之前，招生简章、历年录取最低分、历年录取人数等信息的发布主要依靠传统的纸质媒体以及相关的招生宣传材料。网络普及后，各高等学校应重视通过门户网站及时公布上述信息，基于网络信息传播的即时性及获取信息的便捷性，以方便社会公众查询。测评结果显示，列明 2014 年度招生章程全部内容的高等学校有 114 所，占 99.13%。

5. 部分高等学校信息公布程度比清单的要求更高

《高等学校信息公开事项清单》是高等学校信息公开的最低要求，教办函〔2014〕23 号也明确规定，各高等学校可在清单基础上进一步扩大公开范围，细化公开内容。测评发现，一些高等学校的信息公开工作在细节上做得极为出色。例如，华东理工大学与华南理工大学在公布校领导简历及分管工作时，同时公布了校领导的电话及电子邮箱；武汉理工大学在公布校级领导干部社会兼职情况时，不仅有完整的统计表，并有是否领取报酬、是否报批的说明；云南大学在公布校领导因公出国（境）信息时，同时公布了国（境）外邀请方的邀请函电子版。上述做法积极、主动、完整、充分地公开了相关信息的细节，有助于提升自身社会公信力。

（二）高等学校信息公开存在的问题

1. 一些高等学校对信息公开工作重视不够

根据教育部发布的教办函〔2014〕23 号文，各高等学校应落实信息公开清单要求，文件也给各高等学校预留了数月的时间。但截至 2014 年 12 月 31 日，仍有部分高等学校未能达到要求。可见这些高等学校并未对信息公开工作给予足够的重视。

2. 信息公开不规范,及时性、全面性差

测评发现,各高等学校都不同程度地存在信息公开不规范的问题。

首先,部分信息未发布在本校门户网站上。比如,南京大学、大连理工大学的章程信息在教育部网站可以检索到,却无法在本校门户网站找到。

其次,信息发布不全面,存在部分公开、部分未公开的情况。比如,尽管不少高等学校的大部分机构都有完整明确的职能介绍,但一些高等学校也存在部分机构没有职能介绍、机构简介的信息链接无效的情况。同样,考察校级领导社会兼职的公开情况,大部分高等学校均仅提及部分领导的社会兼职情况。

再次,部分社会关注的热点问题公开程度不高。例如,在本科生特殊类型招考中高等学校的自主权较大,其考生资格信息和特殊项目成绩的透明性对招考的公平、公正至关重要,招生领域也是当前腐败的多发领域和社会公众关注的焦点。但测评结果显示,自主选拔招考信息、保送生招考信息、高水平运动员的招考信息、艺术特长生的招考信息的公开情况不理想,多数学校没有全面公开此类信息。

最后,部分应予对外公开的信息仅对内部公开,要通过相关身份验证才能查看。例如,在华东师范大学信息公开网上点击"校级领导干部因公出国(境)情况"链接到"华东师范大学公共数据库服务系统",查询者需要登录才能进入。大连海事大学、东华大学也需要用师生账号登录后才能查看教师因公出国(境)信息。根据教办函〔2014〕23号文件要求,此类情况均按照未对社会公开对待。

3. 信息放置不够科学合理,影响公开效果

在门户网站设置专门栏目,分门别类发布相关信息,有助于公众在海量信息中快速找到需要的信息,也有助于提升高等学校的信息发布效率。但不少高等学校信息放置随意,不便于查找,公开效果不好。

首先,相关信息在门户网站上放置的位置不合理,查找难度大。比如,北京大学章程全文发布在校报中,虽然该校校报有电子版,但在其门户网站信息公开专栏及其他栏目中均查询不到。中国农业大学将公告动态

与学校规章放置在同一栏目中，虽然网站信息内容齐全，但若查找制度规章则需要在纷繁复杂的公告动态信息中一一寻找，且网站没有搜索引擎，查找难度极大。更为不合理的是，西北大学学籍管理规定竟然放在国有资产处的网页里。

其次，不同栏目之间信息界限不清、分工不明，信息重复公开或信息空白现象突出。例如，研究生复试考生名单及复试成绩应对外公布，有些高等学校表示会公开在本校二级院系网站上，但其二级院系链接无效或者在其指定院系的网页上无法查询到相关信息，而有些高等学校虽然在本校一级招生网页和二级院系网页上都公开了部分名单，但两者不一致，给查找相关信息增加了难度。又如，考察奖助学金时，北京航空航天大学在多个栏目中放置奖学金信息，如"入读北航"栏目、"学生工作栏目"、本科生招生信息网都有相关信息，但几处内容均不完整。如果想了解奖助学金的工作动态，查询者需要查询所有栏目，方能获得较为完整的信息。信息发布碎片化无疑让信息公开的效果大打折扣。

4. 网站建设和维护水平低，网页友好性欠佳

高等学校网站是虚拟的高等学校，是公众了解高等学校情况的重要渠道，网站运行的稳定性、网页友好性是便利公众查询的基本要求，因此，设计网站应考虑公众的查询、浏览习惯。测评发现，高等学校门户网站建设和维护水平较低、网页友好性较差。

首先，部分高等学校的网站信息链接无效或者链接错误。测评期间，西南交通大学的信息公开栏目无法访问；河北工业大学海洋科学与工程学院、马克思主义学院等部分院系的网页无法访问；暨南大学信息公开网页"学校概况"等栏目链接错误，无法访问；华中师范大学"国内合作交流"栏目一直在建设中，无法访问；东北农业大学研究生院学位信息点开后页面跳转到百度页面；等等。

其次，部分高等学校网站栏目名称与其内容文不对题。例如，"对外经贸大学国家助学金管理办法"链接下的内容实为"对外经贸大学国家助学贷款实施办法"。一些网页栏目虚设，信息发布滞后，相关内容更新在其他网页中。例如，中国政法大学学生工作部资助管理板块下没有任何内容，而相关内容公布在规章制度和学工新闻中。

再次,高等学校网站搜索功能及其有效性普遍较差。搜索功能是方便公众查阅网站信息的重要手段,但很多高等学校的门户网站并未提供有效的搜索功能。

最后,个别学校网页设计不合理,阅读体验较差,包括字体设计、网页色彩搭配等。例如,北京理工大学机械与车辆学院主页导航栏底色与字体颜色相撞(黑与蓝),不容易识别;中央民族大学的院系设置图谱隶属关系表述杂乱;北京外国语大学信息公开网首页文字重叠难以辨认;西北工业大学信息公开网首页栏目设置中显示有错误代码;等等。当然,如前所述,这属于公开得好不好的问题,并不反映在测评结果上,但建议各高等学校加以完善。

四 各板块测评情况

(一) 学校基本情况

高等学校的基本情况板块的测评包括:学校概况、章程、学科简介、机构设置与职能、学校领导信息、境内外教育及合作办学、后勤保障、校园安全(包括应急处理预案)信息的公开情况。

学校概况包括该校历史沿革、区位规模、办学理念、教育资源等介绍,是高等学校的基础性内容,也应是高等学校对社会公开展示自己的首要窗口。被测评的所有高等学校均公开了学校概况,其中,有 73 所高等学校有简介且在 2014 年进行了更新,占 63.48%。

学校章程作为高等学校组织和行为的基本准则,其制定与公开对于公众监督与高等学校的管理有重要意义。测评显示,部分高等学校的章程尚在制定过程中,明确公开章程的高等学校只有 48 所,占 41.74%。近60% 的高等学校未在其门户网站公开本校章程,其中,66 所未在其门户网站发现章程(占 57.39%),1 所高等学校虽有章程的信息链接但链接无效,占 0.87%。

公开学校各内部组织机构的设置及其相应的职责划分,有助于公众直接面向相关机构获取信息或帮助。测评显示,114 所高等学校在门户网站公开了本校机构设置的情况，占 99.13%。

学科专业是公众尤其是考生和家长了解高等学校科研、教学及人才培养等重要信息。项目组抽查了各高等学校任意 3 个院系中相关学科下属具体专业的介绍情况，有 67 所高等学校的被抽查院系公开了专业简介，占 58.26%；被抽查的 3 个院系中，1 个院系未公开专业简介或者链接无效的，有 34 所高等学校，占 29.57%；被抽查的 3 个院系中，2 个院系未公开专业简介或者链接无效的，有 11 所高等学校，占 9.57%；均未公开或者链接均无效的有 3 所高等学校，占 2.61%。

公开高等学校领导信息有助于加强自律，方便社会监督。（1）有 111 所高等学校公开了校级领导名单，占 96.52%；有 1 所仅公开了部分校级领导名单，占 0.87%；有 3 所未公布，占 2.61%。（2）有 91 所高等学校公开了全部校级领导的简介，占 79.13%；有 5 所公开了部分校级领导的简介，占 4.35%；有 19 所完全未公开，占 16.52%。（3）有 67 所高等学校公开了所有校级领导分工，占 58.26%；有 1 所高等学校公开了部分校级领导分工，占 0.87%；有 47 所高等学校均未公开，占 40.87%。（4）有 73 所高等学校公开了全部校级领导社会兼职的情况，占 63.48%；有 21 所公开了部分校级领导社会兼职情况，占 18.26%；有 21 所没有公开，占 18.26%。（5）有 58 所高等学校公开了校级领导 2014 年度因公出国（境）情况，占 50.43%；有 5 所高等学校没有公开 2014 年度信息，但有其他年度校级领导因公出国（境）的情况，占 4.35%；有 2 所高等学校门户网站提供的此类信息链接无效，占 1.74%；有 50 所高等学校完全没有相关内容，占 43.48%（见图 1）。

随着教育产业化及学术合作交流的广泛开展，境内外合作办学现象十分普遍，其规范化和透明化程度会直接关系到相关师生的切身利益。测评的高等学校中，有 86 所有境内外合作办学的相关栏目，并列明了 3 个月之内的相关活动，占 74.78%；有 16 所高等学校有相关栏目，但所列最新活动的发生时间超过 3 个月，占 13.91%；有 1 所高等学校没有境内外合作办学相关栏目（网页），但可找到 3 个月之内的相关活动，占 0.87%；有 12 所高等学校完全没有相关信息，占 10.44%。

在后勤保障信息公开方面，有 100 所高等学校提供了后勤保障栏目且

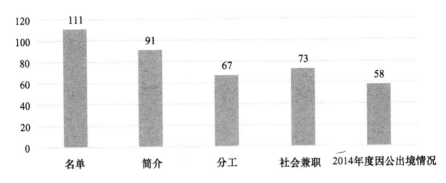

图1　高等学校门户网站公开校级领导信息的情况（单位：所）

链接有效（多为后勤服务集团或者后勤管理处），占86.96%；有11所高等学校提供了栏目，但是链接不能打开；有4所高等学校没有相关栏目，占3.48%。有83所高等学校公开了后勤制度规范，占72.17%；有2所高等学校提供了后勤制度规范的信息链接，但链接无效，占1.74%；有30所高等学校没有提供相关内容，占26.09%。有92所高等学校公开了后勤保障的相关活动，占80.00%，这其中，有77所高等学校公开了近3个月的相关活动，占66.96%；有15所高等学校公开的相关活动系测评3个月之前的，占13.04%；有22所高等学校未公开相关内容，占19.13%；有1所高等学校提供了有关信息链接，但链接无效，占0.87%。

在校园安全信息公开方面，有91所高等学校列明了与校园安全相关的制度规范，占79.13%；有66所高等学校列明了最近3个月内校园安全相关活动的信息，占57.39%；有26所高等学校所列信息均超过3个月，占22.61%；有58所高等学校公开了突发事件应急预案，占50.43%；有3所大学提供了应急预案信息，但是链接无效，占2.61%。

（二）招考信息

招考信息是社会公众尤其是考生最为关注的，本板块测评内容包括：本科生招考信息（栏目设置、招生信息发布、特殊类型招考、录取查询、咨询申诉）与研究生招考信息（栏目设置、招生信息发布、复试信息发布、录取名单、咨询申诉）的公开情况。

　　由于招考信息受关注程度高、涉及信息量大，所有测评对象都在门户网站首页的醒目位置设置了相应栏目。

　　项目组对各高等学校发布 2014 年度本科生招生章程、特殊类型招生考试办法、分批次分科类招生计划的情况进行了测评。除湖南大学外，所有院校均公开了该年度本科生招生简章，所有测评对象都公开了 2014 年度研究生招生章程。有 111 所高等学校公开了研究生招生专业目录，占 96.52%；有 106 所高等学校公开了研究生招收人数，占 92.17%；有 108 所高等学校公开了研究生复试的录取办法，占 93.91%。

　　本科特殊类型招考的学生为保送生、自主选拔、高水平运动员、艺术特长生等，其招考信息应对社会公开。测评显示，有 36 所高等学校公开了 2014 年度保送生的考生资格信息及测试项目结果，占 31.30%；有 49 所高等学校公开了 2014 年度自主招考考生的资格信息及测试项目结果，占 42.61%；有 58 所高等学校公开了 2014 年度高水平运动员招考考生的资格信息及测试项目结果，占 50.43%；有 34 所高等学校公开了 2014 年度艺术特长生招考的考生资格信息及项目结果，占 29.57%。不排除存在有些院校当年没有特殊类型招生的情况，但是在其门户网站上找不到任何明确说明这些情况的信息。

　　本科录取查询方面，有 101 所高等学校在门户网站上公开了 2014 年度本科生录取的查询渠道和方法，占 87.83%；有 49 所学校全部公开了 2014 年度分批次、分科类录取人数情况，占 42.61%；有 4 所学校仅部分公开了信息，占 3.48%；有 61 家学校无相关内容，占 53.04%；有 1 所学校的信息链接无效，占 0.87%。

　　在研究生复试信息方面，相比初试由全国组织统考而言，各高等学校在复试环节有更多的灵活性和自主权，复试信息的透明化与复试考生的利益密切相关。有 48 所高等学校公开了 2014 年度研究生复试的考生名单，占 41.74%；有 15 所高等学校仅有部分院系公开了上述信息，占 13.04%；有 49 所高等学校无相关内容，占 42.61%；有 3 所高等学校的相关链接无效，占 2.61%。有 35 所高等学校公开了 2014 年度研究生复试考生的复试成绩，占 30.43%；有 9 所高等学校仅有部分院系公开上述信息，占 7.83%；有 65 所高等学校无相关内容，占 56.52%；有 6

所高等学校的相关链接无效，占 5.22%。有 63 所高等学校公开了 2014 年度研究生拟录取名单，占 54.78%；有 8 所高等学校公开了录取查询途径，但查询结果需输入考生信息，占 6.96%；有 10 所高等学校仅有部分院系公开了 2014 年度研究生的拟录取名单，占 8.7%；有 8 所高等学校的相关信息链接无效，占 6.96%；有 26 所高等学校无相关内容，占 22.61%。

（三）学生管理信息

学生管理板块的测评内容包括：学籍管理制度、教学质量、奖学金与助学金规定及申请获批情况、学位授予规定、就业质量年度报告、奖惩机制的信息公开情况。

学籍是学生就读于某一学校的法律身份或资格，关系到学生的学习和获得学位的问题，因此，学籍管理是高等学校最基础性的工作。测评显示，有 110 所学校公开了学籍管理办法，占 95.65%。

教学质量主要考察公开主讲本科课程的教授占教授总数的比例、教授讲授本科课程占课程总门次数的比例情况。有 44 所学校公开了主讲本科课程的教授占教授总数的比例以及教授讲授本科课程占课程总门次数的比例，占 38.26%；有 1 所学校仅公开了主讲本科课程的教授占教授总数的比例，占 0.87%；有 70 所学校无相关内容，占 60.87%。

奖学金制度可以激励大学生勤奋学习、努力进取，助学金制度对于资助经济困难的学生顺利开展学业、树立自强自立的精神面貌具有重要意义。有 102 所高等学校门户网站建有奖学金与助学金相关专栏或网页，占 88.70%。有 84 所高等学校公开了奖学金申请管理规定及一年内申请获批的信息，占 73.04%；有 20 所高等学校仅公开了奖学金申请管理规定但未公开一年内申请获批信息，占 17.39%；有 5 所高等学校未公开奖学金申请管理规定但有一年内申请获批的信息，占 4.35%；有 6 所高等学校无相关信息，占 5.22%。79 所高等学校公开了助学金申请管理规定及一年内申请获批的信息，占 68.70%；25 所高等学校仅公开了助学金申请管理规定但无一年内申请获批的信息，占 21.74%；4 所高等学校未公开助学金申请管理规定但有一年内申请获批的信息，占 3.48%；7 所高等学校无相关内容，占 6.09%。

学位可以表示一定受教育程度，也是因在某一学科领域里已经达到的水平而授予个人的一种学术称号，能否顺利取得相应的学位也被认为是是否具备相应的专业知识和技能的重要凭证。有 94 所高等学校公开了本校授学士学位的基本要求，占 81.74%；有 21 所高等学校无相关信息，占 18.26%。有 98 所高等学校公开了本校授予硕士学位的基本要求，占 85.22%，有 17 所高等学校无相关内容，占 14.78%。有 98 所高等学校公开了本校授予博士学位的基本要求，占 85.22%；有 17 所高等学校无相关内容，占 14.78% （见图 2）。

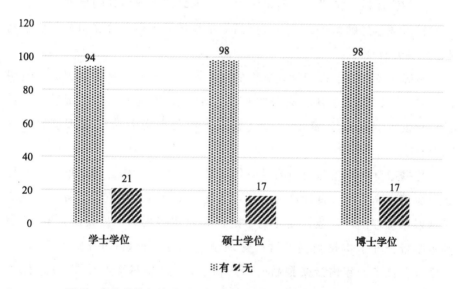

图2 高等学校门户网站公开学位授予要求的情况 （单位：所）

就业质量年度报告是反映高等学校毕业生就业去向、就业结构、就业率等信息的重要载体。有 93 所高等学校公开了 2014 年度高等学校毕业生就业质量年度报告，占 80.87%；有 22 所高等学校无相关内容，占 19.13%。

关于学生奖惩方面的制度规范直接关系到学生在校期间的权利义务，与其日常学习生活密切相关。有 98 所高等学校公开了学生奖励处罚办法等制度规范，占 85.22%；有 17 所高等学校无相关内容，占 14.78%。有

89 所高等学校公开了学生申诉办法等制度规范，占 77.39%；有 26 所高等学校无相关内容，占 23.48%。

（四） 财务信息

公立高等学校由国家兴办，具有公益性，公开其资金收入、支出等财务信息是其应尽之义务，有助于监督其规范经费收取和使用，也是向公众履行说明义务的重要体现。本板块的测评内容包括财务信息栏目设置情况以及管理制度、受捐赠财产的使用与管理、校办企业资产信息、采购及招投标信息、预算信息、决算信息、收费等信息的公开情况。

财务管理栏目是门户网站集中发布高等学校财务信息的地方，是公众了解其财务信息的窗口。有 103 所高等学校设置了财务管理相关专栏或网页，占 89.57%。

高等学校财务、资产管理制度的规范性和公开性是财务管理运行透明的主要内容，有助于社会大众监督高等学校财务流程，并进行咨询、投诉、建议等。有 88 所高等学校公开了本校的财务及资产管理制度，占76.52%。

受捐赠财产管理和使用的透明化，对于尊重捐赠人意愿、确保捐赠用途进而促进高等学校良性治理都不可忽视。项目组主要考察了各校公开受捐赠财产管理制度规范、接受捐赠财产和使用捐赠财产的情况。有 77 所高等学校公开了本校受捐赠财产管理制度规范，占 66.96%。有 71 所高等学校公开了一年内接受捐赠财产的信息，占 61.74%（见图 3）。有 52 所高等学校公开了一年内所接受捐赠财产的使用信息，占 45.22%（见图4）。

校办企业是由学校创办或控股的，具有营利性。这类企业挂有学校的名号，背靠学校的有形或者无形资源，一般有其独立的管理与核算系统，不与学校的行政体系挂钩，上交全部或部分利润给学校。公开校办企业的各项信息，也是实现高等学校信息透明的重要方面。项目组考察了校办企业栏目设置、资产信息、负债信息、国有资产保值增值信息的公开情况。有 27 所高等学校公开了一年之内更新后的校办企业资产信息，占23.48%。有 24 所高等学校公开了一年之内更新后的校办企业负债信息，

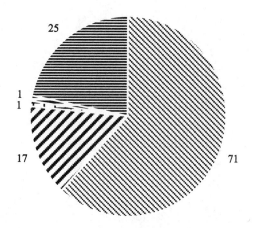

※有且为一年之内信息　　✦有但为一年前信息　　┍有但发生时间不明确

▇有链接但无效　　　　　三 没有相关内容

图3　高等学校接受捐赠财产的信息公开情况（单位：所）

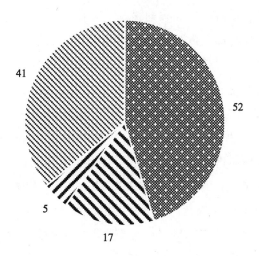

※有且为一年之内信息　　◥有但为一年前信息　　✦有但发生时间不明确　　◊无相关内容

图4　高等学校受捐赠财产使用信息的公开情况（单位：所）

占20.87%。有25所高等学校公开了一年内更新后的校办企业国有资产保值增值信息，占21.74%（见图5）。

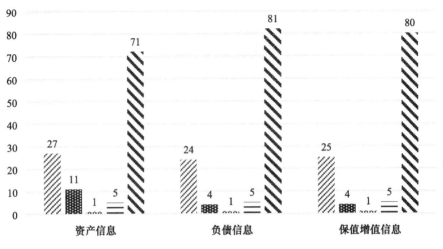

图 5　高等学校校办企业信息公开情况（单位：所）

高等学校采购及招标是其基础建设的主要内容，也是其财务运行的具体环节，一旦监管疏漏，就容易产生暗箱操作，滋生腐败，需加大公开力度。项目组考察了仪器设备采购制度规范及采购、图书采购制度规范及采购、药品采购制度规范及采购、重大基建工程招投标制度规范及招投标等的公开情况。有 86 所高等学校公开了仪器设备采购制度规范，占 74.78%；有 84 所高等学校公开了一年内的仪器设备采购信息，占 73.04%。有 40 所高等学校公开了图书采购制度规范，占 34.78%；有 43 所高等学校公开了一年内的图书采购信息，占 37.39%。有 36 所高等学校公开了药品采购制度规范，占 31.30%；有 25 所高等学校公开了一年内的药品采购信息，占 21.74%。有 77 所高等学校公开了重大基建工程招投标制度规范，占 66.96%；有 93 所高等学校公开了一年内的重大基建工程招投标信息，占 80.87%（见图 6、图 7）。

"四张预算表"（收支预算总表、收入预算表、支出预算表、财政拨款支出预算表）是公共财政背景下对于预算公开的基本要求，是了解高等学校经费收支的基本依据。有 78 所高等学校公开了 2014 年度收支预算总表，占 67.83%；有 77 所高等学校公开了 2014 年度收入预算表和支出预算表，占 66.96%；有 78 所高等学校公开了 2014 年度财政拨款支出预算

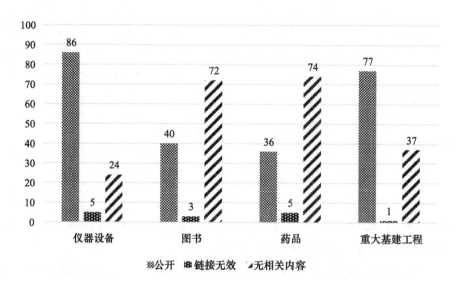

图 6 高等学校采购及招标制度规范信息公开情况（单位：所）

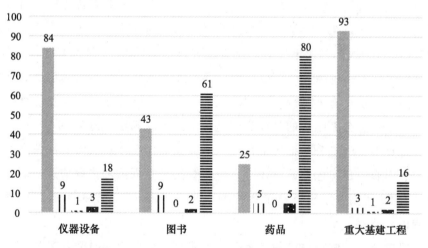

图 7 高等学校采购及招标活动信息公开情况（单位：所）

表，占 67.83%。有 80 所高等学校公开了 2013 年度收支决算总表，占 69.57%；有 78 所高等学校公开了 2013 年度收入决算表，占 67.83%；有 79 所高等学校公开了 2013 年度支出决算表，占 68.7%；有 80 所高等学校公开了 2013 年度财政拨款支出决算表，占 69.57%。

收费公开有助于进一步规范学校收费工作，切实维护师生的财产利益。项目组考察了各高等学校的收费项目、收费依据、收费标准、投诉部门等的公开情况。有 75 所高等学校公开了本校收费项目及标准，占 65.22%；有 74 所高等学校公开了本校的收费依据，占 64.35%。

（五）信息公开专栏

设置专门的信息公开栏目的目的在于集中发布信息，方便公众查找。本板块的测评内容包括：信息公开专栏的设置情况，公开制度、公开指南、公开目录、年度报告的配置情况，依申请公开的程序说明情况，申请渠道的畅通情况，网站搜索引擎的配置情况。

信息公开专栏是高等学校信息集中发布的统一平台，是推动高等学校信息公开的重要载体。有 101 所学校专门设置了信息公开专栏，占 87.83%。但部分高等学校的信息公开栏目仅是一个简单的框架，内容尚不充实。如北京化工大学，信息公开目录除了前 3 项"学校概况""规章制度""重大改革与决策"栏目下有内容外，其他 11 个栏目下均为空白。

按照规定，各高等学校应结合自身实际制定并公布本校的信息公开制度。测评显示，有 84 所高等学校在其信息公开专栏公开了本校信息公开制度，对信息公开工作的具体实施进行了详细的规定，占 73.04%。

高等学校信息公开指南是在校师生和其他社会公众获取所需信息的向导，其内容应尽可能明确具体，方便公众按照指南依法获取信息。测评发现，有 85 所高等学校公布了本校的信息公开指南，占 73.91%，但不少指南内容粗略。

层次分明、链接准确的目录能大大缩短信息搜索的时间，彰显信息汇聚的作用，方便公众进行快速有效的查找。截至测评结束，仅有 76 所高等学校提供了信息公开目录，且点击目录能有效链接到相应内容，占 66.09%。测评发现，部分高等学校信息公开目录列举了各项清单事项所对应的负责部门，但未链接到应公开的具体信息。如华中农业大学，信息公开目录虽然用表格形式列举公开类别、事项、内容、责任单位等，但既没有按照公开类别设置独立的栏目，也没有在列表上用超链接形式链接具体信息内容，只在"综合信息查询"中公开了 10 条信息。此外，部分学校信息公开目录本身无内容，而是直接指向所对应的管理机构或各个院系所在网页，但这些网页也没有内容。比如，新疆大学信息公开目录的"资产管理"链接到既有的"国有资产管理处"网页，"学科建设"链接到研究生院"学科工作"栏目，且都没有任何内容。这样即使设置了信息公开目录，但因其形同虚设，也并不会给信息查询带来任何便利。

高等学校信息公开年度报告是对本校上一年度信息公开整体工作的总结，不仅有助于公众了解学校开展信息公开工作的全貌，而且是监督学校做好信息公开工作的基础性材料。项目组考察了各高等学校公开2012—2013年度信息公开报告的情况，发现有92所高等学校发布了该年度的信息公开报告，占80%。

依申请公开是指社会公众依法申请高等学校向其公开某方面信息的制度。依申请公开意味着高等学校信息公开不仅仅是学校一方的事情，公众也有主动权和选择权。从依申请公开的说明情况看，截至测评结束，有87所高等学校开通了依申请公开渠道，占75.65%，其中，有81所高等学校对本校依申请公开申请程序做了说明，占70.43%。

为了验证依申请公开的渠道畅通性和答复规范性，项目组向所有开通申请渠道的学校提交了公开"该校受捐赠财产的使用和管理情况"的申请。验证发现，依申请公开方面主要存在以下问题：首先，个别高等学校申请渠道不畅通。由于网站未提供申请表格、提供的申请渠道不畅通等原因，87所在申请说明中表明开通依申请公开渠道的高等学校中，项目组通过电子邮件、挂号信、EMS、传真等方式，共向83所提出公开申请。对于公开了依申请公开申请程序及渠道的高等学校，经验证发现，部分高等学校的申请渠道还不够畅通，例如中央财经大学、中国政法大学等学校提供的在线申请渠道无法使用。其次，依申请公开答复率低、时效性差。项目组共收到有效回复41个，符合时效要求的仅40个，过半数的高等学校没有在规定期限内作出答复，依申请公开的按时回复率比较低。最后，答复形式不规范。在收到的41所高等学校的答复中，有7所高等学校是通过电话回复的，有1所高等学校是通过EMS回复的，有33所高等学校是通过电子邮件回复的。绝大多数高等学校只是给出了信息所在网页链接等的简单说明，只有武汉大学、华北电力大学、浙江大学、苏州大学、复旦大学等极少数学校出具了加盖学校公章的正式回复函。

为网站配备搜索功能，可以方便公众在海量的信息中高效地查询到所需要的内容。但目前来看，高等学校门户网站配置搜索功能的情况还不理想。测评显示，提供组合检索并有效的只有 6 所学校，占 5.22%；提供简单检索并有效的有 61 所学校，占 53.04%。部分高等学校门户网站甚至根本没有搜索功能，比如上海大学、中国地质大学（北京）、中央民族大学等。有些高等学校的门户网站虽有搜索栏目但功能无效，输入搜索内容后或者链接错误或者根本没有页面跳转，搜索功能形同虚设，比如大连海事大学、东北师范大学、南开大学、天津大学等。此外，个别学校搜索功能直接关联谷歌、百度等搜索引擎，内网搜索无法起到缩小范围的作用。

五　完善建议

（一）转变高等学校治校理念

公开透明是高等学校实现治理体系和治理能力现代化的重要路径。高等学校推进依法治校，促进学术自由，提升教学科研水平，必须转变传统的、封闭式的管理理念与管理方式，注重提升和尊重教职员工、学生的主体地位，保障公众对学校运营的知情权。政府、法院等公权力机关均需推进公开、透明，作为同样具有公共性特点的高等学校，更不应置身事外，而应积极响应公开要求，并以此提升自身管理水平和综合实力。

（二）强化信息公开专栏建设

信息公开专栏是做好网站公开的重要载体。为此，尚未设置信息公开专栏的高等学校，应尽快参照信息公开专栏建设方面好的经验和做法，建立起信息公开专栏，并在高等学校网站首页显著位置予以醒目显示。此外，信息公开目录应当按照《高等学校信息公开事项清单》的类别和事项内容予以设置，并通过目录和内容有效链接到具体应公开的信息。最后，建议教育部组织研发或推选出高等学校信息公开专栏范本网站，用于指导和统一各高等学校信息公开专栏的建设，提升信息公开专栏建设的规范化程度。

（三）提高网站建设和维护水平

网站打开速度缓慢、无法打开，或者链接无效、链接错误的情况影响公开效果，出现上述情况后，即使相关信息已经在相关网页公布，如果公众无法获取，也无异于没有公开。另外，网页布局设计不合理也会影响到信息查找的便捷性。对此，首先，应加强网站硬件建设，确保网站运行流畅。其次，应完善网页设计，使网站版面简洁美观，各信息栏目设计科学合理，方便公众在海量信息中查找所需。再次，定期核查并纠正相关栏目及主题没有链接、链接无效、链接错误的现象，减少已公开信息因链接问题而无法获取的情形。另外，对信息进行归类、整合，按照所属栏目和内容分门别类，使信息公开内容层次分明、信息发布位置固定有序。最后，完善信息检索功能。信息的有效检索在大数据时代非常重要，没有搜索工具，在"烟波浩渺"的信息世界查找某一信息无异于大海捞针。高等学校应当充分重视搜索功能在信息公开中的作用，本着以人为本、方便公众的原则，建立健全网页信息搜索引擎，在保证简单搜索有效的前提下，探索组合搜索的高级模式，为社会公众快速找到目标信息提供支持和帮助。

（四）加大重点领域信息公开力度

各高等学校应进一步明确相关重点领域的信息公开主体、公开时限、公开内容、公开位置，做到应公开的信息及时、全面、有效、准确公开，避免信息发布各自为政或责任空白。同时，对社会关切的热点问题应作出积极回应，充分保障广大师生、利害关系人及社会公众的信息知情权。

（五）进一步规范依申请公开工作

健全依申请公开申请程序和渠道。尚未开通申请渠道的学校应尽快开通，确保公众方便快捷地提出申请，保持申请渠道的畅通性。应在网站醒目位置提供信息公开申请表格的文档，供申请人下载使用。对申请信息公开的回复要认真对待，按时、规范答复。依法应公开的信息要及时、全面地提供给申请人，已经主动公开的应当告知获取的方式，不予公开的要说明依据、理由和救济渠道。应推进答复的格式化，各类型的答复应采取书面形式。建议教育部制作答复书的示范文本，供各高等学校答复时参考使用。

附　录

教育部关于公布《高等学校信息公开事项清单》的通知

教办函〔2014〕23号

各省、自治区、直辖市教育厅（教委），各计划单列市教育局，新疆生产建设兵团教育局，有关部门（单位）教育司（局），部属各高等学校：

为进一步推进高等学校信息公开工作，扩大社会监督，提高教育工作透明度，根据《中华人民共和国政府信息公开条例》《高等学校信息公开办法》，我部研究制定了《高等学校信息公开事项清单》（以下简称清单）。现予公布，并就有关事项通知如下。

一、确保信息真实及时。各高等学校要把清单实施工作作为完善内部治理、接受社会监督的重要内容，对清单所列各项信息公开的真实性、及时性负责，切实保障人民群众的知情权、参与权和监督权。公民、法人或者其他组织有证据证明公开的信息不准确的，高等学校应当及时予以更正；对公开的信息有疑问的，可以申请向高等学校查询。

二、建立即时公开制度。各高等学校应当在清单信息制作完成或获取后20个工作日内公开，信息内容发生变更的，应当在变更后20个工作日内予以更新。各事项公开的具体要求，遵照清单"有关文件"栏目所列文件的规定执行。各高等学校可在清单基础上进一步扩大公开范围，细化公开内容。教育部还将根据最新政策要求对清单进行动态更新。

三、完善年度报告制度。各高等学校应当编制学校上一学年信息公开工作年度报告，对清单所列信息的公开情况逐条详细说明。年度报告应当于每年 10 月底前向社会公布，并报送所在地省级教育行政部门和上级主管部门备案。

四、构建统一公开平台。2014 年 10 月底前，部属高等学校应当在学校门户网站开设信息公开专栏，统一公布清单各项内容。应充分利用新闻发布会及微博、微信等新媒体方式，及时公开信息，加强信息解读，回应社会关切。教育部将在部门户网站集中添加教育部直属高等学校信息公开专栏链接，为社会公众查询提供统一入口。

五、加强公开监督检查。要根据《高等学校信息公开办法》要求，高等学校监察部门会同组织、宣传、人事等机构及师生员工代表，对清单实施开展监督检查，省级教育行政部门负责本行政区域内高等学校日常监督检查，监督检查的结果要向社会公开。对于不按要求公开、不及时更新、发布虚假信息的，由省级教育行政部门责令改正；情节严重的，予以通报批评，并依法追究相关人员责任。教育部将引入第三方对教育部直属高等学校落实情况开展评估，并适时组织督查，评估和督查情况将向社会公开。

教育部直属高等学校要制定落实细化方案，明确清单各事项的公开时间、责任机构和责任人。地方高等学校和有关部门所属高等学校根据各省级教育部门和主管部门（单位）教育司（局）要求做好清单落实工作。

附件　　　　　　　　　高等学校信息公开事项清单

（共 10 大类 50 条）

序号	类别	公开事项	有关文件	指导司局
1	基本信息（6 项）	（1）办学规模、校级领导班子简介及分工、学校机构设置、学科情况、专业情况、各类在校生情况、教师和专业技术人员数量等办学基本情况	《高等学校信息公开办法》（教育部令第 29 号）《高等学校章程制定暂行办法》（教育部令第 31 号）	办公厅政法司
		（2）学校章程及制定的各项规章制度		

续表

序号	类别	公开事项	有关文件	指导司局
1	基本信息 (6项)	(3) 教职工代表大会相关制度、工作报告	《学校教职工代表大会规定》(教育部令第32号)	政法司
		(4) 学术委员会相关制度、年度报告	《高等学校学术委员会规程》(教育部令第35号)	
		(5) 学校发展规划、年度工作计划及重点工作安排	《高等学校信息公开办法》(教育部令第29号)	规划司
		(6) 信息公开年度报告	《教育部办公厅关于做好2012—2013学年度高等学校信息公开年度报告工作的通知》(教办厅函〔2013〕48号)	办公厅
2	招生考试信息 (8项)	(7) 招生章程及特殊类型招生办法,分批次、分科类招生计划	《国务院办公厅关于印发当前政府信息公开重点工作安排的通知》(国办发〔2013〕73号) 《高等学校信息公开办法》(教育部令第29号) 《教育部关于进一步推进高等学校招生信息公开工作的通知》(教学函〔2013〕9号) 《普通高等学校招生违规行为处理暂行办法》(教育部令第36号)	学生司 规划司
		(8) 保送、自主选拔录取、高水平运动员和艺术特长生招生等特殊类型招生入选考生资格及测试结果		
		(9) 考生个人录取信息查询渠道和办法,分批次、分科类录取人数和录取最低分		
		(10) 招生咨询及考生申诉渠道,新生复查期间有关举报、调查及处理结果		
		(11) 研究生招生简章、招生专业目录、复试录取办法,各院(系、所)或学科、专业招收研究生人数	《教育部关于做好2014年全国硕士学位研究生招生工作的通知》(教学〔2013〕12号) 《教育部办公厅关于做好2014年硕士学位研究生招生考试执法监督工作的通知》(教监厅〔2013〕2号)	
		(12) 参加研究生复试的考生成绩		
		(13) 拟录取研究生名单		
		(14) 研究生招生咨询及申诉渠道		

续表

序号	类别	公开事项	有关文件	指导司局
3	财务、资产及收费信息（7项）	（15）财务、资产管理制度	《高等学校信息公开办法》（教育部令第29号）	财务司
		（16）受捐赠财产的使用与管理情况		
		（17）校办企业资产、负债、国有资产保值增值等信息		
		（18）仪器设备、图书、药品等物资设备采购和重大基建工程的招投标		
		（19）收支预算总表、收入预算表、支出预算表、财政拨款支出预算表	《国务院办公厅关于印发当前政府信息公开重点工作安排的通知》（国办发〔2013〕73号）《高等学校信息公开办法》（教育部令第29号）	
		（20）收支决算总表、收入决算表、支出决算表、财政拨款支出决算表	《教育部关于做好高等学校财务信息公开工作的通知》（教财〔2012〕4号）《教育部关于进一步做好高等学校财务信息公开工作的通知》（教财函〔2013〕96号）	
		（21）收费项目、收费依据、收费标准及投诉方式	《高等学校信息公开办法》（教育部令第29号）	
4	人事师资信息（5项）	（22）校级领导干部社会兼职情况	《中共教育部党组关于进一步加强直属高等学校领导班子建设的若干意见》（教党〔2013〕39号）《中共教育部党组关于进一步加强直属高等学校党员领导干部兼职管理的通知》（教党〔2011〕22号）	人事司教师司
		（23）校级领导干部因公出国（境）情况		

续表

序号	类别	公开事项	有关文件	指导司局
4	人事师资信息（5项）	（24）岗位设置管理与聘用办法	《高等学校信息公开办法》（教育部令第29号）《党政领导干部选拔任用工作条例》《事业单位公开招聘人员暂行规定》（人事部令第6号）	人事司教师司
		（25）校内中层干部任免、人员招聘信息		
		（26）教职工争议解决办法		
5	教学质量信息（9项）	（27）本科生占全日制在校生总数的比例、教师数量及结构	《国家中长期教育改革和发展规划纲要（2010—2020年）》《教育部办公厅关于普通高等学校编制发布2012年〈本科教学质量报告〉的通知》（教高厅函〔2013〕33号）	高教司
		（28）专业设置、当年新增专业、停招专业名单		
		（29）全校开设课程总门数、实践教学学分占总学分比例、选修课学分占总学分比例		
		（30）主讲本科课程的教授占教授总数的比例、教授授本科课程占课程总门次数的比例		
		（31）促进毕业生就业的政策措施和指导服务	《高等学校信息公开办法》（教育部令第29号）《教育部办公厅关于编制发布高等学校毕业生就业质量年度报告的通知》（教学厅函〔2013〕25号）	学生司
		（32）毕业生的规模、结构、就业率、就业流向		
		（33）高等学校毕业生就业质量年度报告		
		（34）艺术教育发展年度报告	《学校艺术教育工作规程》（教育部令13号）《教育部关于推进学校艺术教育发展的若干意见》（教体艺〔2014〕1号）	体卫艺司
		（35）本科教学质量报告	《教育部办公厅关于普通高等学校编制发布2012年〈本科教学质量报告〉的通知》（教高厅函〔2013〕33号）	高教司

序号	类别	公开事项	有关文件	指导司局
6	学生管理服务信息（4项）	（36）学籍管理办法	《高等学校信息公开办法》（教育部令第29号）	学生司财务司
		（37）学生奖学金、助学金、学费减免、助学贷款、勤工俭学的申请与管理规定		
		（38）学生奖励处罚办法	《普通高等学校学生管理规定》（教育部令第21号）	
		（39）学生申诉办法	《高等学校信息公开办法》（教育部令第29号）	
7	学风建设信息（3项）	（40）学风建设机构	《教育部关于切实加强和改进高等学校学风建设的实施意见》（教技〔2011〕1号）	社科司科技司
		（41）学术规范制度		
		（42）学术不端行为查处机制		
8	学位、学科信息（4项）	（43）授予博士、硕士、学士学位的基本要求	《高等学校信息公开办法》（教育部令第29号）《关于进一步加强在职人员攻读硕士专业学位和授予同等学力人员硕士、博士学位管理工作的意见》（学位〔2013〕36号）《关于开展增列硕士专业学位授权点审核工作的通知》（学位〔2013〕37号）《关于委托部分学位授予单位自行审核博士学位授权一级学科点和硕士学位授权一级学科点的通知》（学位〔2010〕18号）《关于发布〈国务院学位委员会关于授予具有研究生毕业同等学力人员硕士、博士学位的规定〉的通知》（学位〔1998〕54号）《关于启用"全国同等学力人员申请硕士学位管理工作信息平台"的通知》（学位办〔2011〕70号）	研究生司
		（44）拟授予硕士、博士学位同等学力人员资格审查和学力水平认定		
		（45）新增硕士、博士学位授权学科或专业学位授权点审核办法		
		（46）拟新增学位授权学科或专业学位授权点的申报及论证材料		

序号	类别	公开事项	有关文件	指导司局
9	对外交流与合作信息（2项）	（47）中外合作办学情况	《高等学校接受外国留学生管理规定》（教育部令第9号）《教育部关于进一步加强高等学校中外合作办学质量保障工作的意见》（教外办学〔2013〕91号）	国际司
		（48）来华留学生管理相关规定		
10	其他（2项）	（49）巡视组反馈意见，落实反馈意见整改情况	《中共中央关于印发〈中国共产党巡视工作条例（试行）〉的通知》（中发〔2009〕7号）《中共教育部党组关于进一步加强和改进巡视工作的意见》（教党〔2013〕3号）	巡视办
		（50）自然灾害等突发事件的应急处理预案、预警信息和处置情况，涉及学校的重大事件的调查和处理情况	《高等学校信息公开办法》（教育部令第29号）	办公厅

第六篇

四川地方立法的回顾与思考

中国社会科学院法学研究所、
四川省人大法制委员会、
四川省人大常委会法制工作委员会课题组[*]

摘要： 地方立法是法治中国建设的重要组成部分。四川省人民代表大会及其常委会在取得地方立法权后，注重建设专业队伍，提升立法水平，转变立法观念，积极开展创制性立法和配套性立法，突出地方特色，加强民族自治立法，强调时代特征的，较好地促进和保障了四川省的经济生活发展。但从四川立法的实践看，地方立法仍面临一系列困境和挑战，如当对立法工作的领导机制亟待加强和健全，地方立法的主流价值取向亟待树立和强化，地方性法规的审议机制亟待修改和完善，人大主导立法的作用亟待彰显，立法计划亟待统筹和平衡，立法变通权亟待研究和深化。因此，加强地方立法必须注重加强党的领导，发挥人大的主导作用，坚持立法统一审议机制，加强立法

---

　* 课题组负责人：田禾，中国社会科学院法学研究所研究员；史志伦，四川省人大常委会法制工作委员会主任委员。项目组成员：吕艳滨、王小梅、王帅一、王希龙、田万国、朱新华、刘迪、江建明、杨筠、张力、张誉、陈红、周方冶、郑博、赵千羚、栗燕杰、郭雷、黄智刚、蒋强、翟国强、潘光霞（按照姓名汉字笔画排序）。

计划的科学论证，还需要整合地方立法资源，加强协作与配合。

关键词： 地方立法　四川　党的领导　人民代表大会

Analysis of Local Legislative Practice in China：Taking the Local Legislation in Sichuan Province as Example

Joint Project Team by the Institute of Law of CASS,

Legal Commission of Sichuan Provincial People's Congress

and Legislative Affairs Commission of Sichuan Provincial

People's Congress Standing Committee

Abstract： Local legislation is an important part of the construction of the rule of law in China. The People's Congress of Sichuan Province and its standing committee, after acquiring the power of local legislation, have attached great importance to the building up of professional teams, improving the quality of legislation, and transforming outdated ideas about legislation, actively carried out creative legislation and supporting legislation, highlighted local characteristics, strengthened legislation on regional national autonomy, and emphasized characteristics of the times, thereby effectively safeguarding and promoting the social and economic development in the province. However, the practice in Sichuan Province also shows that local legislation in China is still faced with a series of dilemmas and challenges, such as the urgent needs to strengthen and improve the leadership mechanism of local legislative work, to establish and strengthen the mainstream value orientation of local legislation, to improve the mechanism for the deliberation over local administrative regulations, to give prominence to the leading role of people's congresses in legislation, to make overall and balanced legislative plan, and to carry out study on and develop adaptive legislative power. In strengthening local legislation, China must pay attention to strengthening the leadership of the Communist Party of China, give full play to the dominant role of people's congresses, adhere to the mechanism for unified deliberation on legislation, strengthen the scientific demonstration of legislative plan, integrate local legislative resources, and improve coordination and cooperation.

Key Words：Local Legislation；Sichuan；Leadership of the Communist Party of China；People's Congresses

2014 年 9 月，中国社会科学院法学研究所与四川省人大法制委员会、常委会法制工作委员会共同组成课题组对四川省地方人大立法工作情况进行了调研。本报告主要以四川地方立法的现状为调研背景，并结合中国现行立法体制机制，对地方立法的实践进行分析，总结其成效经验，并针对存在的问题就加强和改进地方立法，在全面深化改革中发挥立法的引领和推动作用提出有针对性、可操作性的建议。

一　四川地方立法的概况与特点

自 1979 年 7 月《地方各级人大和地方各级政府组织法》赋予省、自治区、直辖市人大及其常委会地方立法权以来，四川地方立法已经走过了35 年的历程。35 年来，四川省人大及其常委会共制定地方性法规 439 件，现行有效法规 201 件。与国家立法比较，截至 2014 年，全国人大及其常委会现行有效的法律共 244 部，其中法律要求或者需要地方配套的立法有181 部，四川有配套性立法 119 件（见附表 1：国家现行法律与四川省地方性法规对照一览表），占法律要求或需要地方配套立法总数的 65.7%。与全国其他省市的立法状况比较，无论是制定地方性法规的总数（最高的吉林为 469 件，最低的西藏为 143 件），还是现行有效的法规数（最高的吉林为 303 件，最低的西藏为 101 件）（见附表 1：同上），四川都处于中等偏上水平（见附表 2：各省、市、自治区人大及其常委会地方立法数量统计表）。可以说，经过 35 年的努力，四川省地方性法规基本实现了与国家法律的配套统一，地方立法基本实现了与全国其他省市的同步推进。

从地方性法规涉及的领域和覆盖面来看,四川现行有效的 201 件地方性法规中,宪法实施类法规有 20 件,民商法类法规有 10 件,行政类法规有 72 件,经济类法规有 73 件,社会类法规有 26 件。这些法规涵盖了全省政治、经济、社会、文化、科教等各个领域,较好地促进和保障了四川省的经济社会发展。

近年来,四川省人大在地方立法中坚持立、改、废并重,不断提高立法质量。2011 年到 2014 年底四川省人大常委会共制定、修改和废止地方性法规 45 件;批准成都市地方性法规 29 件和民族自治地方单行条例 16 件。其中,2013 年四川省人大常委会制定、修改地方性法规 8 件,批准成都市地方性法规和民族自治地方单行条例 8 件。2014 年,省人大常委会制定和修改地方性法规 14 件,批准成都市地方性法规和民族自治地方单行条例 10 件。在省人大常委会制定、修改和废止的 45 件地方性法规中,制定 14 件,修改 28 件,废止 3 件。修改和废止的法规数量占立法总数的 68.9%。

回顾 35 年的立法进程,四川立法从探索立法、快步推进、稳定发展到科学立法,经历了一个不断发展和不断完善的过程。抚今追昔,我们从四川地方立法可以看出以下几个显著特点。

(一) 地方特色突出

30 多年来,四川立法深深地植根于实际工作的土壤,先后制定了《阆中古城保护条例》《四川省世界遗产保护条例》《四川省都江堰水利工程管理条例》等创制性地方法规,在完善中国特色社会主义法律体系,推进四川经济社会文化的建设和发展中发挥了重要作用。2004 年制定的《阆中古城保护条例》为古城保护提供了法律依据,不仅及时制止了当时大拆大建的破坏行为,保护了历史文化古城,而且使阆中一跃成为四川著名的风景名胜区,有力地促进了阆中旅游事业的发展。《四川省都江堰水利工程管理条例》作为全国第一个为单一水利工程立法的法规,为千年古堰都江堰水利工程的安全运行和保护利用提供了法制保障,充分体现了四川立法的地方特色,至今仍为人们所称道。1999 年 1 月制定的《四川省天然林保护条例》,坚持禁伐、保护、管理与资源利用相结合,不仅及时终结了多年来对天然林滥采滥伐的历史,有力地推动了中央决策的贯彻落实，保障了天然林保护工程的顺利实施，而且也给森工企业和老百姓带去了实际利益，带动了当地经济的发展，较好地体现了天然林保护功在当代，利在千秋的初衷和愿望。2013 年制定的《四川省村镇供水条例》，第一次将农村居民的饮水用水纳入了法制轨道，为保护农村用水安全和居民身体健康，加强农村水资源的保护和利用，化解相关矛盾和问题提供了法制保障。

值得指出的是，四川省立法在某些方面走在了全国的前列。除了前面提到的《四川省都江堰水利工程管理条例》《四川省村镇供水条例》等法规外，1987 年 7 月制定的《四川省计划生育条例》，是全国最早把"一个家庭一般只生一个小孩"的政策上升为地方性法规的少数几个省、市之一；1997 年批准的《凉山彝族自治州邛海保护条例》，是全国少数民族地区第一个关于生态和环境保护方面的单行条例；2011 年 7 月制定的《四川省城乡环境综合治理条例》，在全国第一次将城市和乡村的风貌整治和环境卫生一起规范、一并治理，是四川省民主立法、开门立法的典范，对推动全省城乡环境整治，美化城乡环境发挥了重要作用；2013 年 4 月制定的《四川省政务服务条例》是全国首部政务服务条例，不仅巩固了行政审批制度改革的成果，做到政府职能转变到哪一步，法治建设就跟进到哪一步，而且为转变政府职能，促进政务服务的制度化、规范化，推进法治政府、服务型政府的建设提供了法制保障；2013 年 4 月经审查批准的《阿坝藏族羌族自治州教育条例》，支持阿坝藏族羌族自治州在全国率先实行 15 年义务教育，充分体现了四川立法的能动性、创造性和因地因时制宜加强立法的地方特色。

（二）时代特征鲜明

纵观四川 35 年来的立法实践，四川立法进程无不镌刻着鲜明的时代印记。1980 年至 1987 年即四川省第五届、六届人大及其常委会时期，正值我国改革开放初期，党的十一届三中全会提出"有法可依、有法必依、执法必严、违法必究"的社会主义法制建设的基本方针，"有法可依"，重构地方政权机构运行秩序和社会经济秩序成为地方立法的首要任务。这个时期，四川先后制定了《四川省县、乡两级人民代表大会选举实施细则》《四川省土地管理暂行条例》等 19 件地方性法规,探索立法性强,尝试性意图明显。从 1988 年至 2002 年省第七届、八届、九届人大及其常委会时期,我国经济建设进入"快车道"时期。由于改革开放和经济建设的迫切需要,加之中央允许地方立法"先行先试",四川立法进入快步推进阶段,立法进入"高产期"。这一时期,四川省共制定地方性法规 259 件。其中经济类法规 95 件,占 37.11%,行政类法规 96 件,占 37.5%。基本实现了从改革之初的"立法空白"向"有法可依"的重大转变。省第十届、十一届人大及其常委会时期,四川立法进入稳定发展阶段。2003 年,第十届全国人大常委会提出"一个目标""一个重点"的立法思路。一个目标是,争取在本届全国人大及其常委会的五年任期内,基本形成中国特色社会主义法律体系。一个重点是提高立法质量。这一时期,四川重视立法质量的意识大大增强。2004 年,四川省人大常委会专门作出了《关于提高地方立法质量有关事项的决定》。同时建立和规范了常委会组成人员三次审议制度,民主立法开始提上常委会议事日程。从 2003 年到 2012 年,四川制定、修改和废止地方性法规 130 多件。2013 年开始即从省第十二届人大及其常委会起,四川立法进入科学立法新阶段。2012 年党的十八大报告提出,要推进科学立法,完善中国特色社会主义法律体系,为在新的起点上推进立法工作指明了方向。四川在地方立法工作中认真贯彻十八大和十八届三中、四中全会精神,注意发挥人大在立法中的主导作用,科学制定五年立法规划和年度工作计划,积极做好法规的立项、起草和审议修改工作,先后制定了《四川省政府投资建设项目审计条例》《四川省国有土地上房屋征收与补偿条例》《四川省电力设施保护和供用电秩序维护条例》等地方性法规,批准了《成都市饮用水水源保护条例》《阿坝藏族羌族自治州野生动物植物保护条例》等。这些法规的颁布实施,适应了新时期改革发展需要,回应了人民群众的期盼,促进了四川经济、政治、社会、文化、生态建设的健康发展。

从四川立法所经历的四个阶段不难看出,35 年来四川立法与改革同时起步,同改革交错前行。可以说,四川地方性法规既是经济体制深刻变革、社会结构深刻变动、利益格局深刻调整、思想观念深刻变化的时代产物,又是时代发展和进步的灿烂结晶。

（三）立法理念与时俱进

经过 35 年的发展，四川省人大的立法理念发生了深刻转变。

一是指导思想和立法模式深刻变化。改革开放之初，我国的法治建设百废待举，地方立法几乎是从零起步。因此，多年来地方立法提倡和默认"摸着石头过河"，成熟一个，抓紧制定一个，以适应经济社会发展需要。"先改革后立法"成为当时无奈而又必需的选择，有法可依，健全法制和"有比无好、粗比细好、快比慢好"是当时地方立法的基本指导思想。党的十七大以后，党中央提出加快建设"社会主义法治国家"，"全面推进依法治国，法治是治国理政的基本方式"。从"法制"到"法治"，再从建设"法治国家"到建设"法治中国"，我们党在探索和推进依法治国的道路上，不断追求更高的法治建设目标，实现了两次重大飞跃。建设社会主义法制国家，"法制"重点落在法律制度建设上，侧重在立法环节，是"文化大革命"以后解决"有法可依"的重要一步。而"法治"不仅包括法律制度，还包括法的实施和遵守状态，它包括立法、执法、司法和守法等法治建设的全过程。因此，在依法治国，建设社会主义法治国家的新形势下，地方立法应适应形势的转变，改变过去"政府端什么，人大吃什么"的惯性立法模式，进行自身角色调整，把过去立法总是跟着改革走，主要是总结改革经验，实现有法可依的习惯思维转变到更加重视顶层设计和制度创新，更加重视立法质量上来，在法治轨道上全面深化改革，依法推进和实现国家治理体系和治理能力的现代化。"先立法后改革""边立法边改革"成为地方立法新的立法准则。坚持和服从依法治国这个大局，用法治建设的思路统领地方立法，通过制定地方性法规，与国家的法律法规配套呼应，不断推进法治四川和法治中国建设，不断推进地方和国家的各项事业和各项工作，实现党的领导、人民当家做主和依法治国的有机统一，成为新时期地方立法的主旋律。

二是党的领导和重视程度逐步加强。2009 年，四川省委在《中共四川省委关于进一步加强人大工作的意见》（川委发〔2009〕22 号）中明确提出，支持人大及其常委会依法行使地方立法权。意见要求，有立法权的地方，党委要加强对地方立法工作的领导，把立法决策同改革、发展、稳定重大决策结合起来。2013 年《四川省依法治省纲要》（川委发〔2013〕25 号）进一步提出，要健全党委领导和支持人大及其常委会依法行使职权，加强对地方立法工作的领导。强调要加强对地方立法工作的组织协调，适时审定地方立法规划，研究讨论重要法规草案所涉及的重大措施、政策取向、重要制度，在地方立法中充分体现党的主张，保证地方立法工作的正确方向。《纲要》还要求，规范党委向有立法权的地方人大及其常委会提出立法建议的程序，把全省科学发展、加快发展中的重大决策以及在实践中行之有效、可以普遍推行的措施办法，通过法定程序转化为具有法律约束力的行为规范。与此同时，四川在省委工作机构中设立"依法治省"专门机构对法治工作进行统筹协调，这是迄今为止全国少有的将依法治省领导小组的办事机构设在省委的省份。四川省委注重对立法工作的领导，通过审定批准人大常委会五年立法规划和年度立法计划，把改革决策与立法决策结合起来，充分发挥立法在引领、推动和保障改革方面的重要作用，推动立法服务于法治建设和经济社会发展。对人大在立法工作中遇到的一些重大问题，四川省委直接参与，主动研究，帮助解决，研究讨论重要法规草案涉及的重大措施、政策取向、重要制度，保证了地方立法工作的正确方向。

三是人大主导立法的意识和作用初步显现。近年来，四川省人大常委会在立法项目的论证和立法规划、计划的制定上，强化人大的主导地位，逐步改变了以往以政府申报为主，人大立法"等米下锅"的格局，人大代表提出议案在立法计划中的项目数量每年都占据一定比例。2013 年列入省人大立法计划 3 件，占议案总数的 9.68%。2014 年，共收到代表议案 39 件，其中，提出新制定法规的议案 25 件，修改法规议案 10 件。列入省人大常委会立法计划 2 件，占议案总数的 5.13%。进入立法计划的议案，其立法进度和效率也较过去大大加快和提高。截至 2014 年底，列入立法计划的 5 件议案中，已经表决通过的有 3 件，另外 2 件已进入常委会三审。可以预见，随着第十八届四中全会《决定》的贯彻落实和新修正的《立法法》的贯彻实施，这种趋势将逐渐成为四川省地方立法的新常态。

四是科学立法、民主立法切实推进。近年来，四川省人大常委会充分利用四川省人大网这一网络平台优势，并借助各部门专业网站，在二审阶段，将条例草案发布在四川省人大网和部门专业网站上，广泛征求人民群众对法规草案的意见和建议。在三审阶段，通过邮寄等方式进一步征求基层民众的意见。重要法规草案（如《四川省城乡环境综合治理条例》等）则通过在《四川日报》全文刊载的方式，使人民群众能熟悉法规草案的内容并提出自己的意见和建议。同时，省人大常委会采取多种措施，注重发挥人大代表在立法中的作用。包括将人大代表的立法建议转化为法规草案；在编制立法计划、立法规划中注重吸收代表议案、建议；以及在立法过程中，充分听取和吸收人大代表的意见建议，主动邀请人大代表参与立法调研、参加立法座谈会，认真听取其意见和建议。在立法调研中，四川省人大常委会坚持集思广益，听取各方面意见，并予以制度化、长效化，构成全方位的立法参与机制。四川省人大法制委和常委会法制工作委员会探索建立法制工作联系点、立法咨询专家库、立法评估协作基地制度。依托"一点、一库、一基地"，推进省、市、县三级人大联动，将立法延伸到基层，发挥基层人大、科研院所和专家的优势，整合立法资源，以提高立法质量。

（四）自治立法特色充分

四川是一个多民族省份，辖有3个民族自治州，根据宪法和民族区域自治法，其享有立法自主权。立法权是民族自治地方自治权的重要内容，在促进民族自治地方的繁荣和发展中具有重要的地位。

在民族区域立法实践中，四川省人大常委会发挥统筹、指导作用，尊重各民族区域自治地方立法机关在立法中的主体地位，积极支持其结合民族实际和地方特点，充分行使民族区域自治地方立法权，批准施行了一大批既有民族区域自治地方特色，又有较强创新性的法规。近5年来，四川省年均制定或修正的自治法规约5部，立法进程明显加快。初步统计，从1981年12月省五届人大常委会第十三次会议批准《甘孜藏族自治州施行〈中华人民共和国婚姻法〉的补充规定》开始，至2014年，全省民族自治地方现行有效的自治条例有7部、单行条例有70部，占全国同类法规总数的10%。法规涵盖了语言文字、计划生育、教育、突发事件、宗教事务、非物质文化遗产、婚姻继承以及矿产资源、动植物资源、水资源、旅游资源、土地资源、生态环境等各个方面，法规门类趋于健全。

35 年来，全省民族区域自治地方积极行使自治立法创制权，在国家法律法规缺位的情况下，坚持以调查研究为基础，从自治区域内各民族的政治、经济、文化和社会特点出发，根据自治地方社会生产力发展水平，以及人民群众的政治要求、思想觉悟和道德水准，教育、科学、文化发展程度以及地方的民族关系、民族传统、风俗习惯因素，结合实际适时制定出台民族区域自治法规，在全国产生了一定的影响力。《北川羌族自治县非物质文化遗产保护条例》，于 2008 年"5·12"汶川特大地震发生 9 天后由省十一届人大常委会第三次会议批准施行。3 年后即 2011 年 6 月 1 日国家颁布施行《非物质文化遗产保护法》。2010 年阿坝藏族羌族自治州制定施行《阿坝藏族羌族自治州突发事件应对条例》，立足于阿坝藏族羌族自治州突发事件频发，对经济发展、社会稳定、民族团结造成严重影响的实际，就突发事件的预防、处置、善后等事项作出明确、具体的规定，为阿坝藏族羌族自治州应对和处理各类突发事件提供了法制保障，是全国各民族自治地方首次以立法手段应对突发事件的一次有益探索，展现出民族区域法制建设的"四川特色"。

与一般的地方性立法相比，民族区域自治立法最明显的特点和最大的优势就在于变通。民族区域自治立法的本质在于变通；丧失了变通性，其所制定的法规就失去了民族特点和地方特色，失去了民族区域自治立法的灵魂。近年来，四川民族区域自治地方坚持法制统一与依法行使民族区域自治地方立法权相结合，在宪法和法律允许的范围内，结合自身的民族特点、社会现状和地区实际，以民族区域自治地方实际需要为准则，科学确定立法项目、开展立法工作，积极行使立法变通权，制定出一批切合实际、符合需要的具有变通特点的民族区域自治法规。比如，阿坝藏族羌族自治州根据本地少数民族教育发展需要，对《义务教育法》的"九年义务教育"变通规定为"实行十五年义务教育，建立义务教育保障机制"，这也是全国首个通过立法明确实行 15 年义务教育的民族自治地方。在水资源保护和管理方面，《凉山彝族自治州水资源管理条例》在坚持《水法》规定的基本原则的基础上，立足于民族地区水资源保护与利用实际和长远需要，作出了"征收的水资源费、水土保持设施补偿费、渔业资源补救费、河道（堤防）工程维护管理费除上缴国家部分外全额留自治州"等具有较强变通色彩的规定。《阿坝藏族羌族自治州水资源管理条例》则对省级地方性法规进行了变通，规定"征收的水资源费和对水电站装机二十五万千瓦及其以下征收的水资源费除上缴中央部分外，其余全部专项用于自治州水资源的涵养保护、节约、规划管理和开发利用"。这些变通规定对促进民族自治地方的经济社会发展起到了重要的促进作用。

（五）专业能力建设和立法水平大幅提升

通过多年的积累，立法队伍建设，立法技术、质量方面有了长足的进步。一是在队伍建设上，由20世纪80年代初期仅有的法制工作室到法制委、法工委和"四处一室"的法制工作机构，人员也由最初的几人增加到现在的20多人，形成了一支专业化的法制工作队伍。地方立法工作正从一般化立法向专业化转变，较好地发挥了各专门委员会的参谋助手作用，提升了人大立法的专业能力。二是在制度设计上，总结、借鉴与科学预见的手段增强，法规具有一定的前瞻性。"开门立法"机制逐步常态化，立法听证会、论证会制度完善，实效增加，多元化立法机制初见雏形。三是法规内容的表述形式逐步完善，法规的结构和用语逐步规范。

综上所述，四川省人大及其常委会坚持一切从实际出发，不断探索创新，运用宪法和法律赋予的地方立法权，不仅为四川各项事业的全面、协调、可持续发展提供了法律保障，也从地方层面充实和丰富了中国特色社会主义法律法规体系，使立法适应四川经济社会发展的实际需要，起到了促进经济发展、保障社会民生、维护社会稳定的作用，进一步提高了地方立法水平，较好地发挥了四川人大在法治建设中"第一线"作用。

二 四川地方立法面临的困境与挑战

35年来四川地方立法虽然取得了显著成绩，为四川经济社会发展和中国特色社会主义法律体系的形成完善作出了卓越贡献，但在法治中国建设和经济社会发展新常态下，四川立法也面临诸多新的问题和新的挑战：

(一) 党对立法工作的领导亟待加强和完善

加强党对立法工作的领导,是坚持走中国特色社会主义法治道路、建设中国特色社会主义法治体系的必然选择。立法工作涉及社会生活的各个方面,立法过程需要协调不同的利益,如地方利益、部门利益、群体利益等,因此,地方党委的领导作用无可替代。近年来,四川省委注重对立法工作的领导,不仅审定批准人大常委会五年立法规划和年度立法计划,而且对人大在立法工作中遇到的一些重大问题,高度重视,认真研究,帮助解决,保证了党对地方立法工作的领导。但是,总的来看,党委对地方立法工作的领导需要进一步加强,其领导机制、领导程序、领导方式需要进一步健全和完善,亟待成为地方党委加强对地方立法工作领导的一种思想自觉和行为习惯。

与长期来我们党提出的"加强党对人大工作的领导"不同,"加强党对立法工作的领导"既与"加强党对人大工作领导"的提法一脉相承,又是"党对人大工作领导"的发展与深化。与加强党对人大工作领导比较,党领导立法的要求更高,更加贴近人大工作实际,更加具体深入和具有针对性,更加有利于加强和改善党的领导。

加强党对立法工作的领导,是新的历史时期,党中央改进领导方法和执政方式,构建现代化国家治理体系,对各级党委抓大事谋全局提出的一个新课题。加强党对立法工作的领导不是以党的政策替代法律,而是要把过去以政策为治理工具转变到主要依靠法律作为治理工具的执政方式上来,发挥立法的引领推动作用,通过法定程序将党的重大决策转换为全社会共同遵守的行为规范,从而确保改革发展重大政治决策的合法性和正当性,为党的政治决策的有效实施提供民意基础、制度支持和法制保障。用立法凝聚共识,团结社会各阶层的力量,以法律转型来推动经济和社会转型,解决改革发展中的重大问题。

加强党对立法工作的领导,是建设依宪治国、依法治国现代政党的必然要求。地方党委要正确认识和处理党委与人大的相互关系,主动行使党对立法工作的领导权。与人大的法定职能不同,中国共产党的领导地位及其无可动摇的宪法依据决定了党委对立法工作的领导权。这是中国的国家结构所决定的政治定势。加强党对立法工作的领导，党委是领导，具有主动性。因此，地方党委应当从构建现代化国家治理体系、加强党对立法工作领导这一总的要求出发，主动把地方立法工作纳入党委工作议事日程，建立相应的党领导地方立法的工作机制、程序和方法，向地方人大提要求、交任务，推动地方人大协助党委落实党对立法工作的领导权，推动立法决策与改革决策相协调，地方立法进程与改革发展进程相适应。

加强党对立法工作的领导，地方党委尤其是党委的领导干部要肩负重要责任。调研访谈中，课题组了解到，目前，四川一些地方的党员领导干部中仍然存在人治思想和长官意识，个人说了算，以言代法、以权压法的现象仍时有发生。领导干部的思想观念与依法治国、依法执政的总目标还不相适应；党委领导机制和执政方式与改善党的领导，坚持党的领导、依法治国和人民当家做主有机统一还不相适应；党委领导的工作方法与提高党的执政能力和执政水平，坚持用法治来推进改革，发挥立法引领和推动作用还不相适应。党的领导是社会主义法治最根本的保证。党员领导干部是依法治国的"关键少数"，在地方法治建设中的作用举足轻重。地方党委的思想观念、领导方式和执政方式不改变，党领导立法就是一句空话，全面推进依法治国的目标就难以实现。

（二）地方立法的主流价值取向亟待树立和强化

随着全面深化改革的进程和发展，加强和改进地方立法工作，提高立法质量，发挥立法的引领和推动作用，推进社会治理体系和治理能力现代化，已成为四川地方立法的主流价值取向。但是，由于全面深化改革的复杂性，加大了立法风险，加之多年的惯性思维和立法习惯，立法工作仍然停留在法规技术层面上，引领和推动全面改革，服务"四个全面"战略布局的主流价值取向并没有形成，法规引领和推动全面改革的作用发挥十分有限。这主要有以下症结。一是"摸着石头过河"的试错模式和"总结经验"的立法模式仍然是当前地方立法的主要潮流。立法大多是跟在改革的后面走，改革为立法积累经验，立法为改革总结经验。立法的任务是把改革积累的经验和试验形成的稳定、成熟的社会关系通过总结上升为法，并用法进一步固定原有的社会关系。这种长时间形成的立法模式和惯性思维，明显缺乏立法的总体规划、推进路线和时间标尺，制约了立法方式的创新和法规引领及推动作用的发挥，与十八届三中、四中全会精神和"改革要于法有据"的要求不相适应。法律法规本质上要求稳定少变，而改革的特点其实就是"变法"。改革的试验性和法规的滞后性，改革的不平衡性和法规的统一性、协调性，改革的变动性和法规的相对稳定性，构成了当前在改革和立法实践中需要正确处理的三对关系。二是顶层设计和制度创新意识不强。在全面深化改革的今天，各种问题错综复杂，需要更加重视法规的顶层设计和总体规划，在法治的框架内进行改革创新，依法推进和实现国家治理体系、治理能力现代化。但是就四川立法的总体情况看，立法思维仍然局限于法规自身的基本价值，立法工作多集中于法规条文修改，在治理体系和治理能力现代化上推动不够。然而立法不是为立而立，不仅仅是实现法的基本价值，更重要的是为了建设和形成中国特色社会主义法治体系，推进治理体系和治理能力现代化。立法本身就是一种治理能力的建设，是社会治理体系的不断完善和更新。在全面深化改革进程中，地方立法在国家法律和社会治理之间承担着落实和转化的法治功能。法治中国建设越是向前推进，地方立法越是要结合实际，对法规的顶层设计和战略布局作出具体的可操作性回答，从法律实施的制度和实践层面上进行规划和设计，这是地方立法的历史责任。三是立法事项的统筹能力较弱，规划制定论证不够。以五年立法规划和年度立法计划为例。制定五年立法规划，本意是对五年的人大立法工作作出全面的安排部署。但是由于缺乏对全面深化改革工作的深入梳理和全面评估，没有结合对全局的把握，对法治建设特别是对立法所要解决的基本问题进行全面刻画，对那些具有全局牵引性，体现四川地方特色，最能增强群众获得感的事项作出立法安排，提出立法要达到的阶段性目标、路线图和时间表，因此最初的五年规划只是一个法规事项的汇集。而年度立法计划的制定，主要是根据政府的意见立项，很难看出是规划的具体实施。这样的立法规划和年度计划当然不能适应"四个全面"战略布局的需要，难以发挥立法的引领和推动作用。随着依法治省进程的推进，2014年6月，省人大常委会根据四川经济社会发展和深化改革的需要，再次对五年规划进行了修改、完善和补充。当前，四川正处在全面深化改革的关键时期，一系列改革方案和一批重大改革举措已经明确，如何强化四川立法的主流价值取向，主动回应改革需求，保持立法价值取向与四川改革现实走势的良性互动，推动四川立法坚决贯彻落实党的各项改革部署，强化地方立法引领和推动全面深化改革的责任担当，围绕中心，服务大局，突出重点，推动经济发展、民生改善、社会治理、生态和环境保护等工作不断取得新进展，是四川立法转型升级面临的一个现实而迫切的任务。

（三）地方性法规的审议机制亟待修改和统一

《四川省人民代表大会及其常务委员会立法程序规定》（以下简称《立法程序规定》）第十八条规定，"列入常务委员会会议议程的地方性法规案，一般应当经三次常务委员会会议审议后再交付表决。常务委员会会议第一次审议法规案，在全体会议上听取提案人的说明，由分组会议进行审议。常务委员会会议第二次审议法规案，在全体会议上听取有关专门委员会关于法规草案的审议意见，由分组会议对有关专门委员会提出的法规草案第二次审议稿进行审议。常务委员会会议第三次审议法规案，在全体会议上听取法制委员会关于法规草案审议结果的报告，由分组会议对法制委员会提出的法规草案修改稿进行审议"。对照《中华人民共和国立法法》第二十九条（原《立法法》第二十七条）、第三十三条（原第三十一条）和第七十七条（原第六十八条）的规定，四川省人大及其常委会现行法规审议机制的规定与《立法法》规定的基本精神不一致，实际操作中也存在一些问题。一是法制委员会统一审议的职能发挥不够。《立法法》第三十三条（原第三十一条）规定，"列入常务委员会会议议程的法律案，由法律委员会根据常务委员会组成人员、有关的专门委员会的审议意见和各方面提出的意见，对法律案进行统一审议，提出修改情况的汇报或者审议结果报告和法律草案修改稿，对重要的不同意见应当在汇报或者审议结果报告中予以说明。对有关的专门委员会的重要审议意见没有采纳的，应当向有关的专门委员会反馈"。结合《立法法》第二十九条（原第二十七条）的规定，《立法法》所指的"统一审议"，是除第一次审议听取提案人的说明外，包含一审、二审、三审在内的全过程审议。四川《立法程序规定》中关于审议程序的规定与《立法法》的相关规定不一致，同时也不利于法制委员会和法制工作委员会专业职能的发挥。二是听取专门委员会审议意见并由专门委员会提出法规草案修改稿的规定偏离了《立法法》规定的程序。根据《立法法》第二十九条（原第二十七条）规定：列入常务委员会会议议程的法律案，常务委员会会议第二次审议时，"在全体会议上听取法律委员会关于法律草案修改情况和主要问题的汇报，由分组会议进一步审议"。《立法法》第三十二条（原第三十条）规定，"列入常务委员会会议议程的法律案，由有关的专门委员会进行审议，提出审议意见，印发常务委员会会议"。根据《立法法》的规定，专门委员会的审议意见是印发常务委员会会议而不是向常务委员会作审查意见报告。同时，目前报请省人民代表大会常务委员会批准的较大的市制定的地方性法规以及民族自治地方的自治条例和单行条例，由专门委员会或者民族宗教委员会"向常务委员会全体会议提出审查意见的报告"也不符合《立法法》第七十七条（原第六十八条）关于"地方性法规草案由负责统一审议的机构提出审议结果的报告和草案修改稿"的规定。相关的专门委员会对法规草案直接进行修改不符合《立法法》的规定程序。三是重复劳动，影响立法效率。按照四川省人大及其常委会现行的法规审议程序，一审到三审的各个审议阶段相对独立，有关审议主体沟通较少。有的法规条款在一审中经过多方面协调固定了，到了二审又推翻了，或者根据部门要求又增加了部分新内容。到了三审阶段，法制委员会根据常委会组成人员的意见又改回到一审的法规草案，致使法规反反复复，翻来覆去。同时，同一件法规，经过政府及其部门、人大相关专门委员会和法制委员会反复调研，造成重复劳动。有时一个地方，政府去了人大去，有关专门委员会调研了，法制委员会又去调研，既增加了地方政府和部门的负担，又造成了不必要的浪费，同时也影响了立法效率。四是增加了第三次审议的压力，加大了法规审议的难度。近年来，法规审议、修改的难度越来越大，特别是到三次审议阶段，对法规修改的意见集中反映，矛盾突出，加之时间较紧，增加了统一审议的压力和难度，修改的任务较过去更加艰巨繁重。据对省第十一届人大常委会制定和修改的 41 件法规进行分析和统计，三审时条数修改面达 50% 的法规有 20 件，占总数的 48.78%。其中，11 件法规条数修改面达 75%，占总数的 26.83%；6 件法规条数修改面达 100%，占总数的 14.63%。在 2013 至 2014 年新制定、修正的 15 件地方性法规中，法规条款修改比例 50% 以上的 10 件，占总数的 66.67%；修改比例 75% 以上的 7 件，占总数的 46.67%；修改比例 90% 以上的 4 件，占总数的 26.68%。其修改面之宽，修改量之大可见一斑。

《立法法》第七十七条（原第六十八条）规定："地方性法规、自治条例和单行条例案的提出、审议和表决程序，根据中华人民共和国地方各级人民代表大会和地方各级人民政府组织法，参照本法第二章第二节、第三节、第五节的规定，由本级人民代表大会规定"。这里说的"参照"，虽然没有强制的意思，但参照本身即有参考并对照、依照的意思。目前全国 33 个省市自治区，除四川外，都已经按照《立法法》的规定实行由法制委员会进行全过程统一审议的机制，新修正的《立法法》颁布施行后，《立法法》规定的由法制机构统一审议的机制并没有改变，四川立法审议机制未来何去何从，是继续坚持现行体制机制，还是按照《立法法》审议机制的基本原则对现有体制机制进行健全完善，亟待四川省人大及其常委会认真研究和思考。

（四）人大主导的作用亟待坚持和彰显

坚持人大在立法中的主导地位和作用，是近年来各级人大一直呼吁和期盼解决的一个重大问题，因其关系到立法体制的完善，是社会各界关注的热点焦点。十八届四中全会《关于全面推进依法治国若干重大问题的决定》提出，"健全有立法权的人大主导立法工作的体制机制，发挥人大及其常委会在立法工作中的主导作用"。2015 年 3 月，新修正的《立法法》也对发挥人大主导作用，健全立法起草、论证、审议机制，提高立法质量等作出了规定。如何贯彻落实四中全会精神和《立法法》的规定，切实发挥人大的主导作用，是当前包括四川在内的地方人大及其常委会开展地方立法面临的又一重大挑战。然而，各地在发挥人大主导作用上，说得最多喊得最响的是对法律或者法规草案的起草，缺乏对其内涵的全面准确理解。对何谓主导，主导什么，怎么主导，有待深入研究，提出针对性对策。我们认为，草案起草绝不是人大主导立法的全部。只有对人大主导的内涵做更深入的思考研究，才能切实发挥人大的主导作用。

所谓主导，是指统领全局；推动全局发展起主导作用或者引导全局并推动全局发展的事物。而主导地位，是指起主导作用的人或事物所处的关键位置和环境。根据《字典》释义，结合多年的工作实践，课题组认为，人大在立法中的主导作用应当与其主导地位相辅相成，主要是指人大在立法工作中居于主体地位，对立法工作起主要作用，引导并推动立法活动全过程的一种工作方式。

立法是国家和地方权力机关依照法定职权和程序制定法律法规的活动。从目前地方开展立法活动的各个环节看，法规的审议和修改已经纳入法定程序，人大主导不言而喻。薄弱的是人大对立法全局的统筹及活动全过程的把握，以及人大在立法征集意见、项目论证、法规立项、草案起草等诸多立法环节上的缺位。坚持人大主导应当是在立法活动的全过程中，坚持国家权力机关制定法律法规的主体主导，是坚持以人为本、立法为民、反映人民意志的民意主导，是把公正、公平、公开原则贯穿立法全过程，针对现实突出问题进行规范的问题主导，是增强法规有效性和可操作性，提高法规质量的质量主导。与此同时，为更好地发挥人大在地方立法中的主导作用，地方人大及其常委会应当主动加强对地方立法的统筹协调工作，科学编制五年立法规划和年度工作计划，牵头整合人大、政府、科研院校及社会立法资源，注意研究人大主导的形式和内涵，建立人大主导立法的长效工作机制，抓紧制定和完善人大向社会征求立法意见和建议及处理反馈制度，代表议案的起草、提出和办理制度，人大常委会同地方政府的立法项目和立法计划协调制度，人大专门委员会组织协调政府部门起草法规制度，地方性法规立项论证和预评估制度，进一步完善地方性法规审议和修改制度等，逐步实现人大主导立法工作的制度化、法制化。

（五）立法计划亟待统筹和平衡

课题组调研发现，由于缺乏对立法工作长远的整体规划，四川年度立法计划的统筹性和科学性还有待加强，其综合平衡有待提升，主要表现为以下四个方面。

一是创制性立法的动力有所减弱。以省十二届人大以来的年度立法计划为例。2013年，省人大计划制定和修改地方性法规15件（含继续审议

3 件）。其中，创制性法规 3 件，实施性法规 12 件。创制性法规占当年立法总数的 20%。2014 年，计划制定和修改地方性法规 14 件，其中创制性法规 3 件，实施性法规 11 件，创制性法规占年度计划的 21%。2015 年计划制定和修改地方性法规 14 件，其中创制性法规 3 件，实施性法规 11 件，创制性法规占年度计划的 21%。截止到 2014 年，四川现行有效的 201 件地方性法规中，创制性法规 33 件，占现行有效法规的 16.4%。与省十届人大创制性立法 42.8% 的比率比较，近年来创制性立法的动力明显减弱。创制性立法权是《立法法》授予省级人大及其常委会根据本行政区域的具体情况和实际需要，在不同宪法、法律、行政法规相抵触的前提下制定地方性法规的一项法定权力。省级人大常委会不仅为了在本地更好地实施全国人大及其常委会颁布的法律而制定地方性法规，还可以在尚未有相关法律的情况下，为解决地方经济社会发展面临的突出问题，制定一些探索性法规即创制性法规。但是，与一些省份比较，四川省的创制性立法相对较少，仍有较大的上升空间。

　　二是在实施性立法方面，配套立法不及时，针对性和可操作性仍有待提高。尤其是针对社会关注的热点难点问题加强配套性立法不够。如，2009 年全国人大常委会通过并公布施行《食品安全法》。该法第 29 条第 3 款规定，食品生产加工小作坊和食品摊贩从事食品生产经营活动，应当符合本法规定的与其生产经营规模、条件相适应的食品安全要求，保证所生产经营的食品卫生、无毒、无害，有关部门应当对其加强监督管理，具体管理办法由省、自治区、直辖市人民代表大会常务委员会依照本法制定。调研发现，直到 2015 年年初，四川省人大常委会未制定食品安全相关法规，且未设定食品生产加工小作坊监督管理办法。《中华人民共和国义务教育法》于 2006 年修改并颁布施行，四川省人大常委会于 2014 年才根据新修正的《义务教育法》修改。初步统计，截至 2014 年，尚有 80 多部法律四川省未制定配套性法规（见附表 1）。

　　三是地方人民代表大会立法权长期未行使。《立法法》第六十七条规定，本行政区域特别重大事项的地方性法规应当由人民代表大会通过。但从四川省地方立法实践来看，已经有近十年没有由人民代表大会制定通过地方性法规。

四是立法形式单一，立法资源的利用不够。制定条例或实施办法、细则的法规多，决定和决议等形式立法较少。近年来四川省人大及其常委会每届制定的法规性决定决议为1—2件。本届人大及其常委会目前已制定的只有1件，即2014年5月29日四川省第十二届人民代表大会常务委员会第九次会议通过的《关于深入推进依法治省的决议》。

（六）立法变通权亟待研究和深化

民族区域自治地方立法作为一项特殊的地方性立法，具有其鲜明的区域性、民族性特色。民族区域自治立法就是要使民族政策得以用实用活，使民族特色得到有力彰显，民族文化得以弘扬，民族利益得到切实维护。近年来，四川省在这方面成效显著值得肯定。如何进一步加强民族区域自治立法变通权的研究，切实从民族自治地方的地情、民情出发，科学分析立法应当解决的重大或关键性问题，制定出切合民族自治地方实际、符合民族自治地方需要的具有变通色彩的民族区域自治法规，确保民族区域自治立法在科学的轨道上健康运行，是四川在今后一段时间内加强和改进地方立法的一个重要内容。民族区域自治立法中的变通，是基于自治地方的内在需要进行的，是依法有效、自主行使自治权的体现，变通后的民族区域自治法规直接反映和体现了民族区域自治地方的民族利益和地方利益。四川省有3个民族自治州和4个民族自治县享有民族区域自治立法权，在立法实践中，如何把握这种民族区域自治地方立法权的界限，需要进一步明确。《宪法》和《立法法》中规定了省、自治区、直辖市的人民代表大会及其常委会在不同宪法、法律、行政法规相抵触的前提下，可以制定地方性法规。《立法法》还规定了民族自治地方在依据民族特点行使变通立法权时所受到的限制，即自治条例和单行条例不得违背法律或者行政法规的基本原则，不得对宪法和民族区域自治法的规定以及其他有关法律、行政法规专门就民族自治地方所作的规定作出变通规定。地方性法规合法性的判断标准是"不抵触"，而自治条例和单行条例合法性的判断标准是"不违背"，从文字上可以看出，自治条例、单行条例的立法权限大，变通立法权享有更大的自由度，这也给民族地区的立法权提供了更大的活动空间。四川应进一步加强对民族区域自治立法变通权的深入研究，回应民族自治地方的重大关切，制定出更多切合民族自治地方实际、符合民族自治地方需要的具有变通色彩的民族区域自治地方性法规。

三　加强和改进四川立法的思考与建议

当前，四川地方立法已经站在全面深化改革和全面推进依法治国同步进行这样一个新的历史起点上。面对新形势、新任务，四川立法如何在新修正的《立法法》推动下，适应、服务改革需要，发挥立法的引领和推动作用，如何加强党对立法工作的领导，推进科学立法、民主立法，在依法治国的进程中发挥更大的作用，如何在维护法律体系统一的前提下，突出地方特色、提高立法质量，实现四川地方立法的转型升级，是今后一段时间四川立法面临的重要任务。为此，课题组提出以下几点建议。

（一）强化党对立法工作的领导，坚持重在落实

加强党对立法工作的领导，必须突出一个"实"字，在具体落实上下功夫。

要自觉转变领导方式。地方党委要主动适应"四个全面"战略布局的重大调整，坚持把法治作为改革的价值目标与动力机制，将过去以政策为治理工具调整为主要以法律为治理工具。根据地方全面深化改革的重大部署，及时向人大提出立法建议，推动人大围绕中心和地方改革的重点、难点开展立法工作，跟随改革的深化适时修改不相应的地方性法规，使改革决策与立法决策紧密结合，发挥地方立法在全面深化改革中的引领和推动作用。统筹协调政策与法律的关系，用良法善治来提高党的执政能力和执政水平。

要加强领导干部思想观念的转化工作。没有领导干部的法治观念就没有法治国家。党委应当把转变党员领导干部特别是党委"一把手"的思想观念作为一项重要工作，采取短期培训、举办法制讲座、以会代训等形式，通过上级党委的言传身教，提高党员领导干部对立法工作的认识。切实解决好地方党委和党员领导干部目前在思想观念、领导机制和执政方

式、工作方法等方面与党领导立法"三个不相适应"的问题,帮助党员领导干部进一步认识坚持依法治国是我们党领导人民治理国家的基本方略,加强党对立法工作的领导是我们党运用法治思维和法治方式深化改革、推动发展、化解矛盾、维护稳定的重要途径和执政手段。坚持人民主体地位、坚持人民代表大会制度就是党委的重要职责,就是党委工作的重要组成部分,就是党的工作和党委工作的新常态,帮助党员领导干部自觉树立用法治来推进改革,用法治思维、法治方式、法律程序、法治理念来推进改革的认识和理念。

要把党领导立法作为党委工作的重要任务。地方党委要研究和建立把党的主张通过法定程序转变为国家意志的途径和方法。一是指导人大编制和批准人大常委会五年立法规划和年度立法计划,从宏观上把握立法服务于法治建设和社会经济发展的总目标,增强立法的针对性。二是把握地方立法工作的领导权,按照全面深化改革的基本要求和地方发展总目标,提出地方立法的阶段性目标和任务,将改革决策与立法决策结合起来,发挥立法在引领、推动和保障改革方面的重要作用。三是建立党委向人大及其常委会提出立法建议的工作机制和法定程序,及时把党委的重大决策和在实践中行之有效、可以普遍推行的措施办法,通过法定程序转化为具有法律约束力的行为规范,使党的主张通过法定程序成为国家意志,协调推进地方各项改革和经济社会可持续发展。四是支持人大在立法工作中的主导作用,做人大的坚强后盾,减少部门利益对立法的不当干扰,遏制权力扩张的趋势,改变"政府部门端什么菜、人大就吃什么菜"的现象。五是及时主动研究、帮助协调解决地方立法工作中的一些重大问题,如体制机制等重大制度的创设、民生的重大利益调整、重大行政审批事项的设立与废止、政府相关部门的重大争议等。

要重视发挥人大常委会党组的作用。人大常委会党组是党委派驻人大常委会机关的党的核心组织。其工作上承地方党委,下接人大工作。地方党委支持人大常委会党组放手工作也是加强党领导立法工作的重要组成部分。人大常委会党组要增强坚持党领导立法工作的政治自觉性,始终把人大立法工作置于党的领导之下,把立法服务地方改革发展大局作为第一要务,把立法服务人民群众需求作为工作导向,把立法服务社会和谐稳定大局作为重要责任。要定期研究立法工作，主动加强党的政策特别是改革重大决策的研究，及时把党的政策通过法定程序转变为国家意志。要加强立法重要事项的请示报告制度。坚持法规立项向同级党委报告，编制人大常委会五年立法规划和年度立法计划向同级党委报告，重要法规草案审议前向同级党委请示报告的制度。对涉及全省政治、经济、社会发展和改革开放等带全局性、涉及广大人民群众切身利益的重要地方性法规，在审议前要向党委报告草案相关内容。法规审议中的重大问题要及时向党委请示报告。切实从国家和人民根本的、长远的利益出发，从党和国家的工作全局出发，为党领导立法当好参谋和助手，协助党委加强党对立法工作的领导。

（二）发挥人大立法的主导作用，坚持主动作为

加强人大在地方立法中的主导地位，发挥人大立法的主导作用，关键是强化职责担当、能力担当，结合四川实际找准工作的着力点。

从四川目前地方立法的现状和存在问题看，人大主导立法要重点做好以下工作。一是根据新修正的《立法法》，修改和完善《四川省人民代表大会及其常务委员会立法程序规定》。围绕法规立项、起草、论证、审议、协调等各个环节，明确人大在法规推进的每个阶段和环节中的工作和任务，建立人大主导立法的工作机制。二是根据科学立法、民主立法的要求，建立健全相关制度，规范协调党委、人大、政府、政协及相关部门、公众、专家学者等相关方面的责任和关系，明确人大的主导地位和各有关方面参与立法的途径与方式。三是加强立法计划的统筹和协调。由人大牵头组织编制五年立法规划和年度工作计划，把握立法的主导权，坚持立法决策与改革决策相互协调，立法进程与改革进程相互适应，紧紧围绕改革发展的重点领域和经济社会发展中迫切需要解决的现实问题确定立法项目，用立法解决改革发展中的重大问题。四是改变目前地方性法规草案起草工作大多由政府相关部门承担的状况。建立地方人大有关的专门委员会、常务委员会工作机构提前参与有关方面法规草案起草工作制度。综合性、全局性、基础性的重要法规草案，由有关的专门委员会或者常务委员会工作机构组织起草。专业性较强的法规草案，可以吸收相关领域的专家

参与起草工作，或者委托有关专家、教学科研单位、社会组织起草。由政府组织起草的地方性法规，省人大有关专门委员会应当派员参加相关工作。政府常务会讨论研究地方深化改革重大事项或者重大法规草案时，可以邀请同级人大法制工作机构负责人参加。五是建立人大专门委员会提前介入审议制度。凡地方性法规涉及需要设定行政许可、行政强制、重大行政处罚的，应邀请省人大常委会相关专门委员会提前介入审议。总之，四川应借助新《立法法》颁布施行的东风，乘势而上，主动作为，以导为先，才能较好地发挥人大在地方立法中的主导作用，回归人大在立法中的主体地位。

加强人大在地方立法中的主导地位，发挥人大立法的主导作用，还要重视发挥省委人大工作会的平台作用。省委人大工作会议是地方党委领导人大和人大坚持党的领导推动人大工作的一种制度平台，是党委与人大沟通协调的一个联系机制，是党委加强与人大对话，部署人大工作的一种领导方式。从1979年到2014年，四川省委先后召开了5次人大工作会议。5次会议召开的时间分别是1987年、1994年、1999年、2004年和2009年。5次省委人大工作会议的召开，对加强党对人大工作的领导，加强地方人大的工作和建设，发挥地方人大作用，正确处理政府与人大的关系，大力推进依法治省进程，建设法治四川发挥了重要作用。在新《立法法》颁布施行、四川17个设区市即将具有立法权的形势下，更需要利用省委人大工作会的平台，加强人大在地方立法中的主导地位，发挥人大立法的主导作用。上一次省委人大工作会议的召开距今已经6年，近期，省人大应积极筹备和适时请示省委召开人大工作会议，充分利用省委人大工作会这个平台，以新修正的《立法法》颁布实施为契机，着力解决好党领导立法的工作机制和程序问题，着力解决好人大在立法中的主体地位和目前四川地方立法体制机制的一些重大问题，把党对立法工作的领导和人大在立法工作中的主体地位真正落实到地方立法的日常工作和各个环节中。

（三）贯彻落实《立法法》，坚持法规统一审议

坚持地方性法规的统一审议机制，是贯彻落实新修正的《立法法》、完善审议机制的客观要求，又是坚持人大立法主导，理顺内部关系的一个

重大举措。当前，我国立法的重点已从体系的构建转为质量的提升。坚持法律统一审议制度是全国人大及其常委会多年立法实践的一条成功经验，对保证国家法制统一、提高立法质量发挥了重要作用。此次《立法法》的修改，回应时代需求，从立法体制、立法程序等多方面作了进一步的修改和完善。地方立法应当认真贯彻《立法法》的基本精神，坚持国家立法的一些好的经验和做法，积极推进地方性法规的统一审议机制，从立法程序的机制保障上确保提高立法质量。依据新修正的《立法法》第七十七条，"地方性法规案、自治条例和单行条例案的提出、审议和表决程序，根据中华人民共和国地方各级人民代表大会和地方各级人民政府组织法，参照本法第二章第二节、第三节、第五节的规定，由本级人民代表大会规定"，四川应考虑改进目前法规统分结合的审议模式，推行地方性法规的统一审议机制。

首先，修改《四川省人民代表大会及其常务委员会立法程序规定》。按照立法本意，实行法规统一审议的制度。《立法法》所指的"统一审议"，是指除第一次审议听取提案人的说明外，由地方人大负责统一审议的机构，对法规在一审、二审、三审阶段进行的全过程审议。参照《立法法》第三十三条"列入常务委员会会议议程的法律案，由法律委员会根据常务委员会组成人员、有关的专门委员会的审议意见和各方面提出的意见，对法律案进行统一审议，提出修改情况的汇报或者审议结果报告和法律草案修改稿"的规定，建议四川修改《立法程序规定》中关于审议程序的规定，进一步健全和完善由法制委员会负责地方性法规的统一审议机制。

其次，参照《立法法》第七十七条第二款关于"地方性法规草案由负责统一审议的机构提出审议结果的报告和草案修改稿"的规定，改变过去四川省人大相关专门委员会修改法规草案的习惯性做法，由有关的专门委员会进行审议，提出审议意见，印发常务委员会会议；由法制委员会向常委会提出审议结果的报告和草案修改稿、草案表决稿。

同时建议修改《立法程序规定》和《四川省人民代表大会常务委员会议事规则》第二十条、第二十一条关于自治条例、单行条例和地方性法规报请批准程序的规定。根据《立法法》的规定，报请省人民代表大会常务委员会批准的自治条例、单行条例和地方性法规，可以由相关的专门委员会在法规第一次审议时向常委会全体会议作审查意见的报告或者将其审查意见印发常务委员会，改分散审议为集中审议，由法制委员会统一向常务委员会提出审查意见的报告，经常务委员会会议审议批准。

最后，调整充实法规统一审议力量，建立与地方性法规统一审议工作需要相适应的立法工作队伍。立法是由特定主体，依据一定的职权和程序，运用一定技术，制定、认可和变动法律、法规这种特定社会规范的活动。地方性法规的制定和审议，有着一套专业、复杂甚至深奥的术语和逻辑，非经专业训练，难以准确把握。故立法和审议的专业化是客观需要。建议四川针对审议机构编制不足、立法力量分散和新修正的《立法法》实施赋予设区市地方立法权后立法队伍建设的新情况，加强法规统一审议队伍的建设，充实审议机构人员，整合人大内部各专门委员会的立法力量，发挥法规统一审议机构的专业化作用，坚持立法专业化与民主化有机结合，进一步加强和改进地方立法工作。

（四）加强立法计划的科学论证，坚持统筹协调

加强立法计划的科学论证，强化对立法工作的统筹安排，是新修正的《立法法》健全和完善人大立法体制机制、发挥人大主导作用的重要内容。新修正的《立法法》第五十二条规定："全国人民代表大会常务委员会通过立法规划、年度立法计划等形式，加强对立法工作的统筹安排。"目前在法规立项上，人大要完全主导还有一定困难，马上改变"政府端什么菜、人大就吃什么菜"的现象尚不现实，坚持人大主导还需要一个过程。但是，从良法善治的总目标出发，注重对地方立法总体规划的研究，加强地方立法年度计划的统筹安排和综合协调是人大应当做而且是可以做到的。建议四川加强对整个地方立法工作长远规划的科学论证和顶层设计，提出地方立法的总体目标、路线图和时间表。当前，要注意综合运用各种立法资源，统筹协调相关立法事项，科学确定立法项目和年度立法计划，切实增强法规的针对性和可操作性。

一是结合实际，充分利用国家赋予的创制性立法权，选择改革中的一些重大决策、民众的重大关切和社会经济发展的一些重大问题制定创制性法规，推动改革决策与立法决策有机融合。如前所述，四川创制性立法项

目不多，与一些省份比较仍有较大的提升空间。创制性立法权是《立法法》授予省级人大及其常委会根据本行政区域的具体情况和实际需要，在不同宪法、法律、行政法规相抵触的前提下制定地方性法规的一项法定权利。四川省人大及其常委会要充分利用国家赋予的创制性立法权，在国家尚未制定相关法律的情况下，在年度立法计划中增加创制性法规的立法比重，加强创制性法规的立法工作，努力解决地方经济社会发展面临的突出问题，发挥地方立法在全面深化改革中的引领和推动作用。

二是在实施性立法方面，积极回应社会治理中的热点难点，及时制定与上位法相关的配套性法规，推动国家法律在地方的贯彻实施。实施性立法或配套性立法的作用是维护法律的权威和效力。通过制定实施性法规，将法律中一些不具备可操作性的原则规范或概括性的规定予以细化和明确，以保证法律的准确执行和实施。随着中国特色社会主义法律体系的形成，法律的配套立法显得越来越重要，任务也越来越繁重，需要加快地方立法步伐。新修正的《立法法》第六十二条规定，"法律规定明确要求有关国家机关对专门事项作出配套的具体规定的，有关国家机关应当自法律施行之日起一年内作出规定，法律对配套的具体规定制定期限另有规定的，从其规定"。因此，建议四川省根据新修正的《立法法》基本原则，结合地方实际加强对配套性立法的研究，一方面，在地方立法的方式和程序上作出新的变化和回应，推动地方及时制定与上位法相关的配套性法规；另一方面，通过精细立法科学立法，把法的正义体现在地方性法规的细节和可操作性上，进一步推进四川全面深化改革，推动四川地方治理体系和治理能力现代化。

三是充分利用决定和决议等多种立法形式，提高立法效率。及时将党的重大决策转换为社会共同遵守的行为规范，推进改革决策与立法决策相互衔接，保证改革发展重大决策的合法性和正当性，为党的政治决策的有效实施提供民意基础、制度支持和法制保障。

四是明确人民代表大会的立法事项，落实地方人民代表大会的立法权。《立法法》第六十七条规定，本行政区域特别重大事项的地方性法规应当由人民代表大会通过。但从四川省地方立法实践来看，由于多方面的原因，已经有近十年没有由人民代表大会制定通过地方性法规，人民代表大会立法权虚化的现象较为明显。因此,建议四川根据新修正的《立法法》相关规定,明确由地方人民代表大会直接制定地方性法规的事项,科学制定立法计划,保证每届人大有1—2件重要法规经代表大会审议立法,有效防止地方人大立法权的虚化问题。

同时,为了维护法制的统一和尊严,四川还应制定地方性法规清理程序,规范地方性法规清理活动,通过科学制定立法计划,实现清理活动的规范化制度化。综合运用制定、修改、废止、解释等多种形式,增强立法工作的协调性、及时性和系统性。

(五)整合地方立法资源,加强协作配合

地方立法是一个系统工程。保证立法质量,制定良法善法,除了直接参与地方立法的机构和人员自身的能力素质和所发挥的作用外,还需要相关部门和人员的全力支持、相互协作和配合,才能形成整体合力。各个相关部门和人员能否在充分发挥自身的系统功能和组织优势的同时,实现优势互补、形成良性的协同关系,既是加强和改进地方立法的关键,更是提高地方立法质量,发挥立法引领和推动作用的必然要求。因此,加强地方立法的相关制度建设和各部门的协作配合,整合各方面的立法资源,完善地方立法配套服务,也是加强和改进地方立法的应有之义。根据四川地方立法的实际情况和薄弱环节,课题组建议四川当前应重点做好以下几个方面的工作。

第一,完善专门委员会参与法规审议的分工合作机制。坚持和实行法规统一审议,并不是否定专门委员会的作用和权利。依照新修正的《立法法》相关规定,借鉴各兄弟省市的立法经验,建议将人大有关专门委员会的职责和任务明确为以下几点:首先,在法规审议中,不再直接对法规草案进行修改;其次,审议列入常委会会议议程的法规案,专门委员会主要就法规草案的必要性、可行性、专业性等提出审议意见,报告主任会议,并印发常务委员会会议;再次,相关专门委员会列席法制委员会全体会议,参与法制委员会对法规进行统一审议并提出意见和建议;最后,组织有关方面专家、学者或者专业工作者或者邀请不同利益的利害关系人、利益群体和有关专家,对法规草案中的专业性问题或者重大问题进行论证或者听证，并向常务委员会提出论证报告或听证报告等。

第二，完善政府及相关部门配合立法工作机制。人大主导立法，并不是包办代替。为更好地适应全面深化改革和人大主导立法的要求，应按照地方立法以人大为主导的要求，明确政府及相关部门在立法中的地位、职责和任务；明确由省人大有关专门委员会组织起草的地方性法规，地方政府及其相关部门应当积极支持并派员参加和配合；人大审议地方性法规，政府及其相关部门应当派代表列席人大常委会会议。

第三，继续探索完善民主立法与科学立法新机制。完善法规起草、审议的协调协商机制，继续加强"一点、一库、一基地"即市州法制工作联系点、立法专家咨询库和立法评估协作基地建设，广泛听取、认真对待各方面意见（包括不同意见），充分尊重、合理吸收各种建设性意见和建议。

第四，进一步加强人大立法信息数据库平台建设。增强法规数据库动态查询和检索功能，适时更新法规信息。健全法规草案公开征求意见机制和公众意见采纳情况反馈机制，重视网络民意表达，拓展公民有序参与立法途径。

第五，进一步推动立法听证、立法后评估等机制常态化、制度化、规范化。立法听证是公民有序参与地方立法的有效途径，也是地方人大民主立法的必要形式。今后，地方性法规凡是涉及公民权利和义务的，必须通过听证会、座谈会等多种方式充分听取人民群众的意见，让利益各方在立法过程中充分交流、沟通。立法后评估是测评立法效果、提高立法质量的重要机制，也是近年立法的一大创新。四川省应加快建立完善的地方性法规评估制度和机制，并向社会公布评估结果。

（六）注重对市、州的立法指导和培训，确保立法质量

为适应全面深化改革和地方经济社会发展的需要，新修正的《立法法》第七十二条赋予设区的市具有地方立法权。地方立法权扩容，为"改革于法有据"提供了契机，让设区的市人大及其常委会在城市经济发展和社会管理上可以根据自身城市的问题制定治理"城市病"的地方性法规，有助于化解无法可依的无奈与被动。但是，扩大地方立法权，既是机遇又是挑战。由于四川21个市州人大及其常委会均有立法权，且对市

州政府的规章有备案审查权,数量多,差异大,在当前立法质量尚待提高、地方性法规与上位法之间时有冲突的情况下,立法权放开,须防止立法一哄而上,影响立法质量。实践证明,地方立法权是地方改革发展的制度竞争力。但是,不是有了法,法治就有保障。法的质量有问题,法治更糟糕。立法是一项复杂的工作,对专业水平的需求极高,各地的立法能力能否匹配是一个现实的问题。在地方立法权扩容之后,如何用好立法权,防范立法权被滥用,确保立法质量,是地方人大尤其是省级人大迫切需要面对和回答的现实问题。2015 年 4 月 1 日,四川省人大常委会通过施行的《四川省非税收入征收管理条例》为此作了一些有益的探索。根据新修正的《立法法》,条例第九条明确规定"行政事业性收费项目的设立应当依据法律、行政法规、省人大及其常委会制定的地方性法规执行"。这为全国地方立法权扩容后,用好地方立法权,确保地方立法质量,提供了有益的经验。

在贯彻落实新修正的《立法法》,做好设区市立法准备工作时,省人大应当及早抓起,长远打算,除坚持《立法法》已有的"四道防线"外,还应做好以下工作。

第一,加强顶层设计,限制权力扩张。建议在限制设区市的地方立法事项外,明确规定没有法律、行政法规和省级人大及其常委会地方性法规的依据,地方不得设定减损公民、法人和其他组织权利或者增加其义务的规范。

第二,加强对常委会组成人员、立法工作者和人大代表等的专业培训和教育,加强地方立法专业队伍建设,提高地方立法能力,做到法规未立,培训在先。建议四川省人大常委会积极指导设区市的立法工作,帮助其解决行使立法权过程中遇到的困难与问题。还可以借助高校、科研院所、律师协会等的力量,对地方立法机构的工作人员进行培训,提升其法律素养和理论水平。

第三,加强上级人大对下级地方人大的工作指导,经常深入基层,指导立法工作,帮助设区市的地方人大选准立法项目,完善立法计划,把科学立法与民主立法相结合,彰显公民权利,确保通过地方立法解决实际问题,符合地方特色。

第四,加强合法性审查和备案审查力度,不合法的坚持不予批准。发现有违法情况的，要依照法律规定予以纠正，坚决防止用合法的外衣损害百姓利益。

第五，借助社会力量，形成立法合力。各地应考虑建立立法专家库，吸纳本地、外地的法学专家以及从事律师工作的人员，参与立法草案的调研、起草、论证等工作。可以加强与高校、科研院所、律师事务所、律师协会等的横向合作，采取向社会购买服务等的方式，委托高校、科研院所、律师事务所、律师协会等起草法规草案。为了体现公平、效率，保证质量，防止立法过程中的利益输送与利益冲突，应当逐步探索立法项目购买社会服务的公开招投标机制，立法成果验收机制，保障社会力量参与立法活动的公开透明。

第六，加强立法参与，弥补设区的市立法力量薄弱的问题。考虑到设区的市行使立法权主要用于解决法律实施问题和本地经济社会发展的突出问题，因此，其立法活动更应强调当地公众的参与。设区的市立法机关应当建立当地公众参与立法的长效机制和畅通的立法意见征集机制。鼓励社会公众以多种方式对立法草案提出意见和建议，条件成熟的地方还应当借助网络平台，开通网上征集立法意见建议的系统。还可以考虑委托专门机构对公众提出的立法意见建议进行全面的分析整理，重要的立法应当形成立法听证机制，广泛邀请社会公众，立法活动的利益相关方（如可能因立法而影响到自身权益的群体代表）参与听证。

附　录

附表1　　国家现行法律与四川省地方性法规对照一览

序号	法律名称	可否配套	地方性法规名称	法规种类		配套法律数量	备注
				配套法规	创制法规		
1	《中华人民共和国宪法》						
2	《中华人民共和国地方各级人民代表大会和地方各级人民政府组织法》	是	《四川省人民代表大会常务委员会任免国家机关工作人员条例》	1		1	

序号	法律名称	可否配套	地方性法规名称	法规种类		配套法律数量	备注
				配套法规	创制法规		
3	《中华人民共和国全国人民代表大会和地方各级人民代表大会选举法》	是	《四川省〈中华人民共和国全国人民代表大会和地方各级人民代表大会选举法〉实施办法》	1		1	
4	《中华人民共和国人民法院组织法》						
5	《中华人民共和国人民检察院组织法》						
6	《中华人民共和国国籍法》						
7	《中国人民解放军选举全国人民代表大会和县级以上地方各级人民代表大会代表的办法》	是					
8	《中华人民共和国全国人民代表大会组织法》						
9	《中华人民共和国国务院组织法》						
10	《全国人民代表大会常务委员会关于县级以下人民代表大会代表直接选举的若干规定》	是					
11	《中华人民共和国民族区域自治法》	是					
12	《全国人民代表大会常务委员会关于在沿海港口城市设立海事法院的决定》						

续表

序号	法律名称	可否配套	地方性法规名称	法规种类		配套法律数量	备注
				配套法规	创制法规		
13	《中华人民共和国外交特权与豁免条例》						
14	《中华人民共和国全国人民代表大会常务委员会议事规则》	是	《四川省人民代表大会常务委员会议事规则》	1		1	
15	《全国人民代表大会常务委员会关于批准中央军事委员会〈关于授予军队离休干部中国人民解放军功勋荣誉章的规定〉的决定》						
16	《中华人民共和国全国人民代表大会议事规则》	是	《四川省人民代表大会议事规则》	1		1	
17	《中华人民共和国集会游行示威法》	是	《四川省〈中华人民共和国集会游行示威法〉实施办法》	1		1	
18	《中华人民共和国城市居民委员会组织法》	是	《四川省〈中华人民共和国城市居民委员会组织法〉实施办法》	1		1	
19	《中华人民共和国香港特别行政区基本法》						
20	《中华人民共和国国旗法》						
21	《中华人民共和国领事特权与豁免条例》						
22	《中华人民共和国缔结条约程序法》						
23	《中华人民共和国国徽法》						

续表

序号	法律名称	可否配套	地方性法规名称	法规种类		配套法律数量	备注
				配套法规	创制法规		
24	《中华人民共和国领海及毗连区法》						
25	《中华人民共和国全国人民代表大会和地方各级人民代表大会代表法》	是	《四川省〈中华人民共和国全国人民代表大会和地方各级人民代表大会代表法〉实施办法》	1		1	
26	《中华人民共和国澳门特别行政区基本法》						
27	《中华人民共和国国家赔偿法》	是					
28	《中华人民共和国法官法》						
29	《中华人民共和国检察官法》						
30	《中华人民共和国戒严法》	是					
31	《中华人民共和国香港特别行政区驻军法》						
32	《中华人民共和国专属经济区和大陆架法》						
33	《中华人民共和国村民委员会组织法》	是	《四川省〈中华人民共和国村民委员会组织法〉实施办法》《四川省村民委员会选举条例》《四川省村务公开条例》	3		1	
34	《中华人民共和国澳门特别行政区驻军法》						

续表

序号	法律名称	可否配套	地方性法规名称	法规种类 配套法规	法规种类 创制法规	配套法律数量	备注
35	《中华人民共和国立法法》	是	《四川省人民代表大会常务委员会关于提高地方立法质量有关事项的决定》《四川省人民代表大会及其常务委员会立法程序规定》《四川省民族自治地方自治条例和单行条例报批程序规定》	3		1	
36	《中华人民共和国反分裂国家法》						
37	《中华人民共和国外国中央银行财产司法强制措施豁免法》						
38	《中华人民共和国各级人民代表大会常务委员会监督法》	是	《四川省〈中华人民共和国各级人民代表大会常务委员会监督法〉实施办法》《四川省人民代表大会常务委员会关于加强省级预算审查监督的决定》《四川省人民代表大会常务委员会关于加强经济工作监督的决定》	3		1	
39	《中华人民共和国中外合资经营企业法》	是					
40	《中华人民共和国婚姻法》	是					
41	《中华人民共和国商标法》	是	《四川省著名商标认定和保护条例》	1		1	

序号	法律名称	可否配套	地方性法规名称	法规种类		配套法律数量	备注
				配套法规	创制法规		
42	《中华人民共和国专利法》	是	《四川省专利保护条例》	1		1	
43	《中华人民共和国继承法》	是					
44	《中华人民共和国民法通则》	是					
45	《中华人民共和国外资企业法》	是					
46	《中华人民共和国全民所有制工业企业法》	是					
47	《中华人民共和国中外合作经营企业法》	是					
48	《中华人民共和国著作权法》	是					
49	《中华人民共和国收养法》	是					
50	《中华人民共和国海商法》	是					
51	《中华人民共和国反不正当竞争法》	是	《四川省反不正当竞争条例》	1		1	
52	《中华人民共和国消费者权益保护法》	是	《四川省消费者权益保护条例》	1		1	
53	《中华人民共和国公司法》	是					
54	《中华人民共和国商业银行法》						
55	《中华人民共和国票据法》						

序号	法律名称	可否配套	地方性法规名称	法规种类		配套法律数量	备注
				配套法规	创制法规		
56	《中华人民共和国担保法》						
57	《中华人民共和国保险法》	是	《四川省失业保险条例》	1		1	
58	《中华人民共和国拍卖法》						
59	《中华人民共和国合伙企业法》	是					
60	《中华人民共和国证券法》	是					
61	《中华人民共和国合同法》	是	《四川省集体合同条例》《四川省合同监督条例》	2		1	
62	《中华人民共和国个人独资企业法》	是					
63	《中华人民共和国招标投标法》	是					
64	《中华人民共和国信托法》						
65	《中华人民共和国农村土地承包法》	是	《四川省〈中华人民共和国农村土地承包法〉实施办法》	1		1	
66	《中华人民共和国证券投资基金法》						
67	《中华人民共和国电子签名法》						
68	《中华人民共和国企业破产法》	是					
69	《中华人民共和国农民专业合作社法》	是	《四川省〈中华人民共和国农民专业合作社法〉实施办法》	1		1	

续表

序号	法律名称	可否配套	地方性法规名称	法规种类		配套法律数量	备注
				配套法规	创制法规		
70	《中华人民共和国物权法》	是	《四川省国有土地上房屋征收与补偿条例》	1		1	
71	《中华人民共和国侵权责任法》	是					
72	《中华人民共和国涉外民事关系法律适用法》						
73	《中华人民共和国户口登记条例》						
74	《全国人民代表大会常务委员会关于批准〈国务院关于安置老弱病残干部的暂行办法〉的决议》	是					
75	《中华人民共和国学位条例》						
76	《全国人民代表大会常务委员会关于批准〈国务院关于老干部离职休养的暂行规定〉的决议》	是					
77	《中华人民共和国海洋环境保护法》	是					
78	《中华人民共和国文物保护法》	是	《四川省〈中华人民共和国文物保护法〉实施办法》	1		1	
79	《中华人民共和国水污染防治法》	是					
80	《中华人民共和国兵役法》	是					

续表

序号	法律名称	可否配套	地方性法规名称	配套法规	创制法规	配套法律数量	备注
81	《中华人民共和国药品管理法》	是					
82	《中华人民共和国义务教育法》	是	《四川省〈中华人民共和国义务教育法〉实施办法》	1		1	
83	《中华人民共和国国境卫生检疫法》						
84	《中华人民共和国海关法》						
85	《中华人民共和国大气污染防治法》	是	《四川省〈中华人民共和国大气污染防治法〉实施办法》	1		1	
86	《中华人民共和国档案法》	是	《四川省〈中华人民共和国档案法〉实施办法》	1		1	
87	《中国人民解放军军官军衔条例》						
88	《中华人民共和国保守国家秘密法》	是					
89	《中华人民共和国野生动物保护法》	是	《四川省〈中华人民共和国野生动物保护法〉实施办法》	1		1	
90	《中华人民共和国传染病防治法》	是					
91	《中华人民共和国环境保护法》	是	《四川省环境保护条例》	1		1	
92	《中华人民共和国军事设施保护法》						
93	《中华人民共和国归侨侨眷权益保护法》	是	《四川省〈中华人民共和国归侨侨眷权益保护法〉实施办法》	1		1	

续表

| 序号 | 法律名称 | 可否配套 | 地方性法规名称 | 法规种类 | | 配套法律数量 | 备注 |
				配套法规	创制法规		
94	《中华人民共和国人民警察警衔条例》	是					
95	《中华人民共和国测绘法》	是	《四川省测绘管理条例》	1		1	
96	《中华人民共和国国家安全法》						
97	《中华人民共和国科学技术进步法》	是	《四川省科学技术进步条例》	1		1	
98	《中华人民共和国教师法》	是	《四川省〈中华人民共和国教师法〉实施办法》	1		1	
99	《中华人民共和国城市房地产管理法》	是					
100	《中华人民共和国母婴保健法》	是	《四川省〈中华人民共和国母婴保健法〉实施办法》	1		1	
101	《中华人民共和国监狱法》	是					
102	《中华人民共和国人民警察法》	是					
103	《中华人民共和国教育法》	是					
104	《中华人民共和国预备役军官法》						
105	《中华人民共和国体育法》	是	《四川省体育条例》	1		1	
106	《中华人民共和国固体废物污染环境防治法》	是	《四川省固体废物污染环境防治条例》	1		1	

续表

序号	法律名称	可否配套	地方性法规名称	法规种类		配套法律数量	备注
				配套法规	创制法规		
107	《中华人民共和国食品卫生法》	是					
108	《中华人民共和国行政处罚法》	是	《四川省城市管理综合行政执法条例》《四川省人民代表大会常务委员会关于政府规章设定罚款限额的规定》《四川省行政执法监督条例》	3		1	
109	《中华人民共和国律师法》	是					
110	《中华人民共和国促进科技成果转化法》	是	《四川省促进科技成果转化条例》	1		1	
111	《中华人民共和国职业教育法》	是	《四川省中等职业技术教育暂行条例》	1		1	
112	《中华人民共和国枪支管理法》	是					
113	《中华人民共和国环境噪声污染防治法》	是					
114	《中华人民共和国人民防空法》	是	《四川省〈中华人民共和国人民防空法〉实施办法》	1		1	
115	《中华人民共和国国防法》						
116	《中华人民共和国行政监察法》	是					
117	《中华人民共和国建筑法》	是					
118	《中华人民共和国献血法》	是	《四川省公民献血条例》	1		1	

续表

| 序号 | 法律名称 | 可否配套 | 地方性法规名称 | 法规种类 | | 配套法律数量 | 备注 |
				配套法规	创制法规		
119	《中华人民共和国消防法》	是	《四川省公共消防设施条例》《四川省群众义务消防条例》《四川省消防条例》	3		1	
120	《中华人民共和国执业医师法》	是					
121	《中华人民共和国高等教育法》	是					
122	《中华人民共和国行政复议法》	是					
123	《中华人民共和国气象法》	是	《四川省〈中华人民共和国气象法〉实施办法》《四川省气象灾害防御条例》	2		1	
124	《中华人民共和国国家通用语言文字法》	是					
125	《中华人民共和国现役军官法》						
126	《中华人民共和国国防教育法》	是					
127	《中华人民共和国防沙治沙法》	是	《四川省〈中华人民共和国防沙治沙法〉实施办法》	1		1	
128	《中华人民共和国人口与计划生育法》	是	《四川省人口与计划生育条例》	1		1	
129	《中华人民共和国科学技术普及法》	是	《四川省科学技术普及条例》	1		1	
130	《中华人民共和国清洁生产促进法》	是					
131	《中华人民共和国环境影响评价法》	是	《四川省〈中华人民共和国环境影响评价法〉实施办法》	1		1	

续表

序号	法律名称	可否配套	地方性法规名称	法规种类		配套法律数量	备注
				配套法规	创制法规		
132	《中华人民共和国民办教育促进法》	是	《四川省〈中华人民共和国民办教育促进法〉实施办法》	1		1	
133	《中华人民共和国海关关衔条例》						
134	《中华人民共和国居民身份证法》	是					
135	《中华人民共和国放射性污染防治法》	是					
136	《中华人民共和国行政许可法》	是	《四川省人民代表大会常务委员会关于停止执行四川省地方性法规中部分行政许可事项的决定》	2		1	
137	《中华人民共和国道路交通安全法》	是	《四川省〈中华人民共和国道路交通安全法〉实施办法》《四川省水路交通管理条例》《四川省道路运输条例》《四川省公路路政管理条例》	4		1	
138	《中华人民共和国公务员法》	是					
139	《中华人民共和国治安管理处罚法》	是	《四川省社会治安综合治理条例》《四川省暂住人口治安管理条例》	2		1	
140	《中华人民共和国公证法》	是					

序号	法律名称	可否配套	地方性法规名称	法规种类		配套法律数量	备注
				配套法规	创制法规		
141	《中华人民共和国护照法》	是					
142	《中华人民共和国突发事件应对法》	是					
143	《中华人民共和国城乡规划法》	是	《四川省城乡规划条例》	1		1	
144	《中华人民共和国禁毒法》	是	《四川省禁毒条例》	1		1	
145	《中华人民共和国防震减灾法》	是	《四川省人民代表大会常务委员会关于汶川特大地震抗震救灾及灾后恢复重建工作情况报告的决议》《四川省防震减灾条例》《四川省人民代表大会常务委员会关于加强农村村民住宅抗震设防管理的决定》	3		1	
146	《中华人民共和国食品安全法》	是					
147	《中华人民共和国人民武装警察法》						
148	《中华人民共和国驻外外交人员法》						
149	《中华人民共和国海岛保护法》	是					
150	《中华人民共和国国防动员法》	是					

续表

序号	法律名称	可否配套	地方性法规名称	法规种类		配套法律数量	备注
				配套法规	创制法规		
151	《中华人民共和国非物质文化遗产法》	是					
152	《中华人民共和国行政强制法》	是					
153	《中华人民共和国出入境管理法》	是					
154	《全国人民代表大会常务委员会关于批准〈广东省经济特区条例〉的决议》						
155	《中华人民共和国个人所得税法》						
156	《中华人民共和国统计法》	是	《四川省统计管理条例》	1		1	
157	《中华人民共和国森林法》	是	《四川省木材运输管理条例》《四川省森林防火条例》	2		1	
158	《中华人民共和国会计法》	是	《四川省会计管理条例》	1		1	
159	《中华人民共和国草原法》	是	《四川省〈中华人民共和国草原法〉实施办法》	1		1	
160	《中华人民共和国计量法》	是	《四川省计量监督管理条例》	1		1	
161	《中华人民共和国渔业法》	是	《四川省〈中华人民共和国渔业法〉实施办法》	1		1	
162	《中华人民共和国矿产资源法》	是	《四川省矿产资源管理条例》	1		1	

序号	法律名称	可否配套	地方性法规名称	法规种类		配套法律数量	备注
				配套法规	创制法规		
163	《中华人民共和国土地管理法》	是	《四川省〈中华人民共和国土地管理法〉实施办法》《四川省人民代表大会常务委员会关于〈四川省《中华人民共和国土地管理法》实施办法〉第八条第一项的解释》《四川省土地监察条例》	3		1	
164	《中华人民共和国邮政法》	是	《四川省邮政条例》	1		1	
165	《中华人民共和国水法》	是	《四川省〈中华人民共和国水法〉实施办法》	1		1	
166	《中华人民共和国标准化法》	是	《四川省标准化监督管理条例》	1		1	
167	《中华人民共和国进出口商品检验法》	是					
168	《中华人民共和国铁路法》	是					
169	《中华人民共和国烟草专卖法》	是	《四川省烟草专卖管理条例》	1		1	
170	《中华人民共和国水土保持法》	是	《四川省〈中华人民共和国水土保持法〉实施办法》	1		1	
171	《中华人民共和国进出境动植物检疫法》	是					
172	《中华人民共和国税收征收管理法》						

续表

序号	法律名称	可否配套	地方性法规名称	法规种类		配套法律数量	备注
				配套法规	创制法规		
173	《中华人民共和国产品质量法》	是	《四川省产品质量监督管理条例》 《四川省人民代表大会常务委员会关于严厉查处生产、销售假冒伪劣商品违法行为的决定》	2		1	
174	《中华人民共和国农业技术推广法》	是	《四川省〈中华人民共和国农业技术推广法〉实施办法》	1		1	
175	《中华人民共和国农业法》	是					
176	《中华人民共和国注册会计师法》	是					
177	《全国人民代表大会常务委员会关于外商投资企业和外国企业适用增值税、消费税、营业税等税收暂行条例的决定》						
178	《中华人民共和国台湾同胞投资保护法》	是	《四川省〈中华人民共和国台湾同胞投资保护法〉实施办法》	1		1	
179	《中华人民共和国预算法》	是	《四川省预算外资金管理条例》	1		1	
180	《中华人民共和国对外贸易法》	是					
181	《中华人民共和国审计法》	是	《四川省内部审计条例》 《四川省财政收支审计条例》	2		1	

续表

序号	法律名称	可否配套	地方性法规名称	法规种类		配套法律数量	备注
				配套法规	创制法规		
182	《中华人民共和国广告法》	是					
183	《中华人民共和国中国人民银行法》						
184	《中华人民共和国民用航空法》	是	《四川省民用机场净空及电磁环境保护条例》	1		1	
185	《中华人民共和国电力法》	是	《四川省电力设施保护和供用电秩序维护条例》	1		1	
186	《中华人民共和国煤炭法》	是					
187	《中华人民共和国乡镇企业法》	是	《四川省〈中华人民共和国乡镇企业法〉实施办法》	1		1	
188	《中华人民共和国公路法》	是	《四川省〈中华人民共和国公路法〉实施办法》	1		1	
189	《中华人民共和国动物防疫法》	是	《四川省〈中华人民共和国动物防疫法〉实施办法》	1		1	
190	《中华人民共和国防洪法》	是	《四川省〈中华人民共和国防洪法〉实施办法》	1		1	
191	《中华人民共和国节约能源法》	是	《四川省〈中华人民共和国节约能源法〉实施办法》	1		1	
192	《中华人民共和国价格法》	是	《四川省价格管理条例》	1		1	
193	《中华人民共和国种子法》	是					
194	《中华人民共和国海域使用管理法》						
195	《中华人民共和国政府采购法》	是					

续表

序号	法律名称	可否配套	地方性法规名称	法规种类		配套法律数量	备注
				配套法规	创制法规		
196	《中华人民共和国中小企业促进法》	是	《四川省〈中华人民共和国中小企业促进法〉实施办法》	1		1	
197	《中华人民共和国港口法》	是	《四川省港口管理条例》	1		1	
198	《中华人民共和国银行业监督管理法》	是					
199	《中华人民共和国农业机械化促进法》	是	《四川省农业机械安全监督管理条例》	1		1	
200	《中华人民共和国可再生能源法》	是	《四川省农村能源条例》	1		1	
201	《中华人民共和国畜牧法》	是					
202	《中华人民共和国农产品质量安全法》	是	《四川省人民代表大会常务委员会关于加强上市猪肉卫生质量管理的决定》	1		1	
203	《中华人民共和国反洗钱法》						
204	《中华人民共和国企业所得税法》						
205	《中华人民共和国反垄断法》	是					
206	《中华人民共和国循环经济促进法》	是					
207	《中华人民共和国企业国有资产法》	是					
208	《中华人民共和国石油天然气管道保护法》	是					

续表

序号	法律名称	可否配套	地方性法规名称	法规种类 配套法规	法规种类 创制法规	配套法律数量	备注
209	《中华人民共和国车船税法》						
210	《全国人民代表大会常务委员会关于批准〈国务院关于工人退休、退职的暂行办法〉的决议》	是					
211	《全国人民代表大会常务委员会关于批准〈国务院关于职工探亲待遇的规定〉的决议》	是					
212	《中华人民共和国残疾人保障法》	是	《四川省〈中华人民共和国残疾人保障法〉实施办法》	1		1	
213	《中华人民共和国未成年人保护法》	是	《四川省未成年人保护条例》	1		1	
214	《中华人民共和国工会法》	是	《四川省〈中华人民共和国工会法〉实施办法》《四川省职工代表大会条例》	2		1	
215	《中华人民共和国妇女权益保障法》	是	《四川省〈中华人民共和国妇女权益保障法〉实施办法》	1		1	
216	《中华人民共和国矿山安全法》	是	《四川省〈中华人民共和国矿山安全法〉实施办法》	1		1	
217	《中华人民共和国红十字会法》	是	《四川省〈中华人民共和国红十字会法〉实施办法》	1		1	
218	《中华人民共和国劳动法》	是	《四川省劳动和社会保障监察条例》《四川省劳动力市场管理条例》	2		1	

续表

序号	法律名称	可否配套	地方性法规名称	法规种类		配套法律数量	备注
				配套法规	创制法规		
219	《中华人民共和国老年人权益保障法》	是	《四川省老年人合法权益保护条例》	1		1	
220	《中华人民共和国预防未成年人犯罪法》	是					
221	《中华人民共和国公益事业捐赠法》	是	《四川省华侨捐赠条例》	1		1	
222	《中华人民共和国职业病防治法》	是					
223	《中华人民共和国安全生产法》	是	《四川省安全生产条例》	1		1	
224	《中华人民共和国劳动合同法》	是					
225	《中华人民共和国就业促进法》	是					
226	《中华人民共和国劳动争议调解仲裁法》	是					
227	《中华人民共和国残疾人保障法》	是					
228	《中华人民共和国社会保险法》	是					
229	《中华人民共和国军人保险法》	是					
230	《中华人民共和国精神卫生法》	是					
231	《中华人民共和国刑法》						
232	《中华人民共和国刑事诉讼法》						

续表

序号	法律名称	可否配套	地方性法规名称	法规种类		配套法律数量	备注
				配套法规	创制法规		
233	《全国人民代表大会常务委员会关于对中华人民共和国缔结或者参加的国际条约所规定的罪行行使刑事管辖权的决定》						
234	《中华人民共和国行政诉讼法》						
235	《中华人民共和国民事诉讼法》						
236	《中华人民共和国仲裁法》						
237	《中华人民共和国海事诉讼特别程序法》						
238	《中华人民共和国引渡法》						
239	《中华人民共和国农村土地承包经营纠纷调解仲裁法》	是					
240	《人民调解法》	是	《四川省人民调解条例》	1		1	
241	《中华人民共和国特种设备安全法》	是					
242	《中华人民共和国旅游法》	是	《四川省旅游条例》	1		1	
243	《中华人民共和国航道法》	是					
244	《中华人民共和国反间谍法》						

序号	法律名称	可否配套	地方性法规名称	法规种类		配套法律数量	备注
				配套法规	创制法规		
245			《四川省人民代表大会常务委员会组成人员守则》				
246			《四川省县级人民代表大会常务委员会行使职权的规定》				
247			《四川省乡镇人民代表大会主席团工作条例》		是		
248			《四川省政务服务条例》		是		
249			《四川省保护和奖励见义勇为条例》		是		
250			《四川省殡葬管理条例》				
251			《四川省查禁卖淫嫖娼活动的规定》				
252			《四川省城市燃放烟花爆竹管理条例》		是		
253			《四川省惩治拐卖、绑架妇女、儿童违法犯罪的规定》				
254			《四川省公共安全技术防范管理条例》		是		
255			《四川省公墓管理条例》				
256			《四川省基层法律服务条例》				
257			《四川省禁止赌博条例》				
258			《四川省人才市场管理条例》		是		
259			《四川省司法鉴定管理条例》				
260			《四川省财政监督条例》		是		
261			《四川省国家投资工程建设项目招标投标条例》				

序号	法律名称	可否配套	地方性法规名称	法规种类		配套法律数量	备注
				配套法规	创制法规		
262			《四川省酒类管理条例》		是		
263			《四川省开发区管理条例》		是		
264			《四川省企业负担监督管理条例》				
265			《四川省企业技术创新条例》				
266			《四川省涉案财物价格鉴定管理条例》				
267			《四川省水上交通安全管理条例》				
268			《四川省水上交通事故处理条例》				
269			《四川省盐业管理条例》				
270			《四川省政府投资建设项目审计条例》				
271			《四川省地方志工作条例》		是		
272			《四川省公共图书馆条例》		是		
273			《四川省广播电视管理条例》				
274			《四川省技术市场条例》				
275			《四川省全民健身条例》				
276			《四川省人民代表大会常务委员会关于汶川特大地震中有成员伤亡家庭再生育的决定》				
277			《四川省文化市场管理条例》				
278			《四川省消毒管理条例》				
279			《四川省医疗机构管理条例》				
280			《四川省预防控制狂犬病条例》				

序号	法律名称	可否配套	地方性法规名称	法规种类		配套法律数量	备注
				配套法规	创制法规		
281			《四川省中医条例》				
282			《四川省专业技术人员继续教育条例》				
283			《四川省蚕种管理条例》		是		
284			《四川省村镇供水条例》		是		
285			《四川省都江堰水利工程管理条例》		是		
286			《四川省林木种子管理条例》		是		
287			《四川省绿化条例》		是		
288			《四川省农村机电提灌管理条例》		是		
289			《四川省农药管理条例》		是		
290			《四川省农业机械管理条例》				
291			《四川省农作物种子管理条例》				
292			《四川省森林公园管理条例》				
293			《四川省水利工程管理条例》		是		
294			《四川省天然林保护条例》		是		
295			《四川省长江防护林体系管理条例》		是		
296			《四川省长江水源涵养保护条例》		是		
297			《四川省农村扶贫开发条例》		是		
298			《四川省城市供水条例》		是		
299			《四川省城市排水管理条例》				
300			《四川省城市园林绿化条例》				
301			《四川省城乡环境综合治理条例》		是		

续表

序号	法律名称	可否配套	地方性法规名称	法规种类		配套法律数量	备注
				配套法规	创制法规		
302			《四川省村镇规划建设管理条例》				
303			《四川省地质环境管理条例》				
304			《四川省鼓励外商投资勘查开采矿产资源条例》				
305			《四川省建筑工程勘察设计管理条例》		是		
306			《四川省建筑管理条例》		是		
307			《四川省阆中古城保护条例》		是		
308			《四川省燃气管理条例》		是		
309			《四川省饮用水水源保护管理条例》		是		
310			《四川省自然保护区管理条例》				
311			《四川省归侨侨眷企业事业权益保护条例》		是		
312			《四川省华侨投资权益保护条例》		是		
313			《四川省法律援助条例》				
314			《四川省预防职务犯罪工作条例》				
315			《四川省志愿服务条例》				
316			《四川省商品交易市场管理条例》				
317			《四川省湿地保护条例》				
318			《四川省植物检疫条例》				
319			《四川省风景名胜区条例》				

续表

序号	法律名称	可否配套	地方性法规名称	法规种类		配套法律数量	备注
				配套法规	创制法规		
320			《四川省世界遗产保护条例》				
321			《四川省涉外建设项目国家安全事项管理条例》				
322			《四川省宗教事务条例》				
323			《四川省公民旁听省人民代表大会常务委员会会议规定》				
324			《四川省人民代表大会常务委员会讨论决定重大事项的规定》				
325			《四川省人民代表大会常务委员会关于加强同省人大代表联系的办法》				
326			《四川省物业管理条例》		是		
327			《四川省民营科技企业条例》		是		
合计	244	181	201	119	34	93	

注：（1）上述数据根据中国人大网全国人大常委会公布的我国现行有效法律统计。

（2）统计截止时间为 2014 年 12 月。

附表2　　各省、市、自治区人大及其常委会地方立法数量统计

序号	地方	现行有效法规数	制定法规数
1	北京	175	260
2	四川	201	439
3	天津	213	336
4	河北	238	380
5	山西	256	348

续表

序号	地方	现行有效法规数	制定法规数
6	内蒙古	208	271
7	辽宁	246	365
8	吉林	313	469
9	黑龙江	273	401
10	上海	190	240
11	江苏	271	373
12	浙江	257	345
13	安徽	239	297
14	福建	204	290
15	江西	170	250
16	山东	253	342
17	河南	175	259
18	湖北	201	281
19	湖南	237	352
20	广东	267	403
21	广西	182	272
22	海南	205	241
23	重庆	222	330
24	贵州	200	311
25	云南	254	365
26	西藏	101	143
27	陕西	196	262
28	甘肃	259	361
29	青海	124	173
30	宁夏	188	264
31	新疆	192	245

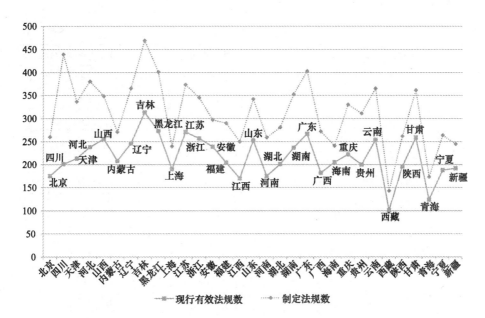

附图 1　各省、市、自治区人大及其常委会地方立法数量折线

附表 3　四川省第十一届人大常委会地方性法规统审修改情况一览

序号	法规名称	条数修改情况					字数修改情况	
		修改 （条）	删除 （条）	新增 （条）	增减 （条）	修改面比 （％）	增减 （字）	修改面比 （％）
1	《四川省农村能源条例》	10	1	3	+2	43.7	-297	7.74
2	《四川省湿地保护条例》	15	2	2	0	82.6	+96	4.11
3	《四川省〈中华人民共和国农民专业合作社法〉实施办法》	8	0	4	+4	36.4	+223	5.97
4	《四川省木材运输管理条例》	17	2	0	-2	50	+232	6.96
5	《四川省〈中华人民共和国农村土地承包法〉实施办法》	23	2	5	+3	66.7	+11	0.21
6	《四川省城乡环境综合治理条例》	52	20	15	-5	110.1	-11345	55.44

续表

序号	法规名称	条数修改情况					字数修改情况	
		修改（条）	删除（条）	新增（条）	增减（条）	修改面比（%）	增减（字）	修改面比（%）
7	《四川省城乡规划条例》	75	4	8	+4	101.2	+1837	9.66
8	《四川省饮用水水源保护管理条例》	23	5	5	0	73.3	-228	3.71
9	《四川省物业管理条例》	66	25	11	-14	109.7	-6960	36.72
10	《四川省旅游条例》（修订）	42	10	4	-6	58.9	-102	1.05
11	《四川省〈中华人民共和国水土保持法〉实施办法》	21	13	4	-9	76	-1139	18.77
12	《四川省职工代表大会条例》（修订）	13	0	1	+1	48.3	+388	13.98
13	《四川省消毒管理条例》	4	1	2	+1	23.3	+15	0.40
14	《四川省民族自治地方法规报批程序》	9	1	1	0	73.3	+347	25.95
15	《四川省村务公开条例》	8	1	0	-1	29.6	+273	15.51
16	《四川省行政执法监督条例》（修订）	8	0	0	0	16.3	+122	1.88
17	《四川省公共安全技术防范管理条例》	28	1	2	+1	75.6	+21	0.44
18	《四川省中医药条例》（修订）	14	0	1	+1	31.9	+198	4.39
19	《四川省志愿服务条例》	23	3	5	+2	79.5	+916	32.86
20	《四川省〈中华人民共和国全国人民代表大会和地方各级人民代表大会代表法〉实施办法》	36	6	20	+14	137.8	+2323	33.51
21	《四川省华侨投资权益保护条例》（修订）	10	0	0	0	33.3	-1	0.04

续表

序号	法规名称	条数修改情况					字数修改情况	
		修改（条）	删除（条）	新增（条）	增减（条）	修改面比（%）	增减（字）	修改面比（%）
22	《四川省专利保护条例》（修订）	17	1	0	−1	32.7	+595	8.89
23	《四川省防震减灾条例》（修订）	15	3	1	−2	26.4	−263	3.05
24	《四川省科学技术普及条例》（修订）	6	3	1	−2	23.6	−88	2.27
25	《四川省消防条例》（修订）	15	4	1	−3	24.7	+237	2.10
26	《四川省〈中华人民共和国民办教育促进法〉实施办法》	13	12	3	−9	62.2	−1479	26.88
27	《四川省〈中华人民共和国公路法〉实施办法》	18	0	0	0	33.96	+95	1.56
28	《四川省人民调解条例》	7	0	0	0	17.95	+80	2.39
29	《四川省林木种子管理条例》	4	0	0	0	7.41	−14	0.22
30	《四川省城市排水管理条例》	23	2	7	+5	65.31	−38	0.61
31	《四川省港口管理条例》	28	3	1	−2	68.09	+404	6.30
32	《四川省预防职务犯罪工作条例》	20	6	6	0	100	+562	17.44
33	《四川省〈中华人民共和国各级人民代表大会常务委员会监督法〉实施办法》	29	1	1	0	28.44	+144	0.99
34	《四川省邮政条例》	34	3	15	+12	118.18	+388	7.77
35	《四川省风景名胜区条例》	36	1	8	+7	84.91	−1346	16.12
36	《四川省合同监督条例》	16	2	0	−2	32.14	−164	2.68

序号	法规名称	条数修改情况					字数修改情况	
		修改（条）	删除（条）	新增（条）	增减（条）	修改面比（%）	增减（字）	修改面比（%）
37	《四川省统计管理条例》（修订）	15	5	2	-3	45.83	-371	5.72
38	《四川省城市供水条例》（修订）	26	0	1	+1	45.76	-499	4.05
39	《四川省未成年人保护条例》	37	16	0	-16	53	-3800	23.91
40	《四川省财政收支审计条例》（修订）	12	1	0	-1	36.11	-38	0.64
41	《四川省残疾人保护法》	18	0	0	0	34.62	+206	4.00

据上述数据统计，修改条数面达 100% 的有 6 个法规，占总数的 14.63%；修改条数面达 75% 的有 11 个法规，占总数的 26.83%；条数修改面达 50% 的有 20 个法规，占总数的 48.78%；条数修改面达 30% 的有 32 个法规，占总数的 78.05%。

第七篇

法治建设的广东经验

中国社会科学院法学研究所法治指数创新工程项目组[*]

摘要：依法治省是广东推动经济社会发展的根本路径。经过20多年的努力，广东省依法治省发展态势良好，效果显著，基本实现了预定的各项目标，适应了各界对法治的需求。在立法方面，广东人大在立法中发挥了主导作用，广东地方立法数量居全国之首，多数立法具有先行性、试验性和自主性。在依法行政方面，广东大力推进法治政府建设，取得了卓越的成效。在司法方面，广东积极推进司法改革，将司法打造成为社会公平正义的底线，成功审理了许多要案、大案和新型案件。在法治社会建设方面，广东省加大普法与基层民主建设，诸多制度创新频现。总体来看，广东省在法治方面积累了许多可复制可推广的经验。

关键词：依法治省　依法行政　司法改革　广东经验

---

[*] 项目组负责人：田禾，中国社会科学院法学研究所研究员。项目组成员：陈欣新、陈志刚、吕艳滨、刘小妹、王小梅、周方冶、李霞、栗燕杰、王帅一等。执笔人：田禾，中国社会科学院法学研究所研究员；吕艳滨，中国社会科学院法学研究所研究员；等等。

The Guangdong Experience in the Construction of the Rule of Law

Team of Innovation Project on Indices of Rule of Law,

CASS Law Institute

Abstract：Ruling the province by law is the fundamental approach taken by Guangdong Province to promoting economic and social development. After over 20 years of efforts, the province has achieved remarkable results in ruling the province by law, basically realized all intended objectives in this field, and met the needs of all sectors of society for the rule of law. In the legislative area, people's congresses in Guangdong Province have played a dominant role in legislation; the province ranks first in the country in the number of local legislations, most of them are of pioneering, experimental and autonomous nature; in the area of administration by law, the province has vigorously advanced the construction of a law-based government, made administration of justice the bottom line of social fairness and justice, and successfully dealt with many major and new-type cases; in the area of construction of law-based society, the province has intensified the effort in popularizing the law, building grassroots democracy, and promoting institutional innovation. Generally speaking, the province has accumulated many reproducible and propagable experiences in the area of rule of law.

Key Words：Ruling the Province by Law; Administration by Law; Judicial Reform; Guangdong Experience

广东毗邻港澳，是中国最早对外开放的省份，是中国改革开放的前沿阵地。1980 年，中国设立了 4 个经济特区，有 3 个在广东省，分别是深圳、珠海和汕头。中国的很多改革措施都是在广东试验，然后推向全国。广东也是中国经济发展大省，其经济发达程度远超许多省份。但随着改革的深化，广东社会分化严重，利益冲突增多。广东省内各类企业众多，吸引了大量人力资源前往，是流动人口输入的大省，使得广东的社会管理面临巨大压力。为了使人民群众共享改革开放的成果，广东在依法治省方面做了许多有益的探索，并取得了较好的成效。广东经验虽然与中央的授权和支持有关，但在复杂的社会经济形势下，广东人解放思想、大胆创新、敢于担当、开放包容、脚踏实地、锐意创新、勇于探索，永不服输的劲头也是其成功的关键。

依法治省是广东省社会经济发展的历史选择，既是广东省委根据中央部署的积极作为，也有许多先行先试的创新之笔。从 1993 年广东省第七次党代会作出依法治省的决策，到 2014 年省委作出全面推进依法治省、加快法治广东建设的部署，历届广东省委坚持不懈推进全省依法治省工作，许多工作都走在了全国的前列，在法治方面积累了许多可复制可推广的经验。

广东省地方性立法数量居全国之首，其中属于先行性、试验性、自主性的超过一半。在依法行政方面，根据国务院的部署，大力推进法治政府建设，取得良好成效。在司法方面，大力推进公正司法，维护社会公平正义，成功审理了许多要案、大案和新型案件。在建设法治社会方面，加大普法与基层民主建设，普法建设向纵深发展，全面推进基层民主建设，在民主选举、民主决策、民主管理、民主监督方面创新频现。总之，经过20 多年的努力，广东省依法治省发展态势良好，效果显著，基本实现了预定的各项目标，适应了各界对法治的需求。可以说，依法治省是广东推动经济社会发展的根本路径。在广东省委的领导下，法治观念逐步深入人心，法律权威日渐彰显，立法、执法、司法、普法等各项工作都取得不俗成效。

一　坚持党领导依法治省，法治广东建设为党委工作重点

中国共产党十八大四中全会通过的《中共中央关于全面推进依法治国若干重大问题的决定》（以下简称《决定》）指出："党的领导是全面推进依法治国、加快建设社会主义法治国家的最根本的保证。必须加强和改进

党对法治工作的领导,把党的领导贯彻到全面推进依法治国全过程"。党的领导是社会主义法治建设的一条基本经验,也是社会主义法治的根本要求。从全面推进依法治国的全局性、系统性、繁重性、艰巨性、复杂性和长期性来看,都要求坚持党的领导,党要领导立法,要保障执法,要支持司法,要带头守法。在依法治省过程中,广东省充分注意到了党委在依法治省中的地位,始终坚持党的领导。

1996 年,广东省率先成立了依法治省工作领导小组,省委主要负责人任组长,成员由省委、人大、省政府、省政协、省法院、省检察院的主要领导组成,办公室设在省人大常委会。每年召开领导小组全体会议,研究制定依法治省工作要点。各市、县(区)也分别成立了依法治市、依法治县(区)工作领导小组。各级领导小组及其办公室的组建,形成了各方分工负责、齐抓共管的格局,使广东省在依法治省方面有了明确的工作体制、机制和抓手。中共十八大四中全会的《决定》要求,"健全党领导依法治国的制度和工作机制,完善保证党确定依法治国方针政策和决策部署的工作机制和程序"。广东省依法治省的这种体制架构与中国共产党十八大四中全会《决定》的精神非常吻合。

可以说,广东历届省委都高度重视依法治省的工作,使之走在了全国前列。上述体制机制建成后,更是依靠其积极进行规划和部署依法治省的各项工作,形成了推动法治的广东模式。

广东省各级党委非常重视依法执政实践,法治建设纳入省委常委会工作要点。在总结实践试点的基础上形成了以下成功做法。

第一,要求领导干部学法用法。例如,广东省要求几套班子领导带头开展闭门读书活动,加强法律学习,提高法治素养。坚持每年组织党委(党组)中心组理论学习,加强各级领导班子的法律知识学习,提高领导干部的法治素养和依法执政能力。

第二,加强依法执政的制度建设。规范党委与人大、"一府两院"、政协及各人民团体的关系,建立健全决策权、执行权、监督权既相互制约又相互协调的权力结构和运行机制,切实做到依法管权、依法管事、依法管人。

第三,各级党委建立法律顾问制度,对重大事项决策进行法律审查,把各级党委和政府行政决策纳入规范化、制度化、法制化轨道。完善规范性文件、重大决策合法性审查机制，在确保法制统一的基础上，建立党委与政府规范性文件的备案审查联动协作机制，落实法规、规章、规范性文件的报备主体责任。

第四，加强党对地方立法工作的领导，贯彻落实立法为民的理念原则。改革开放以来，广东一直强调党对地方立法工作的领导，省委坚持对每届省人大常委会五年立法规划和每年立法计划进行审定批准，加快推进科学立法、民主立法工作。广东省委要求立法工作必须结合全省中心工作开展，加快民生领域、社会领域的立法，从法制上保证党的路线、方针、政策的贯彻落实，践行以人为本、立法为民的理念，把实现好、维护好、发展好人民群众的根本利益作为立法工作的出发点和落脚点。

第五，为提高各级党委依法执政的能力和水平，广东省还把法治评价建设纳入各地级以上市经济社会发展的实绩考核评价指标体系，以及省直部门和各地级以上市领导班子的年度考核民主测评。

第六，严格按照法定程序任用干部。为了探索加强党内民主，有效制约权力，中纪委明确提出，市县党政领导班子正职的拟任人选，分别由省、市党委常委会提名，党的委员会全体会议审议，进行无记名投票表决。这不仅是把地方党委常委会的一部分决策权划给全委会的改革，而且是"票决制"最具实质意义的重大突破。把"三重一大"（即：重要干部任免、重大决策、重大项目安排和大额度资金使用）中最关键的"重要干部任免"，交由全委会票决。另外的"两重一大"也逐步交由全委会票决，广东省严格按照法定程序任用干部。例如，深圳市《关于深入贯彻落实党政正职监督暂行规定的若干实施意见》明确规定，在认真履行民主推荐、考察、酝酿等必经程序后，对党政正职的拟任（推荐）人选，由党委全委会（党工委会）审议，进行无记名投票表决。《深圳市市管单位领导集体决策重大问题议事规则（试行）》还规定，党政主要负责人不得擅自改变集体研究的事项，只对财务开支和人事工作进行审核和监督，不得在人事管理工作会议特别是干部任免会议上首先表态作导向性发言，只能在议事中作末位表态。

第七，积极探索政治协商的程序化、制度化。政治协商是中国社会主义民主政治的特色和优势。但是在实际操作中，一些地方由于没有科学规范的程序设计，政治协商常常容易流于主观和随意，想协商就协商、不想协商就不协商，协商归协商、决策归决策，客观上削弱了政治协商的作用，使政治协商在一些人的观感中成为一种可有可无的形式。广东省委在法治建设中重视政治协商的作用，积极推进政治协商程序制度化。2009年9月，广州率先制定出台《中共广州市委政治协商规程（试行）》，把政治协商纳入决策程序，探索完善社会主义协商民主的程序设计和制度保证。2010年5月，在广州试行的基础上，《中共广东省委政治协商规程（试行）》颁布实施，这是全国首部省级政治协商规程。2011年8月，在总结试行经验的基础上，在全国率先制定实施了《中共广东省委政治协商规程》（以下简称《规程》），其规定完善了政治协商的内容、形式和主要程序，推进协商民主广泛多层次制度化发展，拓宽国家政权机关、政协组织、党派团体、基层组织、社会组织的协商渠道。《规程》明确规定，对规定协商的事项，协商必须在党委决策之前、人大通过之前、政府实施之前。各级党委要切实增强政治协商的自觉性、主动性和计划性，发挥在政治协商中的领导作用。在重大决策前的谋划、调研、咨询论证阶段，把听取政协的意见和建议作为重要环节；在党委全委会议、常委会议和政府全体会议、常务会议讨论、研究、决定阶段，把政协的意见和建议作为重要参考；在贯彻实施阶段，把政协的意见和建议作为完善决策的重要依据。《规程》还把"是否重视政治协商"列入广东各级党政领导政绩清单的重点考察内容，各级领导干部的工作程序和方法产生新的变化。《规程》的出台和落实，使广东实现了从"关心协商"到"必须协商"，从"可以协商"到"程序协商"，从"软办法"转变为"硬约束"，从制度建设到制度实践的重大跨越，使多党合作和政治协商工作逐步迈上制度化、规范化、程序化轨道，各项协商活动更加规范、更加常态、更加有效。

二　发挥人大在立法中的主导性作用

自 1979 年 12 月广东省五届人大二次会议选举产生了省人大常委会起

算，到 2014 年 9 月，省人大及其常委会先后制定地方性法规 320 多项①，现行有效的法规 227 项。与其他省、自治区、直辖市相比较，广东省地方立法全面、多样、丰富。广东的地方立法分为四类，一是省人大及其常委会立法（包括批准较大的市的法规），二是民族自治县制定自治条例，三是经济特区立法，四是省和四个较大市人民政府制定政府规章。四个层次的地方立法，为广东的改革开放和现代化建设提供了有力的支持，也为国家的相关立法积累了经验。

《中共中央关于全面推进依法治国若干重大问题的决定》提出，加强党对立法工作的领导，健全有立法权的人大主导立法工作的体制机制，深入推进科学立法、民主立法。广东省注意发挥人大主导作用，在探索坚持党的领导、人民当家做主、依法治国有机统一的具体实现形式和运行机制中突出人大的重要地位。1996 年 7 月，中共广东省委审议通过了《关于进一步加强依法治省工作的决定》后，广东省八届人大常委会根据省委决定的精神，通过了《关于在依法治省工作中充分发挥地方各级人大常委会作用的决议》，要求各级人大常委会认真履行宪法和法律赋予的职权，充分发挥人大常委会在依法治省工作中的主导作用，积极推进依法治省工作。② 依法治省，首先要有法可依。发挥人大的作用，有利于人大在保证宪法和法律的贯彻实施中履行法定职责，有利于人大在把握依法治省内涵的基础上发挥职能作用，有利于地方立法准确体现党的路线方针政策，与时俱进，同改革、发展、稳定的大局相结合，通过立法解决实际问题。广东省地方立法呈现以下几个特点。一是先行先试，创制性立法是其立法的重要形式；二是经济立法多，以适应改革前沿阵地、经济发展的需要；三是立法领域广，保障民生为其立法重点；四是强调立法的科学性和民主性。

（一）解放思想，立天下之先法

在省委的领导下，广东省人大积极探索地方立法，在立法中通过大量

---

①　《科学立法民主立法的积极探索与丰富实践》，《南方日报》2014 年 10 月 30 日。

②　广东省依法治省工作领导小组办公室编：《广东法治建设 30 年》，广东人民出版社 2008 年版，第 4 页。

创制性立法,将"立法试验田"的作用发挥得淋漓尽致,对当地的社会经济发展和建设提供了很好的制度保障。这也是中央对广东省的厚望。1979 年 9 月,党中央、国务院在批转广东省委的报告中指出:"尽快制定一些必要的经济法令、条例和规章制度。除应由中央统一制定颁布的以外,属于地方职权范围内的,广东要抓紧制定并颁布实行。"1980 年 2 月 2 日,广东省人大常委会制定了《广东省人口与计划生育条例》,首开全国计划生育地方立法先河。1981 年制定的《深圳经济特区土地管理暂行规定》第一次将土地所有权和使用权分开;1992 年制定的《深圳特区房地产登记条例》和《深圳经济特区房屋租赁条例》,第一次将房地产纳入经济监管的领域;1995 年制定的《深圳经济特区律师条例》,是全国第一个有关律师行业的立法;1998 年制定的《深圳经济特区政府采购条例》,为 2002 年的《政府采购法》提供了宝贵的地方经验;2001 年制定的《广东省预算审批监督条例》,是全国第一个省人民代表大会通过的预算审批的地方性法规;2002 年制定的《广东省电子交易条例》,是国内第一部关于电子商务的条例,该法规确立了电子签名的效力,为全国的电子商务立法提供了宝贵的经验;2005 年制定的《广东省政务公开条例》是中国第一部规范政务公开的地方立法。特别值得一提的是,广东 2007 年制定的《广东省食品安全条例》,在没有上位法参照的情况下,从法规起草,到公开征求意见,提交省人大常委会会议"四读"审议,为后来国家的食品安全立法提供了很好的地方经验。30 多年来,在广东的地方立法中,创制性、先行性立法占到了五成左右①。

广东立法机制也创造了多个"第一"。1999 年 9 月,广东省人大常委会举行中国的首次立法听证会,听证《广东省建设工程招投标管理条例(修正草案)》;2001 年 8 月 7—8 日,省人大常委会就电子商务立法举办了一次立法论坛;1993 年通过的由专家学者起草草案的《广东省经纪人管理条例》,首开中国委托专家学者起草法规草案之先河;在全国率先将与人民群众利益密切相关的法规草案登报或在政府网站公布,公开征求意

---

① 丁建庭:《广东当有"走在前列"的使命感》,南方网,http://reporter.southcn.com/r/2014-11/28/content_113152176.htm,2015 年 1 月 30 日访问。

见；2000 年 9 月，省人大常委会首次聘请了 8 位立法顾问；2003 年 11 月开始，广东省人大常委会首次向省人大代表、有关行业协会、各地级以上市人大常委会书面征集立法项目和法规草案稿。这些"首次"表明了广东省人大及常委会的创新精神和敢为天下先的态度。

（二）立保障人民权益之法

广东各级立法机关高度关注民生，加强涉及民生问题解决的地方立法工作。在社会保障方面，广东省制定了《广东省社会保险基金监督条例》《广东省工伤保险条例》等地方性法规；在推进社会事业发展方面，制定了《爱国卫生工作条例》《医疗废物管理条例》等法规；在保障群众基本生活方面，制定了《食品安全条例》《饮用水源水质保护条例》《工资支付条例》等法规；在特殊群体权益保护方面，制定了《广东省老年人权益保障条例》《广东省实施〈中华人民共和国妇女权益保障法〉规定》《广东省高等学校学生实习与毕业生就业见习条例》等法规；在促进社会组织发展方面，制定了《广东省行业协会条例》等法规；在加强社会管理方面，制定了《广东省突发公共卫生事件应急办法》《广东省固体废物污染环境防治条例》《广东省预防未成年人犯罪条例》《广东省计算机信息系统安全保护条例》《广东省粮食安全保障条例》等地方性法规。

特别要指出的是，广东省重点立法保护弱势群体的权益，如立法保护妇女儿童、未成年人、残疾人和老年人的权益。2000 年广东省人大常委会制定了《广东省分散按比例安排残疾人就业办法》，以解决残疾人就业问题。2006 年广东省人大常委会制定了《广东省预防未成年人犯罪条例》，这是中国第一部有未成年人参与起草的地方法规，在预防未成年人犯罪、保护未成年人权益以及落实《中华人民共和国未成年人犯罪法》等方面具有积极的推动作用。农村"外嫁女"的权益保障一直是困扰国内很多地区的难题，2007 年广东省制定了《广东省实施〈中华人民共和国妇女权益保障法〉办法》，其最突出的特点就是首次以立法形式明确保护"外嫁女"的合法权益，尽管其实践仍有改进空间，但已迈出了以法治思维和法治手段解决问题的可喜一步。

劳动者权益保障是检验一个地区的治理是否以人为本的重要标准，广东省在这方面也建树颇多。1993 年深圳市制定了《深圳经济特区劳务工条例》,这是中国第一部以立法形式保障外来务工人员的法规。2005 年广东省制定了《广东省工资支付条例》,明确界定了工资、工作时间、拖欠和克扣工资的标准和界限。此外,还出台了《广东省劳动安全卫生条例》《广东省劳动合同条例》《广东省劳动监察条例》《广东省厂务公开条例》等地方性法规。

(三) 立促进经济发展之法

改革开放以来,经济建设一直是党和国家的中心工作,广东省也将经济立法作为立法工作的重中之重。截至 2014 年,现行有效的地方性法规有 214 件,其中经济类立法超过一半。这些法规主要分为以下几类:一是规范市场主体行为的立法,主要涉及主体为公司、合伙、股份合作社、个体工商户、私营企业等主体;二是维护市场秩序的立法,主要涉及产品质量、不正当竞争、消费者权益保护等方面;三是加强对专业市场的立法,如在房地产市场方面,制定了土地使用权出让、房地产等级、房地产租赁、房地产转让等一系列法规。

(四) 立规范公权力之法

将公权力关进笼子不仅是公众的呼声,也是各级党委、政府一直努力的方向。广东省在将公权力关进笼子里这方面也做了很多有益的尝试。首先,广东省强力规范立法中的部门利益问题。立法中的部门利益主要体现在,有利则争、无利则推、不利则阻、他利则拖,分利则拒等方面。[1] 为了规范公权力,克服部门利益,广东省制定了与公权力行使相关的一系列法规,涉及行政处罚、行政收费、统计管理、行政执法、政府采购、人大监督、人员编制、政务公开等各个方面。特别值得提出来的是,1998 年深圳市制定的《深圳经济特区政府采购条例》,2005 年制定的《广东省政务公开条例》,不仅是广东省首创,而且对约束公权力有着重要意义,被

---

[1] 参见广东省依法治省工作领导小组办公室编《广东法治建设 30 年》,广东省人民出版社 2008 年版,第 18 页。

其他地方纷纷仿效。

（五）科学立法、民主立法

广东省在立法体制、机制、流程的优化方面做了大量努力，科学立法、民主立法的经验丰富。

在科学立法方面，第一，规范立法计划的编制制度。一是与改革、发展、稳定重大决策有关的项目优先；二是原有地方性法规与法律或国际规则不适应，需要修订的项目优先；三是地方迫切需要，且条件成熟的项目优先。第二，规范法规草案的起草制度。为此广东省制定了《广东省人民代表大会常务委员会立法技术和工作程序规范（试行）》，对起草的相关环节，如起草、论证、协调、修改等作出明确规定。第三，建立地方性法规草案指引制度，这也是广东省的创新之举。"指引制度"的目的是解决法规的合法性、必要性和可行性问题。第四，《广东省地方立法条例》规定了统一审议的"三审制度"，以解决越权立法、法规与法律相冲突、部门利益等问题。第五，成立法制工作委员会，使立法工作趋于专业化，具有稳定性和连续性，避免地方的立法机制、程序和人员受人大换届的影响。

民主立法可以防止立法的主观性、脱离实际、背离国情和省情。为此，广东省人大立法时十分重视向社会公开立法全过程。2013 年以来，省人大常委会先后制定完善了《广东省人民代表大会常务委员会立法公开工作规定》《广东省人民代表大会常务委员会立法论证工作规定》《广东省人民代表大会常务委员会立法听证工作规则》《广东省人民代表大会常务委员会立法咨询专家工作规定》《广东省人民代表大会常务委员会立法评估工作规定》五个立法公开制度，切实增加立法工作透明度，把立法全过程向社会公开。

拓展公民有序参与立法途径是广东省立法亮点，开公众参与地方立法的诸多先河。如广东省人大常委会于 1998 年举行《广东省物业管理条例（征求意见稿）》座谈会；1999 年举行《广东省建设工程招标投标管理条例（修改草案）》听证会；2003 年向社会公开征集地方立法项目；2006 年邀请 12 名未成年人直接参与《广东省预防未成年人犯罪条例》起草工作；2008 年邀请 2 名市民全程参与《广东省第十一届人大常委立法规

划项目 (2008—2012 年) (征求意见稿)》立项论证会等,这些做法走在全国前列。不仅如此,广东省还逐步健全公众参与地方立法程序规则,如深圳市 1999 年制定全国首部部门立法听证规则《深圳市人大计划预算委员会听证制度》、2001 年制定全国首部地方立法听证规则《深圳市人民代表大会常务委员会听证条例》。①

发挥人大代表的作用也是民主立法的重要体现。广东省人大代表参与立法的途径主要有以下几个方面。一是发挥代表在立法提出机制中的作用,代表提出立法议案、建议也是代表履行职责的重要体现。二是发挥人大代表在立法制定中的作用,使其在法规的起草、调研修改和审议阶段都能发挥作用。三是建立人大代表对法规实施的反馈机制。2013 年以来,省人大常委会坚持从多方面、多层次发挥代表在立法中的重要作用。每年年初将常委会当年的立法计划发给全体代表,由代表结合自身的工作和所关注的问题,选择报名参与具体的立法项目;每一件拟立法规的征求意见稿都会以电子邮件和信函的形式征求在粤全国人大代表和省人大代表意见;对代表的立法建议和议案进行认真研究,及时列入立法计划;邀请代表列席审议法规草案的会议。这些做法为人民代表参与立法提供了很好的平台。

广东省还充分利用人力资源优势,发挥广东专业人士的立法咨询作用。广东省人大组建了立法咨询基地、立法咨询专家库和立法评估中心。2013 年,广东省人大常委会与中山大学等 9 所高校合作建立广东省地方立法研究评估与咨询服务基地,并组建立法咨询专家库,聘请 66 名法律专业人士以及财政经济、城建环保、农业农村、科教文卫、民族宗教、语言文字等方面的专家作为立法咨询专家。2014 年 7 月,省人大常委会与省法学会、省青年联合会、省律师协会、省工商联等合作建立广东省立法社会参与和评估中心,使这些机构、中心实际参与广东省的立法活动。如2013 年,广东省人大就将社会关注度高的立法委托给第三方起草。例如,《广东省信访条例》委托给了中山大学、暨南大学、广东外语外贸大学地方立法研究评估与咨询服务基地分别起草,《广东省企业集体合同条例》

---

① 姚小林:《论广东法治惠民工程的公众参与问题》,《广东行政学院学报》2011 年第 4 期。

与《广东省救灾条例》委托给了华南理工大学、广州大学起草。2014 年类似的委托立法实践更加丰富。① 委托第三方起草，有助于消除立法的部门利益，最大限度地保护公众权益。

（六）立法工作任重道远

尽管广东在地方性立法方面取得了不俗的成绩，但是也存在一些问题。广东省作为中国经济和社会改革发展的前沿阵地，与国内其他地区相比较，既面临相同的问题，也有极具个性化的问题。例如，广东经济发展一直名列前茅，但经济结构不合理，且省内地区间经济发展不平衡现象突出；社会发展滞后于经济发展现象明显，民生保障虽有进步但仍有待加速；环境保护和资源合理配置还需加强；流动人口管理必须创新等。从立法本身来看，也存在有的法规草案前瞻性、可操作性不够强，个别法规草案的条款与上位法相抵触，存在部门利益倾向，立法技术粗糙等。广东省虽然制定了相关规定，如《广东省地方立法条例》（2001，2006 年修改）、《关于进一步加强立法协调工作的意见》（2003）、《关于进一步加强与较大的市地方立法协调工作的意见》（2004）、《广东省法规草案指引若干规定（试行）》（2005），有助于解决地方性法规草案审议过程中存在的问题，建立科学的立法工作机制提高法规审议的效率和质量，但还需要进一步用好立法权，促进社会经济又快又好发展。特别是从前期的依法治省工作来看，广东省的各项工作都走在全国的前列，但是，根据十八大四中全会的精神，除了继续巩固以往的成果，广东省立法还应该在建立第三方起草法规机制基础上，引入第三方评估机制，明确地方立法权限，推进立法精细化，建立重要条款单独表决机制，做好重点领域的立法工作等。

三 全面推进法治政府建设

"法治政府"本质要求是"一切行政活动只能在法律的规范和制约下进行，从而保证行政权力的运用符合法律所集中体现的意志和利益，并防

---

① 《科学立法民主立法的积极探索与丰富实践》，《南方日报》2014 年 10 月 30 日。

止行政权力的扩张和滥用，实现和保障公民、法人和其他组织的合法权益"①。建设法治政府也是中国全面落实依法治国基本方略的重要内容。1999 年国务院颁布《关于全面推进依法行政的决定》，2004 年国务院又颁布《全面推进依法行政实施纲要》，明确了建设法治政府的目标，即各级政府都需在法治的轨道上运行权力，依法行政。十八大四中全会再次提出"三个共同推进"和"三个一体建设"。其中，依法行政和法治政府建设更是失之不可的鼎立三足之一，关系到法治中国建设的安危和成败。

建设法治政府是全面建设社会主义法治体系的重要内容，是全面建成小康社会、全面深化改革的迫切需要，是维护人民群众合法权益，实现社会公平的制度保障。法治政府建设的主要内容有：依法全面履行政府职责，健全依法决策机制，深化行政体制改革，坚持严格规范公正文明执法，加强对行政权力的制约和监督，全面推进政务公开。广东政府法制工作贯穿于改革开放和经济社会发展的全过程，始终围绕党委和政府每一时期的中心工作，服从并服务于改革开放和经济社会发展大局，确保正确的发展方向。30 余年来，各级政府法制机构坚持从本省改革发展稳定的大局出发，通过政府立法、层级监督，充分发挥政府法律顾问作用，为广东省改革开放和现代化建设提供了重要保障。

（一）注重依法行政机制建设

广东省作为改革先行地区，市场经济客观上要求政府依法行政。然而外因只是条件，内因才是关键。2011 年，广东省委发布《法治广东建设五年规划（2011—2015 年）》，明确了广东法治政府建设的目标。概括而言，就是将广东省各级政府建设成有限政府、责任政府、阳光政府和服务型政府。广东省依法行政推进思维明确，路径清晰，主要是注重健全法治政府建设的领导机制、以行政审批为切入点、加快政府职能的转变；建立健全科学、民主、依法决策的机制，规范政府立法工作；施行相对集中的行政处罚权和综合行政执法工作；全面深化政务公开；加强行政复议和行政应诉工作；全面推行规范性文件审查制度；深化大部门体制改革和富县

---

① 马凯：《加快建设中国特色社会主义法治政府》，《求是》2012 年第 1 期。

强镇改革，加快推进财政、投资、工商管理、价格管理等关键领域改革，加快推进行政执法体制改革等。

为了推动依法行政工作，广东省成立了省政府依法行政领导小组，并设立了办公室，日常工作由省法制办承担。全省市、县（区）政府和省直部门普遍建立了以主要领导负总责，分管领导具体负责的依法行政工作机制。依法行政领导小组对推进广东省依法行政、加快法治政府建设发挥了重要的作用，相关工作取得明显成效。2014 年广东省政府印发了《2014 年广东省依法行政工作要点》，明确了全省依法行政的任务要求。省政府分别向国务院和省委、省人大常委上报了《广东省 2013 年推进依法行政工作情况报告》。广东省推进依法行政的具体做法主要表现为以下几个方面。一是通过领导干部带头学法活动，强化依法行政意识，提高依法行政能力。二是制定并完善《广东省各地级以上市经济社会发展实绩考核评价指标体系》，在省直部门和各地级以上市领导班子年度考核民主测评中，设置法治评价项目，作为任免干部的重要条件。三是制度建设上新台阶。四是推进行政管理体制创新，政府服务能力明显提高。五是坚持规范和监督并举，加大合法性审查和层级监督的力度。六是发挥政府法律顾问的作用，不断提高政府决策的合法性水平。

（二）健全重大行政决策机制

行政决策是国家行政机关或行政人员发挥行政管理职能，作出处理国家公共事务的决定。[①] 重大决策机制是深入推进依法行政、加快法治政府建设的需要，是科学民主决策的必然要求，其可以维护人民权益、实现公平正义。重大行政决策主要是指以下几方面的内容：一是制定经济和社会发展重大政策措施；二是编制和修改各类经济、社会、文化发展和公共服务总体规划；三是使用重大财政资金，安排重大政府投资项目，处置重大国有资产；四是开发利用重大资源；五是制定城市建设、环境保护、土地管理、劳动就业、社会保障、文化卫生、科技教育、住房保障、交通管理政策；六是制定行政管理体制的重大措施；七是其他需要政府决定的重大

---

① 朱勤军：《公共行政学》，上海教育出版社 2002 年版，第 153 页。

行政管理事项；等等。行政决策科学与否直接关系到经济发展、社会稳定、人民幸福，因此，政府决策应当具有合法性、科学性、民主性、连续性。十八大四中全会《决定》特别指出，"把公众参与、专家论证、风险评估、合法性审查、集体讨论决定确定为重大决策法定程序，确保决策制度科学、程序正当、过程公开、责任明确。建立行政机关内部重大决策合法性审查机制，未经合法性审查或经审查不合法的，不得提交讨论"，要"建立重大决策终身责任制追究制度及责任倒查机制"等。之所以要做这样的规定，是因为，从各地的实践来看，重大行政决策不科学、不民主、不具有连续性的情况并不鲜见。以连续性为例，经常会出现下一任政府推翻上一任政府决策的情况。

从广东的实践来看，规范重大行政决策是广东省法治政府建设的重要内容。广东省在保证重大决策的科学化、民主化方面着重探索了以下几方面的工作：一是建立重大行政决策的事前约束机制，包括专家咨询机制、公众参与机制和合法性审查机制；二是建立重大行政决策事后监督机制，主要包括决策后评价机制、责任追究机制。

广东省注重行政决策中的公众参与，2006 年《广州市政府规章公民参与办法》是全国首部全面规范公众参与立法的地方政府规章。而且，各级政府的民主决策与执法程序也在不断制度化、程序化，公告、听证会等程序成为民主行政的基本制度选择。

（三）行政审批制度改革稳、准、狠

行政审批是指法定有权行政机关因行政相对方的申请，依据法律或政策，经审查，以要式行为方式准予其从事特定活动、认可其资格资质、确立其特定主体资格、特定身份或统一其从事某一特定活动的行为。[①] 由于行政审批存在制约经济发展、以权谋私等问题，改革行政审批制度成为社会共识。《决定》指出，行政机关不得法外设定权力，没有法律法规依据不得作出减损公民、法人和其他组织合法权益或者增加其义务的规定。推进政府权力清单制度，坚持清除权力设租寻租的空间。从全国形势看，

[①] 朱维究：《行政许可法的实施与行政审批改革》，《国家行政学院学报》2004 年第 3 期。

2001 年国务院全面部署和推进行政审批改革工作，2004 年国务院在《全面推进依法行政纲要》中，提出要"减少行政许可项目，规范行政行为，改革行政许可方式"。由于广东省处于改革开放前沿，市场发育程度较高，经济社会发展正全面进入转型期，深化行政审批制度改革、转变政府职能的需求十分紧迫，2012 年 8 月，国务院常务会议批准广东省在行政审批制度改革方面先行先试，对行政法规、国务院及部门文件设定的部分行政审批项目在本行政区域内停止实施或进行调整。在广东省进行改革试点，对于深化行政审批制度改革，推进行政管理体制改革，完善社会主义市场经济体制，具有重要的示范意义。广东省痛下决心，先后对行政审批项目进行了多轮稳步清理，基本摸清了行政审批事项的家底，该取消的坚决取消。

为巩固改革成果，广东出台《广东省行政审批管理监督办法》。其中明确规定，"设定行政许可必须符合行政许可法规定；法律、行政法规和国务院的决定只作出原则性的管理要求，没有规定设定行政许可的，不得设定行政许可"。

此外，在行政审批改革中，广东省还创新审批方式，在"一站式"服务、网上审批、并联审批等审批流程优化方面也成效显著。截至 2014 年第一季度，省级分五批共调整行政审批 500 多项，至 2015 年年初，98％的省级行政审批事项可在网上办理。

（四）完善对规范性文件的监管

规范性文件没有明确的定义，其范围涵盖非常广，大致具有以下几个特征：一是规范性文件不是法规，但具有部分"法"的属性；二是规范性文件针对的不是特定人群，具有普遍约束力；三是规范性文件具有可重复适用的特性。规范性文件在中国的社会经济生活中具有非常重要的作用，也成为推进依法行政的焦点之一。为此，国务院《全面推进依法行政实施纲要》要求，规范性文件应"符合宪法和法律规定的权限和程序，充分反映客观规律和最广大人民的利益，为社会主义物质文明、政治文明和精神文明协调发展提供制度保障"。2008 年《国务院关于加强市县政府依法行政的决定》和 2010 年《国务院关于加强法治政府建设的意见》等文件意见都反复要求建立健全规范性文件管理制度。从广东省规范性文件管理实践来看，其主要包括规范性文件制定的公众参与机制、草案审查机制、统一发布机制、文件评估机制和文件清理机制。

（五）规范行政处罚裁量权

行政执法是行政主体依法对行政相对人采取的具体的直接影响其权利义务，或者对相对人权利的形式和义务的履行情况进行监督检查的具体行政行为，具体包括行政处罚、行政许可、行政强制、行政征收、行政征用、行政给付、行政检查等行政行为。行政执法是政府管理部门行使权力的直接体现，关系到经济发展、社会稳定、国计民生。国务院《全面推进依法行政实施纲要》明确要求各级政府"理顺行政执法体制，加快行政程序建设，规范行政执法行为"。广东省在《法治广东建设五年规划（2011—2015 年）》中明确要求，各级政府应"深入推行行政执法责任制，推行行政执法体制改革，完善便民高效、制约有效的行政执法程序，提高行政执法能力。积极推进相对集中政府规章草拟权、行政许可权、行政处罚权、行政复议权、政府法律事务处理权工作，加强政府管理创新，提高行政效能"。行政执法体制改革是确保法律实施和依法行政的需要，法律的生命力在于实施，法律的权威也在于实施。执法得当可以保障人民群众的合法权益。从全国情况来看，行政执法还存在一些问题，执法不作为、执法乱作为、变通执法、选择性执法、裁量权过大的情况比较普遍，群众比较关心，也损害了法律的权威、党和政府的形象。长期以来，政府部门把较多的精力放在了行政审批上，重审批、轻监管，以批代管，导致政府职能错位、行政效率低下。

从近年来广东省的实践来看，行政执法工作取得明显成效，突出表现在规范行政处罚自由裁量权、行政审批制度改革和执法量化考核等方面。

行政处罚是国家行政机关或法律、法规授权的组织，为了实施行政管理在法定职权内依法对违反行政法律规范、尚未构成犯罪的行政管理相对人所实施的行政性的惩戒。[①] 一般而言，行政处罚必须遵循"法定原则"，

---

① 刘新、肖斑：《行政处罚的含义、特征及基本原则》，《政府法制》1997 年第 1 期。

避免行政权力的滥用，但是，由于法律不能穷尽对复杂社会现象的规定，自由裁量权在某种程度上具有存在的合理性，其可以提高行政处罚的效率和适应性，弥合法律法规与现实社会之间的裂隙。考虑到自由裁量权天然具有不受约束的扩张滥用倾向，因此对自由裁量权加以规范，使之在合理合法的范围内运行很有必要。2011年广东省出台《广东省规范行政处罚自由裁量权的规定》，明确要求行政处罚自由裁量权是"行政处罚实施机关在法律、法规、规章规定的行政处罚范围内，对公民、法人或者其他组织违反行政管理秩序的行为决定是否给予行政处罚、给予何种行政处罚和给予何种幅度行政处罚的权限"。在实践中，广东省允许各地开展"行政处罚自由裁量权量化标准"活动。中山市人民政府出台《中山市规范行政处罚自由裁量权暂行规定》，在"行政处罚自由裁量权量化标准"方面进行了积极的探索。

（六）改革行政复议体制机制

行政复议是公民、法人或其他社会组织认为行政机关的行政行为侵犯其合法权益、依法向有复议权的行政机关申请复议、复审的法律制度。行政复议既是一种监督制度，也是一种救济制度，在解决行政争议方面具有重要作用。由于行政复议集诉求表达机制、利益协调机制、矛盾调处机制于一体，因此被寄予厚望。但现实中全国各地行政复议的效果却差强人意，关键在于行政复议机构在制度安排和效率上都缺乏合理性和吸引力。为了改变这种状况，广东省各地市积极探索开展行政复议体制机制的改革。广州市政府法制办开发了一套行政复议网上办案系统，从申请开始的立案环节，到案件开庭、审理环节全程录音录像，再到复议决定的对外公开，均实现全流程的网上办案。中山市出台了一系列与行政复议委员会相关的规定，如《行政复议委员会工作规则》《行政复议委员会办理行政复议案件暂行办法》《行政复议委员会非常任委员会遴选办法》等，通过集中行使行政复议权，优化了有限的行政资源，遴选社会人士参加行政复议委员会，提高行政复议机构的独立性，提高行政复议的公正性和吸引力。2013年，广东各级行政机关共收到行政复议申请17408件，数量连续多年居全国之首。①

(七) 推进政务公开,促进依法行政

政务公开是现代行政的基本制度,在经济社会事务管理方面具有重要作用。政务公开是法治政府建设的重点环节,是实现人民当家做主、发展社会主义民主法治的需要,是信息化条件下政府履职的需要,是构建开放型经济体制的需要,更是保障权力在阳光下运行、健全预防和惩治腐败体系的需要。党的十八届四中全会决定指出,要"全面推进政务公开,坚持以公开为原则,不公开为例外的原则,推进决策公开、执行公开、管理公开、服务公开、结果公开。各级政府及其工作部门依据权力清单,向社会全面公开政府职能、法律依据、实施主体、职责权限、管理流程、监督方式等事项。重点推进财政预算、公共资源配置、重大建设项目批准和实施、社会公益事业建设等领域的政府信息公开"。得风气之先的广东在这方面依然走在前列,2002 年以来,广东省开始在全省全面推行政务公开,将政务公开作为法治政府的关键内容来抓,在拓展内容、丰富形式、完善机制等方面下大功夫,取得了显著成效。在内容上,行政处罚结果的公开是广东政务公开推进的重点之一,也是全国许多地方的薄弱环节。广州市工商局将下属分局的处罚信息按月分批公开上网,公开项目要素包括了当事人名称、营业执照号码、处罚决定书文号、违法行为类型、处罚依据、处罚结果、处罚机构、决定和送达日期等,对于违法行为起到强烈震慑效果。在形式上,广东省将政府网站建设作为首选。2006 年省政府网站改版后,不仅信息内容更加丰富及时全面,而且开通了"网上办事大厅",使群众可以在网上便捷地咨询、申报办理事项,并及时跟进办理进展情况。在机制上重视互动公开,行政决策的预公开,通过专家咨询论证、公示、听证等方式,畅通民意表达渠道并听取各方意见,提升了行政决策的公众参与度和社会能见度。广东省出台了全国第一部系统规范政务公开的省级地方性法规——《广东省政务公开条例》,将政务公开的各项内容、

---

① 辛均庆:《广东充分发挥法治重要作用,不断开创法治广东建设新局面》,《南方日报》2014 年 10 月 18 日。

要求、程序落实为刚性的法律规范。

广东省大力推进新闻发布制度和新闻发言人制度的建设，并率先进行了政务公开制度化的地方立法尝试。1999 年 5 月 6 日，广东省政府办公厅转发了《省政府新闻办公室关于建立广东省新闻发布制度的意见》，明确以"广东省人民政府新闻办公室情况介绍会"的形式，定期向境内外媒体发布广东社会经济发展最新信息，同时指定省政府直属 15 个主要涉外单位设立新闻发言人及新闻联络员。这标志着广东省的新闻发布制度走向制度化、规范化，同时也使广东成为中国最早正式建立新闻发言人制度的省份。

四　推进司法改革，确保司法公正为社会底线

2002 年，党的十六大报告提出"推进司法体制改革"，要求完善司法机关的机构设置、职权划分和管理制度，完善诉讼程序并切实解决执行难问题，强调"从制度上保证审判机关和检察机关依法独立公正地行使审判权和检察权"，"逐步实现司法审判和检察同司法行政事务相分离"。2007年，党的十七大报告提出要"深化司法体制改革，优化司法职权配置，规范司法行为，建设公正高效权威的社会主义司法制度，保证审判机关、检察机关依法独立公正地行使审判权、检察权"。

此后，最高人民法院先后制定了四个"司法改革五年纲要"，确立了不同时期人民法院司法改革的基本任务和目标。《人民法院第四个五年改革纲要（2014—2018）》明确了改革的总体思路，即让人民群众在每一个司法案件中都感受到公平正义，坚持司法为民、公正司法工作主线，着力解决影响司法公正和制约司法能力的深层次问题，确保人民法院依法独立公正行使审判权，加快建设公正高效权威的社会主义司法制度，着力推进国家治理体系和治理能力现代化。

当前，中国正处在经济、社会发生巨大变革的时期，经济发展大幅提升了人民的生活水平，社会利益逐渐分化，社会矛盾大幅增加。伴随着经济的发展，是人民的民主法治意识的增强，对司法机关提出了更高的要求。党在十八届四中全会决定中指出："司法公正对社会有重要的引领作

用,司法不公对社会有致命的破坏作用。必须完善司法管理体制和司法权力运行机制,规范司法行为,加强对司法活动的监督,努力让人民群众在每一个司法案件中感受到公平正义。"

近年来,广东法院以开放的姿态和探索的精神,进行司法改革与创新,为"加快转型升级,建设幸福广东"提供司法保障和司法服务。2012年,深圳市福田区法院探索审判长负责制,按照1名审判长、2名普通法官、3名法官助理、4名其他辅助人员,组成"1+2+3+4"的合议制模式,以及1名审判长和若干名辅助人员,组成"1+N"独任制模式,进而组建以审判长为中心的审判团队。2014年,广东省深圳市两级法院启动法官职业化改革,实行人员分类管理。将法院工作人员分为法官、审判辅助人员、司法行政人员三大职务类型。其法官序列与行政级别完全脱钩,按照法官单独职务序列管理。不同等级的法官之间没有行政隶属关系,法官待遇和法官等级挂钩,不与行政级别挂钩。

(一) 创新审判机制确保公正司法

广东作为经济强省,随着改革开放的纵深推进,法院受理的案件急剧增加,并涌现出许多新型案件,传统的审判模式由于诉讼程序烦琐、效率低下、专业化程度不高等特点,在应对海量和新型案件的审理时,捉襟见肘。审判是司法的核心,为了提高案件的审判效率和审判质量,确保公正司法,广东法院率先创新审判模式,积极进行案件管理改革,缩小审判裁量权,实行案件质量评查,完善民生案件、劳动争议案件和知识产权案件审判机制,走在了全国司法改革的前列。

第一,推行民生案件速裁机制。随着经济繁荣和交易活动增加,小额经济纠纷大量出现,如合同欠款、交通肇事赔偿、物管费缴纳等。2011年最高人民法院印发《关于部分基层人民法院开展小额速裁试点工作的指导意见》,开始在北京、广东、甘肃、福建等13个省市自治区的90个基层法院开展小额速裁试点。广东作为试点省份,2001年在深圳罗湖区设置了首个小额速裁法庭。罗湖区人民法院的"速裁法庭"于2011年4月被最高人民法院确定为试点法院。2012年4月广东省高级人民法院制定下发了《关于扩大小额速裁试点法院的通知》,将小额速裁试点工作扩大至珠三角各市基层法院。通过速裁机制的实施，广东法院提升了司法的效率，满足了社会发展的需求。

第二，统一劳动争议案件的审判标准，妥善处理劳动争议案件。广东省劳动关系复杂、多变，群体性劳动纠纷不断增多。妥善处理好各类劳动矛盾纠纷，不仅关系到劳动者的切身利益和企业的健康发展，还关系到地方经济结构的调整和增长方式的转变，乃至整个社会的和谐稳定。为了及时公正处理劳动争议案件，广东省高级人民法院和广东省劳动争议仲裁委员会于 2008 年 7 月共同制定了《关于适用〈劳动争议调解仲裁法〉、〈劳动合同法〉若干问题的指导意见》，广东省高级人民法院于 2011 年制定了《关于审理劳动争议案件若干问题的指导意见》，2012 年广东省高级人民法院发布了《广东省高级人民法院关于进一步发挥司法能动作用，为构建和谐稳定劳动关系提供司法保障的若干意见》。这一系列文件确立了劳动争议处理的平等原则，划定了劳动争议的范围，明晰了劳动争议仲裁与诉讼的关系，为保障劳动者的合法权益给出了指导意见。

统一审判标准，公平审理案件，纠正近年来饱受诟病的劳动争议案件中的"同案不同判"的问题。中山市中级人民法院于 2011 年 9 月出台了《关于审理劳动争议案件若干问题的参考意见》。该文件合理界定了劳动争议案件的受案范围，明确了诉讼主体资格，理清了仲裁与审判的衔接机制，并就工资，加班工资，双倍工资，经济补偿金，赔偿金，竞业限制和违约金，劳动合同签订、履行、变更、解除与终止等作出规定。该文件对于劳动者准确理解法律规定，帮助中山市两级法院准确掌握裁判尺度，公正高效地审理好劳动争议案件具有重要意义。2008 年起，深圳市中级人民法院制定了《关于审理劳动争议案件程序性问题的指导意见》《关于审理劳动争议案件实体问题的指导意见》《关于审理工伤损害赔偿纠纷案件相关法律适用问题的指导意见》《关于审理人事争议案件相关法律适用问题的指导意见》等文件，基本形成了劳动争议案件的规范化办案指导意见体系。为了便于法官掌握劳动争议案件的相关文件，深圳市中级人民法院编印《劳动人事争议办案手册》，并印发《劳动争议审判通讯》。

第三，提高审判的专业化程度。广东省高级人民法院在全省法院系统分层次推动劳动争议案件的专业化审判模式，如在劳动争议案件数量多、比例大的中级人民法院和基层人民法院,增设专门处理劳动争议的审判庭或组成专门合议庭;设在市区、劳动争议纠纷案件相对集中的人民法庭,则改设为劳动争议专业法庭;基层法院根据需要探索设立劳动争议巡回法庭,方便劳动者诉讼。深圳市中级人民法院于2005年4月成立了全国法院系统第一个专业化的劳动争议审判庭。2008年,罗湖和福田两个区人民法院也相继成立了专门的劳动争议审判庭。中山市中级人民法院于2011年4月设立了专门审理劳动争议案件的民六庭。

广东省还大力推进知识产权专业化审判。知识产权制度是人类现代文明的象征,对知识产权提供司法保护是世界各个国家和地区的战略性选择。在激烈的市场竞争中,广东省企业之间有关知识产权的纠纷不断增多。广东省非常重视提升知识产权的司法保护力度。广东高院在最高法院的指导和广东省委的领导下积极开展广州知识产权法院筹建工作,并按照最新中央司法改革精神对广州知识产权法院成立后的机构设置、审判权运行等进行设计。2014年11月19日,广州知识产权法院遴选委员会成立并启动主审法官遴选。广州知识产权法院按中级人民法院组建,以去行政化为建立原则,各审判庭不设行政级别,主审法官不设行政等级。

第四,规范法官的自由裁量权,建立案件评估机制。公正是司法的生命线,法官的自由裁量权,是人民法院审理案件,在法律规定范围内、法律规定不具体或在法律没有规定的情况下,对具体案件的程序和实体问题,酌情作出裁判的权力。当前发生裁判尺度不统一的问题多出现在劳动争议、道路交通事故、房屋拆迁和商品房买卖等民生相关领域。类案不同判的情况,损害当事人的权益,破坏法治统一性、确定性和可预期性,影响到司法的公信力和权威性。为规范法官自由裁量权,努力实现统一裁判尺度,提高司法公信力,广东省高级人民法院于2009年3月出台了《关于规范民商事审判自由裁量权的意见(试行)》,对民商事审判自由裁量权的适用范围、原则、方法和程序以及实现目的要求等各个方面作出了具体严格的规定,并确立了民商事案件案例指导制度。

案件质量监督管理是人民法院系统内部的管理机制。为建立科学有效的案件质量监督管理体系,2009年10月,广东省高级人民法院下发了《广东省法院案件质量监督管理办法》,对法院案件质量管理的主体、程序以及责任认定与承担等作出规定。2009 年 12 月,为顺利开展案件质量评查工作,广东省高级人民法院制定了《广东省高级人民法院案件质量评查试行方案》。通过这一系列文件的出台实施,以着力提高审判质量和效率为出发点,以建立健全案件质量内部监督管理机制为依托,多层次协调统一的案件质量评查工作体系逐步建构起来并走向完善。

第五,延伸审判职能、提高服务水平。法院的审判职能不应随案结就事了,还应通过司法建议、案后沟通等方式向后延伸。司法建议是法院在案件审理结束后,为预防纠纷和犯罪的发生,针对案件中有关单位和管理部门在制度上、工作上存在的问题,提出改进和完善管理工作的建议。司法建议拓展和延伸了审判职能、是实现审判法律效果与社会效果有机统一的有效载体,是监督和促进依法行政、妥善化解矛盾纠纷的有效举措,同时还是人民法院依法裁判的必要补充。从广东的实践来看,司法建议范围不断拓宽。法院既可以针对个案中存在的问题提出司法建议,也可以就某一类案件或某一个阶段存在的突出问题提出系统性的司法建议。广东省还对司法建议的程序和形式进行了规范。司法建议的提出应遵循下列程序,审判人员根据合议庭意见或审判委员会意见撰写初稿,报业务庭领导、主管副院长或院长审批签发,由研究室统一编号、加盖法院公章,并交专门部门备案后发出。司法建议发出后三个月未反馈的,承办人员按规定必须督促,收到反馈材料后及时登记、归档。

发布审判白皮书,总结审判工作经验。审判白皮书是司法建议权的制度化载体,将司法建议从个案层次提升到年度报告层次,有利于整体观察和系统总结相关领域的状况。目前这一制度已在全国各级法院展开,甚至一些县的人民法院也出台了白皮书,广东的做法则更为精细。广东司法机关根据案件审判情况制作了知识产权审判白皮书、劳动争议审判白皮书,其中以中山市中级人民法院的劳动争议白皮书最为典型,其采取司法统计与案例分析的方法,集中反映特定时段劳动争议诉讼的基本情况,对具有代表性的案件进行类型化分析,分析劳动争议纠纷在法律适用、政府管理、裁审协调、规范用工以及劳动者维权等方面存在的问题,提出有针对性的改进建议。

（二）司法职能前移化解社会矛盾

随着各种经济利益冲突导致社会矛盾日趋增多，涉访案件层出不穷，司法机关维稳压力较大。面对此种复杂形势，广东司法机关在司法职能前移、化解社会矛盾方面做了诸多尝试，其中诉前联调、司法惠民等工作机制颇具特色、成效显著。

诉前联调，即"诉讼之前的联动调解"，就是利用人民调解、行政调解、商事调解、行业调解等非诉讼纠纷解决方式，在诉讼之前化解矛盾纠纷，维护社会稳定。广东省的诉前联调是通过建立"党委领导、政府支持、政法委牵头、综治办协调、法院为主、多方参与"的联合调解平台，组织、协调相关的行政机关、事业单位、社会组织对矛盾纠纷进行调解。诉前联调坚持"调解优先""自愿"和"依法"三原则，使诉讼与人民调解、行政调解、商事调解、行业调解以及其他非诉讼纠纷解决方式之间建立起有效衔接，形成便民、高效、低成本的多元化纠纷解决机制，将矛盾纠纷化解在当地、化解在基层、化解在诉讼之前。

广东省的诉前联调有效缓解了法院民事案件快速增长趋势，缓解了法院普遍面临的案多人少的压力。仅2011年1—9月，广东省共受理诉前联调46440件，经过调解达成协议37435件，调解成功率为80.6%；其中向法院申请司法确认31630件，只有1027件需要强制执行，占司法确认数的3.25%。广州中院确立了"以项目创新带动难题破解、以重点区域带动全局发展"的工作思路，将黄埔、花都、南沙、增城定为全市诉前联调工作示范区，并在天河、白云、黄埔、南沙、增城分别试点实施金融服务、商业贸易纠纷行业诉前协同调解，诉前调解与小额速裁、审前调解衔接机制等创新项目，其效果非常显著。广州市自2011年6月全面推行诉前联调工作以来，在基层法院立案部门、派出法庭建立诉前联调工作室39个，在各类职能部门、镇街综治信访维稳中心、村社建立联调工作站104个，形成"区县—镇街—村社"三级联调网络；与430家职能部门、调解组织、社会组织建立联调关系，建立起一支包括政法干警、热心市民、公益律师和社会工作者在内的1300余人的联调队伍，共调处矛盾纠纷68183件，调解成功59143件，涉及标的19.3亿元，当事人自动履行率高达95.7%。①

广东一些地方积极探索高效便民的化解矛盾纠纷的司法工作机制，惠州市龙门县人民法院的司法惠民工作站最具代表性。龙门县山地居多，村镇分布离县城较远，许多地方由于地理环境的限制没有设置法庭，解决村镇居民纠纷的司法途径不畅。由于契约精神匮乏，农民往往信访不信法。龙门县人民法院的领导和法官认为，基于农村主要矛盾及其产生原因，提升农民的法律意识和契约精神至关重要，因此，决定在没有建立法庭的村镇设立司法惠民工作站，定期派驻法官，并邀请当地镇人大副主席、村干部共同参与，协调处理当地纠纷、解答法律问题、宣传法律。司法惠民工作站的法官主动为老百姓提供法律咨询、诉前调解、巡回立案、巡回开庭、申请执行等"一站式"现场服务，使大量的涉法涉诉案件得到及时有效调解。司法惠民工作站设在基层，法院的工作重心明显下移，群众有纠纷可以直接到工作站申请解决。这样一来，群众少跑路、少花钱、少误工，极大地方便了群众解决纠纷。司法惠民工作站更深层次的意义在于，司法机关借助司法惠民工作站在龙门县掀起了一场契约精神的乡村启蒙运动，有效提升了群众的法律意识，初步扭转了"信访不信法"的观念。

此外，司法惠民工作站还做到了几个结合，如与镇综治信访维稳中心相结合、与人大代表创建和谐责任区活动相结合、与开展"争创诚信守法先进户"活动相结合、与"四民主工作法"相结合②、与党员"三先"活动相结合③。通过上述机制，使基层政权的稳固和基层社会的治理有机结合了起来。

（三）多管齐下破解执行难

法院执行是人民法院依照法定程序运用国家强制力落实生效法律文书确定的权利义务，保护当事人合法权益的司法活动。司法公正不仅应体现

---

① 《广州集力建制形成诉前"联调"》，《法制日报》2014年8月25日。

② "四民主工作法"的内容是民主提事、民主决事、民主理事、民主监事，其成功解决了土地征收补偿、宅基地分配、道路修建、山林土地纠纷等农村热点、难点问题，使当地信访总量逐年呈下降趋势。

③ 基层党组织开展党员"三先"活动的目的是加强党员教育，以使其发挥先锋模范作用和战斗堡垒作用。

在审判环节，更要落实在执行上。公正的审判如果最终得不到执行，不仅损害了当事人的合法权益，也直接损害了司法的尊严和权威。近年来，司法判决执行难一直困扰着司法机关、案件当事人，是社会高度关注的热点问题，也是司法改革的重要内容。最高人民法院先后出台了《关于进一步加强和规范执行工作的若干意见》（法发〔2009〕43号）、《人民法院执行案件流程管理规则（试行）》和《关于建立和完善国家执行联动威慑机制若干问题的意见》（法发〔2010〕15号）等规范性文件，希望破解执行难问题。

判决是加盖法院公章的具有强制效力的法律文书，是司法权的体现，如果得不到执行，践踏的是国家司法的尊严。执行权是人民法院依法采取各类执行措施以及对执行异议、复议、申诉等事项进行审查的权力。可见，执行权是一种复合权力，包括执行审查权和执行实施权。执行审查权其性质属于裁判权，具有自由裁量空间，需要法官中立客观地作出裁判。传统的执行权过度集中、执行机构的设立缺乏明确具体的规定、执行分权规定缺失、缺乏有效的监督制约机制，导致执行实践中职权配置错位，流程管理不当。执行权的合理配置对整个强制执行体制、机制以及方式的设计具有基础性作用。

从广东的实践看，执行权的合理配置是其破解执行难的关键。广东法院执行权配置包括执行权的横向配置、纵向配置以及立、审、执协调配合机制。执行权的横向配置，是指广东省各中级人民法院和基层人民法院执行局内设执行实施机构和执行审查机构，分别行使执行审查权和执行实施权。执行审查权应当由执行法官行使；执行实施权既可以由执行法官行使，也可由执行员、法警和其他执行人员行使。执行实施机构主要负责执行法律文书送达、查控、处置被执行财产、制定债权分配方案、办理执行款交付、采取强制措施、强制搬迁、财产保全、先予执行、财产刑执行、行政非诉案件和行政诉讼案件执行、执行协调等执行实施工作；执行审查机构主要负责审查执行异议、执行复议、案外人异议、部分变更和追加执行主体等申请的执行裁决事项。部分变更和追加执行主体、不予执行仲裁裁决和公证债权文书等实体性执行争议，由相关民事审判庭负责审查。执行权的纵向配置，则是指案件执行重心下移，省法院原则上不执行具体案件，其受理的执行实施案件指定由执行力量较强、对案件执行有利的中级人民法院或专门法院执行。

建立健全立、审、执协调配合的机制也十分关键。广东法院一是建立了立案登记制度。所有的执行案件，不论是执行异议、复议、监督案件，还是异议之诉案件，必须办理立案登记手续，由立案庭立案后移交相关执行和审判机构处理，便于统一管理和监督。二是实现执行立、审、执彻底分立。认真落实立、审、执分立原则，不断完善工作机制，执行异议、复议、监督、督促、协调等案件，一律由立案庭审查立案；在执行程序中追加、变更被执行人等涉及当事人和利害关系人实体问题的案件，一律由相关审判庭审理。

提高执行的透明度。阳光是最好的防腐剂，判决执行之所以滋生司法腐败，是因为执行过程不透明，为暗箱操作和权钱交易提供了空间。2005年广东省高级人民法院制定了《广东省高级人民法院关于完善执行公开的若干规定（试行）》。该文件规定了执行公开的范围和方式，并规定了人民法院在执行过程中的公开事项，如立案信息公开及权利告知、执行日志公开、曝光恶意被执行人、执行结果公开等。2009年出台的《广东省高级人民法院执行工作规范》，规定执行工作应增强公开性和透明度，进一步完善执行公开工作，依法保护当事人的合法权益，保障当事人、利害关系人对人民法院执行工作的知情权。

为解决"执行难"，广东司法机关还建立了"主动执行"工作机制。"主动执行"是广东省高级人民法院主推的执行模式，是指对已经发生法律效力，债务人在规定的履行期限内没有自觉履行的民事判决书、裁定书、调解书以及支付令，在债权人事先同意的前提下，不需经债权人申请，而由人民法院直接移送立案执行。按照传统的执行模式，如果要启动案件执行程序，一般须在法律文书生效后，由案件的当事人在法律规定的时限内向法院申请强制执行，逾期将不予受理。实践中，经常出现由于当事人疏忽或被执行人故意拖延，造成错过最佳执行时机导致执行不能的情况。2010年3月广东省高级人民法院在前期试点的基础上制定了《关于在全省法院实行主动执行制度的若干规定（试行）》。该文件于2010年5月1日起施行，同时废止了之前制定的《广东省高级人民法院关于实行主动执行制度的若干规定（试行）》。广东省高级人民法院确立了主动执行应遵循的四原则，即为民、便民、利民和高效的工作原则，并规定了主动执行的程序。

建立执行联动机制。案件执行难，主要难在法院缺乏有效的手段查清被执行人的财产状况，为此，法院必须依靠相关单位和部门的配合。2010年，最高人民法院、最高人民检察院、国家发展和改革委员会等联合印发了《关于建立和完善执行联动机制若干问题的意见》。广东省高级人民法院出台了相关司法文件，如2008年出台的《关于在执行工作中被执行人报告财产的若干规定（试行）》《关于建立基层协助执行网络的若干意见》，2010年出台的《关于委托查询被执行人人民币银行结算账户开户银行名称的暂行规定》，2011年与广东省公安厅联合出台的《广东省高级人民法院、广东省公安厅关于查控被执行人及其车辆问题的若干规定》。为保证执行联动机制的顺利开展，广东省高级人民法院成立了执行联动机制工作领导小组及办公室，积极协调推动联动成员单位制定实施细则或工作办法，落实具体责任部门和责任人，建立和完善具体可操作的运行机制。执行联动机制分为跨行业联动和跨地区联动。

构建诚信体系，让当事人自觉履行法律义务。广东省高级人民法院在《法治广东五年规划（2011—2015）》中提出，建立社会诚信体系，解决"执行难"的问题。为此，广东法院加强与公安、检察、纪检、国土、房管、工商、税务、银行等部门的协调，推动建立征信数据库。广东法院建立了功能强大的被执行人信息查询系统，如广东省高级人民法院执行指挥中心大厅建了被执行人信息查询系统，其包括16个子系统。此外，法院合理运用罚款、拘留、拒不执行生效裁判文书罪等强制性手段强化执行威慑力，增加"老赖"的失信成本。

（四）推动司法公开，提升司法公信力

司法公开具体是指，除涉及国家秘密、有关当事人商业秘密或者个人隐私以及可能影响法院正常审判秩序的事项外，法院的各项审判活动以及与审判活动有关的各类信息，均应向案件当事人和社会公众公开。司法公开对于方便公民行使诉权、落实和保障公民知情权和司法参与权、提升司法审判水平、维护司法权威和公信力、防止司法腐败最终实现司法正义具有重要作用。当然，在司法公开过程中，也需要防止泄露审判秘密，侵犯司法工作者和当事人的隐私权，更不能妨碍到审判独立。

广东司法公开工作起步早，发展迅速，走在全国前列。为落实最高人民法院司法公开的要求，尤其是广东省内有 5 家法院被最高人民法院确定为司法公开示范法院之后，广东省高级人民法院制定了一系列有关司法公开的文件，分别是《关于在全省法院进一步推进司法公开的意见》《关于推进庭审公开的实施办法》《关于推进听证公开的实施办法》《关于推进庭审直播的实施办法》《关于推进执行公开的实施办法》《关于推进审限公开的实施办法》等。

广东省高级人民法院于 2011 年制定了《广东省高级人民法院关于进一步推进司法公开的工作方案》，对司法公开的指导思想、工作目标和工作原则提出了总体要求。广东省高级人民法院成立了司法公开工作领导小组及其办公室，主要职责是研究司法公开工作中的重大事项，协调解决工作中存在的困难和问题，督促检查工作进展情况，全面落实司法公开的各项要求和措施。司法公开工作领导小组办公室设在立案一庭，负责领导小组的日常工作，确保工作到位、措施到位、责任到位。

为确保司法公开工作的顺利开展，广东省高级人民法院建立了一系列工作机制，具体包括：建立司法公开的物质保障机制，加大对立案信访窗口、服务大厅、法院门户网站和其他信息公开平台的建设力度，切实改善司法公开的物质条件，不断提高司法公开的物质保障水平；建立司法公开考核评价机制，设定科学的考核分值，制定相关评分标准，对全省各级法院开展司法公开工作进行考评，并作为评价法院整体工作的一项重要指标；建立司法公开督促检查机制，上级法院对辖区内下级法院的司法公开工作进行指导，定期组织专项检查，通报检查结果；建立司法公开举报投诉机制，在法院门户网站和立案信访大厅设立举报投诉电话、信箱和电子邮箱，公布举报投诉的范围和方式，安排专人对当事人和社会公众反映的问题进行核查并反馈处理结果，对实名举报的，应给予书面回复；建立司法公开责任追究机制，对当事人、社会公众、媒体反映有关法院或者有关人员落实司法公开制度方面存在的问题应当进行核查，对于违反司法公开相关规定并损害当事人合法权益造成严重后果的,应当按照有关规定进行严肃查处。

网站是司法公开的第一平台。广东省已经建成六大司法公开平台,有效拓宽了司法公开渠道。这六大司法公开平台分别是窗口公开平台、法庭公开平台、外网公开平台、微博公开平台、手机公开平台和执行无线视频移动指挥系统,其中外网公开平台已经成为司法公开的第一平台。外网公开平台是指法院在互联网设立门户网站,全方位、实时公开法院各项工作和各类案件信息。中国社会科学院 2012 年《法治蓝皮书》发布了中国首个"司法透明度指数报告"。报告显示,广东省高级人民法院司法透明度在全国 26 个直辖市、省高级人民法院中跻身前三名;在全国 43 个较大的市的中级人民法院排名中,深圳市中级人民法院独占鳌头,广州市中级人民法院排名第六。

(五) 检察工作强化监督

"强化法律监督,维护公平正义"一直是广东省检察院的工作重点,为了实现这一目标,检察机关坚持解放思想、大胆探索,进行了许多创新。首先,创立检察机关自侦案件侦捕分开、侦诉分开的内部制约制度,加强内部监督制约确保案件质量,使侦查、预审、公诉工作更加专业化。其次,首创贪污贿赂罪案举报中心和举报制度。最后,在全国最早成立专门的反贪污贿赂机构——反贪污贿赂工作局。反贪局的成立,推动了反贪污和反贿赂工作。

广东省的检察工作有几个特点:一是坚持党对检察工作的领导;二是坚持检察机关依法独立行使职权,自觉接受人大和公众的监督,文明执法;三是充分发挥检察机关的监督功能,全面履行监督职责,拓宽监督渠道,确保办案质量,维护社会公平正义。

(六) 司法改革的展望

广东法院积极推动司法公开透明,创新审判、执行机制,通过前移和延伸审判职能促进经济发展和社会稳定。一个地方进行司法改革的努力和突破固然可贵,但是现代司法制度的建立和完善,还有赖于从全国层面整体推进司法改革进程。在认真总结广东司法改革经验的同时，也应该从整体上对司法体制进行审视和反思。中央于 2014 年再次选定广东省为司法改革的试点省份，广东司法体制改革试点方案也于 11 月中旬获得中央政法委批复同意。11 月，广东省司法体制改革试点工作正式启动，深圳、佛山、汕头、茂名成为首批试点市。广东获批的试点方案包括总方案《广东省司法体制改革试点方案》和 6 个子方案。"广东方案"，在法官员额制、司法人员分类管理制、司法责任制以及司法官职业保障制度、司法机关人财物省级统一管理制等方面都做了周密的部署，且规定了 5 年的过渡期，以保证司法改革的平稳推进。

五　推进多层次多领域社会治理

党的十八届三中全会提出国家治理和社会治理，使治理成为与改革、市场同等重要的关键词。习近平总书记指出："治理和管理一字之差，体现的是系统治理、依法治理、源头治理、综合施策。"社会治理现代化，就是形成党委领导、政府负责、社会协同、公众参与、法治保障的社会治理体制，形成政府主导、覆盖城乡、可持续的基本公共服务体系，形成政社分开、权责明确、依法自治的现代社会组织体制，形成源头治理、动态管理、应急处置相结合的社会管理机制。① 强调法治在社会治理中的作用，是因为法治的程序性、具体性和规范性与社会治理的要求具有内在一致性。经过几十年的发展改革，中国社会分化为不同的社会阶层，具有差异的利益取向，矛盾纠纷不足为奇。社会发展变化伴随着人与人之间关系的变化，相对于传统的熟人社会，人际关系日渐疏远，信任程度逐渐降低，这实际是社会发展的一种正常现象。要想人际关系保持正常运转，社会信任保持良好状态，法治也具有不可忽视的作用。法治规则明确、可操作，体现了多数人的意志，是解决利益纷争、明辨是非，平息冲突的有效机制，因此也是社会的最大公约数和社会不同利益群体的平衡器。各种社会力量依照法律方式，有序有效地参与公共生活，进行利益博弈，形成治

---

① 段华明：《解析社会治理新常态》，《南方日报》2014 年 9 月 16 日。

理共识，实现社会关系的协调与平衡。因此，以法治的手段和法治的思维解决矛盾是当前社会治理的不二选择。

十八届四中全会提出，要推进多层次多领域依法治理，坚持系统治理、依法治理、综合治理、源头治理，提高社会治理的法治化水平。广东在担当经济改革先锋的同时，也加大了社会建设与社会治理的力度。广东省推进社会管理创新，树立全社会的法律意识，加强社会综治信访维稳建设，推进基层民主自治管理，重点增强政府社会管理和公共服务职能、增强社区服务和管理网络、增强社会组织服务社会功能等，力求在社会福利、社会救助、医疗卫生、社区建设、社区矫正、养老服务、残疾人服务、政府购买服务、发展社会组织、加强社工和志愿者队伍建设等方面取得突破，促进社会事业蓬勃发展，保障市民享有各种基本权益，维护社会和谐稳定。

（一）创新法治宣传形式

维护社会稳定的过程，就是不断调节、规范社会关系，预防和化解社会矛盾的过程。普法可以提高群众学法、知法、用法、守法的自觉性，避免或减少社会矛盾和纠纷的发生，有效降低维稳成本，是维护社会稳定的治本之策。广东省在普法教育方面具有鲜明的特色。

一是建立普法教育的制度机制，保证普法教育有人抓，能抓好，落实处。2006 年 12 月，广东省率先出台的《广东省法制宣传教育条例》，实现了法制宣传教育的法制化、规范化，改变了法制宣传教育主要依靠行政手段实施的状况。广东省的法制宣传教育体现为政府主导，社会承担。《条例》要求各级人民政府将法制宣传教育工作纳入国民经济与社会发展的总体规划和年度计划，并组织实施。以中山市为例，中山市成立普法工作领导小组统筹全市普法工作，由市委副书记、政法委书记、社工委主任任组长，市政府分管副市长任副组长，各相关部门主要负责人为成员。印发了《中山市开展第六个法制宣传教育五年规划》，对"六五"普法工作进行全面部署，切实做到"普法有机构、总体有规划、年度有计划、工作有制度"，普法工作"人员、工作和经费"三落实。目前，每年市级普法经费达 150 万元，2011—2013 年全市各镇区共投入普法经费 2200 余万元。同时，中山市充分利用社会资源，多渠道筹措经费，打造"全社会共同参与"的普法工作格局。"六五"普法以来，仅中国移动中山分公司赞助"送法下乡""与法同行"等大型普法活动的经费就已超过100万元。

二是根据法制教育的对象，有针对性地划分法制教育的内容。广东省强调各主要行政部门在法制宣传教育中的职责：各部门的工作人员，特别是有执法权的行政机关，通过学法，提高规范执法的水平；具有社会事务管理权的部门如公安、民政、劳动、文化、新闻、出版部门，结合本职工作对特定公众群体进行法制宣传教育；国有资产管理部门、工商部门要指导而不是强制企业对员工进行普法、学法。这些规定突出了行政部门及国有企业在法制教育中的对象性。在"六五"普法工作中，广东省普法教育着力加强对下列四类人群的普法教育，一是领导干部，二是青少年学生，三是村（居）民，四是外来务工人员。通过分类施教，全面提升了普法工作的覆盖面和感染力①。

在领导干部学法方面，广东省委组织部、宣传部等各部门特别联合制定了《关于加强公务员学法用法工作的实施意见》，对全省公务员学法的内容、要求、考试考核、组织领导等作出明确规定。中山市加大培训力度，建立完善各级党委（党组）中心组学法、法律培训、学法考核登记、领导干部任前法律考试等系列规章制度，保障了这项工作的落实。每年举行全市领导干部（公务员）年度学法用法考试，并将法制教育内容纳入领导干部培训课程，每年市委组织部举办的初任公务员、科级干部、后备干部、市副处以上领导干部培训班均开设法制教育课程，并纳入年度考核内容。

在青少年普法方面，广东首创了法制副校长制度，即中小学校聘请兼职法制副校长，这项制度在全国得到了推广。在学校教育上，落实法制教育内容、课时、师资培训和考试考核；在社会教育方面建设青少年学生法制教育基地，如法院少年庭、青少年文化宫、中小学普法活动中心等，开展多种多样的青少年法制宣传教育活动。广东已建立青少年学生法制教育基地1000多个，每年轮训学生上千万人次，全省中心镇以上中小学校

---

① 《广东打造六五普法"岭南模式"》，《法制日报》2013年10月26日第1版。

100%聘请法制副校长，各地中小学校按照计划、教材、课时、师资、考核"五落实"抓好青少年学生法制教育。中山市强化未成年人法制教育工作，把师生法制教育工作的实效性和控制中小学违法犯罪率作为镇区党政主要领导基础教育实绩考核、学校管理评估的重要指标。

在外来人口普法方面，广东有3000多万外来务工人员和外来流动人员，如何做好外来务工者的法制教育工作，提高他们遵纪守法的自觉性，对广东经济社会发展影响重大。广东多次组织召开外来务工人员法制宣传教育工作会议和"法律进企业"推进会，形成了各职能部门齐抓共管的工作局面：普法办、综治办负责外来工学法辅导和培训；劳动部门结合岗前培训，对外来工进行劳动法律法规教育，实行持证上岗；公安局、外来人口管理办结合办理暂住证（现已改为"居住证"），组织外来工学习《广东省外来人口管理规定》和《治安管理处罚法》；民政、计生、城管、卫生等部门也依据各自职能，对外来工实施相关的法律教育。同时，省普法办按照"谁主管，谁负责""谁用工、谁负责"的原则，把外来人口的法制教育落实到单位、乡镇、街道、企业、工厂，形成级级有人抓、层层有人管的外来工普法教育网络。①

在村居民普法方面，广东按照法制宣传"六有"[有一个村（居）干部负责、有一个法制课室、有一个法制图书阅览室、有一个法制宣传栏、有一套法制宣传教育制度、有一支法制宣传骨干队伍]的要求扎实开展农村和社区普法工作。针对征地拆迁、山林纠纷、减负维权、禁毒禁赌、打击"六合彩"等热点问题，广东省普法办下发《关于加强农村法制宣传教育工作的意见》，整合律师、法律服务志愿者以及法律援助、公证等资源，开展形式多样的法律进乡村、进社区活动。在村（居）"两委"换届选举工作中，全省各地对镇村、社区基层干部进行学法轮训，村（居）民的法律意识不断增强。

三是创新普法教育的形式，使普法成为民众喜闻乐见的活动。通过法治公益广告宣传，典型案例巡回讲座，在大众传媒开辟案例普法栏目，创作系列法治文化产品，创作高质量的法制类漫画、歌曲、小品、相声等各

---

① 《广东打造六五普法"岭南模式"》，《法制日报》2013年10月26日第1版。

种为群众喜闻乐见的法治文化产品，用微博、微信引导市民关注和参与法律热点问题讨论，采用法治文化书法大赛、"法治楹联""法治格言""法治诗词"以及法治节目下乡等形式，力求让群众能够听进去，并转化为一种自觉的行动。例如，深圳通过机场、口岸、市区主干道等重点区域户外立柱广告，电视、地铁、公交移动视讯黄金时段播放法治公益广告等形式，进行普法教育；"东莞普法"创办《法治东莞》专刊，建设"普法候车厅""香市法治公园""普法绿道""法治涂鸦长廊"等。

（二）建立社会诚信机制

随着人口流动节奏加快，新的社会关系建立，传统熟人社会的制约关系瓦解，社会诚信成为各地面临的新问题，使社会治理和社会的良性运转受到很大的挑战。诚信覆盖政治经济社会文化等各领域，涉及道德、法律、制度、管理、服务和信息等诸多方面，良好的信用是经济社会健康发展的前提。社会信用体系是市场体系的重要组成部分，对于降低交易成本、稳定市场预期、达成市场交易、优化资源配置具有重要意义。法治在社会信用体系建设中非常重要，建设社会信用体系离不开法治的支撑和保障。

社会信用体系的构建需要立法，2013年3月15日《征信业管理条例》的施行奠定了信用体系立法的基础，使得对失信行为，如市场经济中的制假售假、商业欺诈、销售有毒有害食品、不依法履行商业合同等的追究有法可依。此外，政务诚信建设在诚信体系建设中十分重要，政务诚信对社会行为有着重要的引领和示范作用。

广东作为一个以外向型经济为主导地位的外商聚居地区，诚信原则在国际交往中具有更重要的作用。因此，广东省对诚信社会建设高度重视，采取各种措施化解纠纷、维护社会稳定。在诚信体系建设方面，广东省以化解司法执行难为突破口，加快信用体系的建设。广东省于2009年建立执行指挥中心。该中心建立了5大工作系统，分别是远程指挥监控系统、被执行人信息查询系统、被执行人信息发布系统、执行要情系统和执行案件信息管理系统。其中，较为重要的两大系统是被执行人信息查询系统、被执行人信息发布系统。前者承担核查被执行人信息的功能，现已经建成了银行开户、户籍、车辆、社保、婚姻、工商、征信、组织机构代码、手机通话位置9个子系统,土地、房产、纳税、计生、证券、出入境信息查询子系统正在建设中。后者则负责公布被执行人不履行债务等失信信息,督促被执行人履行生效法律文书。在此基础上,广东法院还建立了执行联动机制。广东法院诉讼和执行案件信息通过省政务信息资源共享平台与联动单位共享后,联动单位一般无须法院再另行制作法律文书,即应自动启动执行联动程序,采取相应联动措施全面限制被执行人生产、经营、工作和生活。凭借执行信息系统和信息化手段,广东法院实现了信用信息共享,有效地提高了执行效率,财产查询工作量大幅减少,周期明显缩短,人力、物力成本极大降低,查询范围明显扩大。深圳法院在不增加一人一车的情况下,财产调查工作量减少80%,对财产、人员的控制效率提高60%以上,特别是对被执行人财产的排查覆盖能力由原来不足40%提升至90%以上,使被执行人财产无处遁形,被执行人难找、被执行财产难查的局面得到根本性扭转。

东莞还加大律师行业信用体系和市场监管体系建设力度,率先在全省建立"律师队伍诚信数据库",并向社会公开。中山市则通过开展诚信守法示范企业创建活动,引导企业遵守国家法律法规,积极履行社会责任。

为贯彻落实十七届六中全会关于"社会诚信建设"的精神,广东郁南县率先尝试建设"农村信用体系"的做法,推出了以勿坦村为"试验田"的"信用村"试点。该县以"农户经济发展、守法信约、家庭文明"作为信用考评指标,以家庭为单位评定"优秀、较好、一般、较差"信用等级,农村信用社按农户信用等级发放不同额度的无抵押贷款。在创新社会管理实践中,该县的"社会诚信体系"提供了宝贵的参考样板。

(三)发挥基层组织作用,创新基层治理模式

基层法治意识的培育,是法治社会构建的重要内容。这里所说的基层,既包括乡镇政权机构和农村的村委会,也包括城市的街道和居委会及社区。广东省的基层法治建设主要体现在:实行"法制副主任"制度、实行村民自治、推行村务公开、用法治思维化纠纷矛盾。基层政府的法治意识对社会依法治理至关重要。促进基层经济发展,维护基层社会稳

定，是依法治理基层的根本目的。

建立"法制副主任"制度，创新社会治理模式。广东省惠州市从2009年开始，就积极探索加强基层民主法治建设，推行村（居）委聘任"法制副主任"制度。"法制副主任"的主要制度安排是，在党委统揽下，动员各方力量，整合法制资源，鼓励基层村（居）委会以自主自愿为前提，通过聘任法律专业人员，开展法制教育，培育法治精神，解决基层法律问题，推动基层民主自治。"法制副主任"由有法学专业背景或有经验的法律工作者担任，非本村本土人，作为中立无直接利害关系的第三方，容易开展工作。此外，"法制副主任"免费为村（居）群众提供法律服务的公益性质，容易获得村居民的信任，在解决矛盾纠纷、维护社会稳定方面可发挥重要作用。村（居）委"法制副主任"制度满足了农村极度匮乏的法律资源需求，提供了农村获取法律资源的快捷方式，弥补了法律专业性与农村生活实践对接的知识空缺，架构了趋于专业和封闭的科层制政府治理与丰富多彩的农村社会现实的沟通桥梁，降低了农民规则选择不当的风险，节约了因思维方式不对路所衍生的治理成本。① 同时，"法制副主任"制度有利于培育基层民主法治意识、化解基层矛盾纠纷、满足基层群众法律服务需求、营造学法守法用法氛围、调动多方参与社会治理的积极性。

加强基层民主法治建设，实行基层自治。深圳市完善社区居民代表会议制度、议事协商制度及各项工作制度，充分发挥居民委员会的自治组织功能。通过民主评议会、居民论坛、听证会等多种监督形式，积极拓展政府与居民的互动渠道，增强居委会的监督功能，实现政府行政管理与基层群众自治的有效衔接和良性互动。东莞全市共探索建立了39个社区政务服务中心，初步实现社区行政职能和自治职责的分离。以开展村（居）务公开民主管理示范村创建活动为载体，完善落实"四民主、两公开"制度，不断提高村（居）民主自治水平。

村务公开制度是完善基层群众自治的主要举措，也是广东社会治理的关键。广东省鼓励村民按照农村自治规范管理和公开村务和财务，管好经

---

① 邓新建、章宁旦：《软法之治在惠州的乡土实践》，《法制日报》2014年12月3日。

济活动、管好钱。2012 年，全省查处农村基层组织职务犯罪 472 人，占全部查处职务犯罪总数的 14.8%。2013 年，人数和比例分别上升到 524 人与 18.6%，农村涉法涉诉案件也占较高比例。① 基层农村职务犯罪呈上升趋势，之所以如此，是因为村级干部缺乏监管，施政透明度不高，因此，亟须推进村务公开。2014 年，广东省人大常委会对《广东省村务公开条例（修订草案修改稿）》进行表决前评估。《广东省村务公开条例》能有效防治基层腐败，推进基层民主决策、民主管理与民主监督。

依法治村增强基层政府用法治方式处理问题的能力。推进依法治村后，老百姓出现各种各样的纠纷时，比如权益的纠纷，邻里之间的纠纷，大都会尽量循法律的途径予以化解。以珠海斗门区乾务镇荔山村为例，过去老百姓一闹矛盾就堵路，对当地的交通影响很大。区和镇政府把这个村作为依法治村工作的一个重点，全面推进普法、发展经济、建立健全管理制度等工作。经过法治宣传和教育，村民们意识到堵路的办法是错误的，不仅影响公共交通，也影响本村的经济发展。因为堵路后集装箱车进不去，村里的工厂无法开工，最终损害的是自己的利益。

（四）发挥社会组织作用，探索社会组织管理体制改革

社会组织是指由公民自发组成，为实现成员的共同宗旨，按照其内部章程开展活动，以便实现组织的目标的社会群体。社会管理是政府及社会组织对各类社会公共事务所实施的管理活动，管理的主体不仅包括政府，也包括具有一定公共管理职能的社会组织。党自十七大开始就提出要重视社会组织建设和管理，强调并支持社会组织参与公共管理和社会服务。"党委领导、政府负责、社会协同、公众参与"的社会管理格局将是未来一段时间内中国社会管理的基本体制。党的十七大报告首次将社会组织放到全面推进社会主义经济建设、政治建设、文化建设、社会建设"四位一体"的高度。《中共中央关于全面推进依法治国若干重大问题的决定》也提到，要"发挥人民团体和社会组织在法治社会建设中的积极作用。建立健全社会组织参与社会事务、维护公共利益、救济困难群众、帮教特殊人

---

① 章宁旦：《把村务监督委员会推到前台》，《法制日报》2014 年 11 月 14 日。

群、预防违法犯罪的机制和制度化渠道。支持行业协会组织发挥行业自律和专业服务功能。发挥社会组织对其成员的行为引导、规则约束、权益维护作用。"

广东省社会组织发展较快，整体水平处于全国的领先地位。截至2014年6月底，经各级民政部门依法登记成立的社会组织共43619个。其中社会团体19918个、民办非企业单位23217个、基金会484个，分别占总数的45.7%、53.2%、1.1%。①

广东省注意利用行业协会的力量，大力推进社会组织民间化，积极扶持和培育发展社会组织。2006年，中共广东省委、广东省人民政府出台了《关于发挥行协会商会作用的决定》；2006年，广东省人大常委会颁布实施了《广东省行业协会条例》；2008年，广东出台《中共广东省委办公厅、广东省人民政府办公厅关于发展和规范我省社会组织的意见》（粤办发〔2008〕13号）；2009年与2013年，广东省民政厅先后制定了《关于异地商会登记管理的暂行办法》（粤民民〔2009〕79号）和《关于进一步促进公益服务类社会组织发展的若干规定》（粤民民〔2013〕111号）。这些法规政策的出台使广东省逐步建立起与经济社会发展相适应的定位准确、功能齐全、作用显著的社会组织发展体系，形成党委领导、政府负责、社会协同、公众参与的社会管理格局和科学、有效、规范的社会组织监管体制机制，实现社会组织与经济社会协调发展。

广东在全国率先成立了中共广东省社会组织工作委员会，并在全省有条件的社会公益组织中建立党的基层组织，中共广东省社会组织党工委的成立被国家民间组织管理局列为2009年全国社会组织管理创新的十件大事之一。②

依托社会组织承接政府服务、协助推进政府职能转变。2012年，广东省政府印发了两批《广东省人民政府2012年行政审批制度改革事项目录》，取消、转移和下放行政审批事项197项、56项和125项。省财政厅出台《2012年省级政府向社会组织购买服务目录》，共有五大类262项事

---

① 孙春宁：《先行先试，推进现代社会组织体制建设》，《中国社会组织》2014年第11期。
② 王世国：《广东社会组织发展问题的思考》，《社团管理研究》2011年第3期。

项被纳入其中。多数地市下发了承接政府职能转移和购买服务的资质目录,省级社会组织先后印发三批目录清单,列入目录的全省性社会组织716个。①

如东莞创新社会组织服务管理,加强社会组织培育发展。建立社会组织孵化基地和社会组织培育中心,率先放开社会组织准入门槛,取消83项登记注册前置审批,率先实行异地商会、社区社会组织、公益慈善类和工商经济类社会组织直接登记制度。在全省率先开展在异地商会内部建立异地务工人员服务组织。探索成立东莞社会建设研究院,启动实施市级社会创新观察项目,推进社会组织党建工作全覆盖,93%的社会组织建立了党组织。

汕头市作为经济特区,出台了《汕头经济特区社会组织登记管理办法》,颁布实施了《关于进一步加强社会组织监管工作的意见》《汕头市具备承接政府职能转移和购买服务资质的社会组织目录管理办法(试行)》等一系列政策法规,初步形成了立足汕头特区实际并具有鲜明特色的社会组织工作的政策法规体系,为汕头市社会组织改革创新工作提供了重要的法治保障。

(五) 重视舆论监督和群众监督,实现公众与管理者的良性互动

拓宽舆论监督和群众监督渠道,支持新闻媒体客观曝光各类违法违纪行为。引导和规范群众监督的途径和方式,对群众检举、新闻媒体曝光以及网络反映的问题及时依法处理并公布处理结果。

1996 年 8 月,广东省委在《关于进一步加强依法治省工作的决定》中提出要建立舆论监督与党内监督、法律监督、群众监督相结合的强有力的监督体系,将舆论监督工作提到依法治省的高度来审视,尝试将舆论监督制度化。1999 年 5 月 11 日,珠海市在全国率先出台了一项地方性的舆论监督管理办法,即《珠海市新闻舆论监督办法(试行)》。该办法对新闻舆论监督的指导思想、总体目标、范围和内容、基本原则、社会要求、组织领导以及检查和监督等方面的内容作出了规定。2000 年 2 月,珠海

---

① 孙春宁:《先行先试,推进现代社会组织体制建设》,《中国社会组织》2014 年第 11 期。

市又制定了《珠海市新闻舆论监督采访报道的若干规定》，进一步明确、细化了舆论监督的相关内容。该规定还进一步放宽了珠海市新闻舆论监督的采访范围，指出："只要不涉及国家安全、国家机密及军事机密的……在履行新闻舆论监督职能时，任何单位、部门尤其是公务人员都有责任接受采访，并与之密切配合，如实反映情况和问题，不得以任何借口拒绝、抵制、回避、推诿，或进行人身攻击和打击报复。"

改革开放30多年来，广东推进舆论监督工作的丰富实践提供了宝贵的经验和深刻的启示。首先，必须在改革与稳定的前提下逐步推进舆论监督工作。改革开放极大地促进了广东市场经济和传媒市场的发展，给广东民主法治建设带来了长足进步，为广东新闻媒体创造了一个宽松而富有活力的生存环境，使舆论监督工作得以不断向纵深发展。

广东在积极推动新闻改革和舆论监督的同时，始终把"坚持党管意识形态，牢牢把握领导权"作为建设文化大省的一条基本原则，在以一种宽容的姿态对待新闻媒体的同时，紧紧把握住正确的舆论导向，使新闻舆论监督与社会、政治、经济发展相协调。广东新闻媒体始终立足全局，围绕广东的中心工作来开展舆论监督。无论是进行批评报道，还是组织协商对话，广东媒体都能秉持建设性的立场，正确处理和协调政府与公众的矛盾，使舆论监督有利于问题的解决，有利于全局，有利于稳定。

此外，各级党委注重保护媒体舆论监督的积极性，并把舆论监督纳入民主法治体系，推动舆论监督由"人治"走向"法治"。一般而言，舆论监督普遍面临的一大难题，即对权力的监督容易导致媒体与政府关系紧张。在这一问题上，广东新闻舆论监督的状况相对理想。除了广东省各级政府采取开明的政策和广东新闻媒体注意舆论监督艺术外，主要还是广东省对舆论监督角色和功能有一个准确的认识和定位。目前，广东省舆论监督工作已逐步由"人治"走向"法治"，并有望在地方新闻立法方面在全国率先取得突破。这些舆论监督长效保障机制的确立，极大地保障了新闻媒体的知情权、表达权和监督权。

（六）加强社会治安综合治理，维护社会安全、稳定

《中共中央关于全面推进依法治国若干重大问题的决定》明确规定，

"深入推进社会治安综合治理,健全落实领导责任制"。社会治安综合治理是指在各级党委、政府的统一领导下,各有关部门充分发挥职能作用,依靠广大人民群众的参与和支持,通过运用政治、法律、教育等综合手段,预防和打击违法犯罪,治理社会治安秩序,化解社会矛盾纠纷,维护社会稳定的一项系统工程。①

经过 30 多年的改革开放,广东省的经济社会发展取得了巨大成就,但随着利益分化和矛盾凸显,社会呈现一些不稳定因素,有的地方甚至出现了犯罪高发状态,黑社会犯罪也时有发生,对人民群众的生命财产和社会秩序造成威胁。维护人民群众生命和财产的安全,是各级政权最重要的民生工程之一,广东省各级公安机关在维护全省社会治安大局稳定方面做了大量工作。

首先,建立社会治安综合治理的体制机制。为在 10 年内将广东建成最安全地区,广东省委、省政府 2012 年出台了《创建平安广东行动计划(2012—2022 年)》,该计划要求分"四步走",力争经过 5—10 年的努力,使广东省成为全国社会管理创新的排头兵、社会和谐稳定的示范区、人民群众安居乐业的法治省。各级综治组织健全落实综治领导责任制、部门责任制和目标管理责任制、督查督办机制,促进深化平安建设各项任务落实到各部门、各单位和责任人,切实提高执行力。省(区、市)通过下抓一级、分台阶实施等方法解决综治领导责任制特别是一票否决制实施难的问题,即每年综合各县(市、区)命案发案、重特大案事件、八类严重暴力犯罪案件等十多项指标的考评情况,对社会治安问题严重、尚不够一票否决的县(市、区)进行重点管理,通过定期通报、约谈、挂牌督办等办法限期整改,整改无效的再依法实行一票否决制,收到了很好的效果。

其次,不间断地组织严打专项斗争,依法严厉打击突出刑事犯罪。30余年来,全省刑事犯罪总量呈现从"跳跃式上升"变为"稳步下降"的总体趋势,年立案总量从改革开放初期的 3 万余起跃升至最高点的 50 余万起以后,近年来进入了一个犯罪总量相对平稳的常态阶段。

---

① 华乃强:《社会治安综合治理概念源头考》,《公安学刊》2009 年第 1 期。

　　最后，广东省大力加强治安防控网络建设，用技术手段推进社会治安综合治理。为适应动态环境社会治安防控的需要，广东省公安机关积极探索创新接、处警机制。1986 年广州市公安局在全国率先建立起"110"报警台，1996 年前后推广到全省各地。自 20 世纪 90 年代中期以来，抓住安全文明小区这一社会治安综合治理的有效载体，不断强化小区治安整治，落实群防群治，促进小区安全防范工作。至 2006 年，全省创建安全文明小区 6 万多个，覆盖城市面积 80% 以上。2002 年以来，广东省全面构建以"五张网络"（社会面、重点部位和特种行业、机关和企事业单位、社区、各种边缘地区的防控网络）为核心的社会治安防控体系。

　　根据《南方日报》发布的《珠三角竞争力 2012 年度报告》，东莞市在社会治理方面名列第一。东莞每年将治安工作列为"十件民生实事"之首，其主要做法如下：石龙镇的"智能天网"工程建设和企业风险预警系统建设、南城街道基层警务运行机制改革、厚街镇"视频＋门禁"出租屋智能化管理、中堂镇江南社区"平安社区"建设经验。东莞还推广"网格化"管理模式，推动警务前移、警力下沉，提升治安防控能力和警务工作效率。此外，还全面推进"平安细胞"创建活动，积极创建"平安公交""平安社区""平安校园""平安企业"，推进社会治安持续好转，提升群众对社会治安的满意度。

（七）建设完备的法律服务体系

　　法律服务是法律专业人士为社会提供的法律专业服务，包括咨询、普法、公证、法律援助等活动的总称。构建公益法律服务体系有利于提升全民的法律意识，为法治中国的建设打下坚实的基础。公共法律服务体系是一个政府主导和高度参与的活动，也是多元主体公共参与和协商的活动，政府、社会组织以及专业机构应该根据各自优势和不同阶段的要求进行分工协作。[①] 为落实党的十八大及十八届二中、三中全会精神，2014 年 2 月司法部出台《关于推进公共法律服务体系建设的意见》，指出公共法律服

---

　　① 徐尚昆：《推进公共法律服务体系建设的理论探讨》，《中国特色社会主义研究》2014 年第 5 期。

务体系建设的目的就是要努力推进平安中国、法治中国建设,维护社会和谐稳定,同时明确提出了推进公共法律服务体系建设的六个方面的主要任务。

基层法律服务具有公益性、基层性、便民性①。公益性体现在,基层法律服务的对象是农村居民、城市下岗职工、农民工等低收入性或弱势性群体,使其不因贫困而丧失基本权利;基层性体现在,基层法律服务立足于广大农村乡镇和城市街道;便民性体现在,基层法律服务工作者扎根基层,随时随地为公众提供法律服务。从国家层面看,公共法律体系构建的重点在于建立法律服务网络,完善法律顾问制度。具体而言,相对于城市,建立农村社区公共法律服务体系,满足社区村民的法律服务需求,是法治社会建设的重要基础。

广东省在为社会提供法律服务方面有许多亮点和经验,值得分析和推广。广东省的社会服务范围基本覆盖了社区、农村乡镇,收费低廉,甚至免费,就近,为群众提供了较好的法律服务,其业务总量及服务受众面逐年增长。此外,特别重要的是,基层法律服务在协助基层政府推进依法治理、化解基层矛盾、普及法律常识、整治涉法热点问题等方面扮演了越来越重要的角色,成为政法基层基础工作的重要辅助力量。

1. 实行"一村(社区)一法律顾问"

律师作为专业群体,在解决一些社会问题时具有不可替代的作用。广东省从 2005 年就开始组织律师到农村和社区中开展普法活动,帮助化解村居邻里纠纷;2007 年组织农村维稳律师服务团下乡入村居;2012 年组织律师事务所与镇街司法所"所所结对",律师到乡村和街道社区开展公益法律服务。近年来,广东省进一步将法律的触角延伸到基层,探索法律顾问进村居的治理模式。广东省委省政府于 2014 年 5 月联合发文,推行"一村(社区)一法律顾问"制度,让执业律师担任村(社区)法律顾问。"一村(社区)一法律顾问"制度引导群众依法解决问题,取得了很好的成效。在基层社区和农村,发生利益冲突、矛盾纠纷时,很多人都放弃了传统的"暴力相向"、纠缠不休的方式,转而求助驻村(社区)法律

---

① 胡晓军:《我国基层法律服务的定位与发展研究》,《中国司法》2014 年第 7 期。

顾问,逐步实现矛盾就地解决。

"一村(社区)一法律顾问"完善了农村地区的法律服务,是法治广东建设的基础性工作。从全国的情况来看,城乡法律服务资源配置普遍不均衡,法律服务机构和人员集中在城市,在农村乡镇执业的律师数量稀少,相对于城市居民,农民在承担市场法律服务方面处于劣势。广东省在全省推行的这项制度,使广大农民就近、快捷、低价获取法律服务,偏远、交通不便、法律服务成本高的地区的民众尤其受益巨大。

2. 建立纠纷化解机制

广东经济社会发展先行全国一步,社会矛盾也早发多发,影响社会稳定的社会矛盾类型多样,不仅历史积累的各种深层次社会矛盾日益凸显,而且不断涌现新的矛盾和问题。据中国社会科学院法学研究所《法治蓝皮书 No.12·中国法治发展报告(2014)》统计,在所有群体性事件中维权类的比例居首位达到了 55%之多。2008 年以来,群体性事件更是呈显著增长之势。因此,用法治思维化解纠纷矛盾成为广东省面临的重大任务。2014 年,广东省委部署开展"社会矛盾化解年"工作,开展以涉农问题、涉劳资纠纷、涉环保问题、涉医患纠纷和信访积案五大领域为重点的专项治理,把化解矛盾纳入法治轨道。2014 年上半年,省、市、县三级信访总量同比下降 1.6%,群体性事件数量同比下降 1.5%,遏制了社会矛盾上升势头,取得了阶段性成效。① 广东省在用法治思维化解矛盾和促进社会稳定方面有许多创新。

首先,广东省市县三级均建立维稳形势分析研判制度,逐月滚动更新台账管理机制,定期分析社会矛盾总体状况,准确掌握基层矛盾纠纷动态和特点,为党委政府处置各类群体性事件提供第一手信息,并有针对性的对策措施。

其次,健全基层矛盾化解机制。广东完善多元化纠纷解决机制,开展诉前联调工作,搭建县(市、区)、镇(街)、村(居)三级工作平台,稳固社区调解基础;整合人民调解、行政调解、司法调解三大调解手段,突出加强医患纠纷、劳动关系、征地拆迁等重点领域的专门调解机制建

---

① 《广东将社会矛盾化解纳入法治轨道》,《南方日报》2014 年 10 月 22 日。

设。注重人民调解的专业性，重点推进大型集贸市场、劳动争议、交通事故、物业管理、消费者权益保护等领域行业性、专业性人民调解组织建设，发挥律师在矛盾化解中的专业作用。如深圳推广人民调解"福田模式"，建立人民调解专家库，动员组织法律工作者和其他专业人士积极参与矛盾纠纷化解。总结推广龙岗区"人民调解进企业"工作经验，探索在不依赖政府资金支持的情况下，推动规模以上企业建立劳动争议调解组织。拓展人民调解工作领域，加强对医疗、交通等领域的人民调解，在部分海岸线、机场等区域新建一批人民调解工作室。东莞全面推广"法官工作室""社区法官""社区法官助理""检察工作联络室"等做法。全市共设立24个诉前联调工作室，建立33个镇街（园区）综治信访维稳中心、597个村（社区）工作站、132个企业工作室。建成集网上信访、手机信访、电话信访三位一体的"东莞市网上信访大厅"，在全省率先实现视频信访系统覆盖到镇街。

最后，改革信访工作制度，严格规范信访准入和办理流程。建立信访事项复查复核机制，健全复查复核和终结工作制度。

广东省以法治思维化解矛盾的经验主要为：坚持抓早抓小深入基层；依靠社会力量；强化信法不信访的意识。抓早抓小，就是明确市县是社会矛盾的集中爆发点，也是解决矛盾纠纷、协调利益关系的关节点和着力点。在化解矛盾的工作中，广东要求基层党委、政府守土有责，基层党委、政府明确主体责任，做到矛盾不上交、不转移、不扩大。坚持抓早抓小抓苗头，最大限度地把矛盾化解在萌芽状态、化解在基层。

依靠社会力量治理社会矛盾既可以发挥基层自治的作用，也可以减轻政府的压力，突破了政府事事都得冲在第一线的困境。广东省鼓励支持社会组织积极参与化解社会矛盾纠纷。目前，全省共建立基层人民调解组织2.6万多个，医患纠纷调解委、交通事故纠纷调解委等各类行业性、专业性调解组织5800多个。

用法治思维和法治手段化解矛盾是维护社会稳定的根本保障。《广东省信访条例》于2014年7月实施，将信访工作纳入法治轨道，规范了信访秩序，维护了信访人的合法权益。通过诉访分离制度的完善，涉法涉诉问题到省上访人次从2013年的第2位已下降到第8位，涉法涉诉信访事项逐步退出普通的信访领域。

引导群众树立法治思维，遇事找法、解决问题靠法，逐步强化信法不信访的意识。广东省组织律师到基层乡村和城镇社区担任村（居）委法律顾问，开展法律咨询、法制宣传教育、人民调解、法律援助和提供法律意见等服务，为矛盾化解工作提供法律服务保障。组织律师担任政府法律顾问，参与各级党委、政府及有关部门开展的信访接待、领导接访、基层下访和案件评查等活动。组建专项律师服务团，开展巡回法律讲座、法律体检、法律咨询、法律顾问等多种形式的法律服务专项活动。

六 面临的挑战

改革开放以来，广东在 30 多年时间内长期扮演试点先锋的角色，在很多领域中不仅为自身的发展探索道路，也成为其他地方的表率示范。从长远来看，广东的法治建设依然任重道远，面临严峻挑战。

（一）经济发展和法治建设应并重

改革开放以来，广东经济一直保持高速增长的势头，GDP 连续 25 年位居全国之首，国税、地税收入总量连续 20 年名列全国首位。近年来，别的省份不甘示弱，急追猛赶，与广东经济总量差距不断缩小，广东省的经济大省地位受到挑战。2014 年，广东、江苏经济总量分列全国第一和第二位，且差距有不断缩小之势。

目前广东到了发展的三岔口。这表现为：低劳动力成本的发展模式难以为继；过去追求 GDP 增长的单一发展模式受到严峻挑战；经济总量大，发展方式粗放，自主创新能力不足，可持续发展堪忧；经济发展快，但社会事业和社会治理相对滞后，民生问题相对突出，省内地区发展失衡。改革开放以前，广东的相当一部分地区工业基础薄弱，经济底子差。改革开放之后，以珠三角地区为代表的部分地域在比较短的时间内通过自身的努力，加上中央和地方的政策扶持迅速发展起来，积累了较为雄厚的经济基础，与此同时也拉大了与粤北、粤东、粤西部分贫困地区之间的差距，各种社会矛盾和社会冲突凸显，从而加大了社会治理的难度。

要解决这些问题，需要发展经济，同时，法治建设也不可忽视。法治软实力、软环境是推动经济社会发展的制度保障，体制机制创新是实现科学发展效益最好、成本最低的措施。要以抓经济发展的气魄和力度，全面推进广东的民主法治建设，不断提高法治软实力、软环境的竞争力。依法行政和加快经济社会发展应相辅相成，因为，良好的法治环境是实现经济社会持续、健康、快速发展的保障，也是项目建设和招商引资的第一竞争力。总之，广东省需要进一步通过法治和社会主义民主政治妥善地协调和化解此类矛盾，在保持一定发展速度的基础上完善利益分配机制，缩小地域和人群之间的发展差距，让最广大人民群众成为改革开放最大的受益者，实现共同富裕。

（二）在先行先试中，坚持法律底线

首先，在改革开放中，一些人尤其是领导干部的头脑中容易产生错误认识，即只要是为了改革开放，不按照仍然有效的法律法规做事也不要紧，只要出发点和结果好就行。无形当中，改革开放先行先试就变成了突破法律法规的借口，这不利于法治观念的形成和普及。其次，一些具有尝试性和探索性的措施，往往是以位阶较低的规范性法律文件或具有普遍约束力的决定命令为依据的。当这些文件与相关的法律法规不一致时，实际得到执行的往往是这些效力位阶低的文件。长此以往，就会形成"大法不如小法，小法不如文件，文件不如讲话"的实用主义意识。最后，极少数地方领导干部存在打着试点旗号为小团体甚至个别人谋取不法利益的腐败现象。这些人往往把自己的不法行为包装在所谓的改革措施之中，利用先行先试的授权，以权谋私，造成了民众对先行先试的不满甚至反感。

无论在空间上还是时间上，法治本质上都是一种"地方性知识"，制度是一种具有地方性和时代性的公共产品，手段与目标相匹配是必须首先面对的问题。因此，作为地方立法，地方性法规、政府规章一定要结合地方的实际，要有地方法律独特的切入点和目标理念，避免大而空和缺乏适用性的问题。地方立法的目标、理念必须要与社会现实相契合，既不能过高，也不能过低，并且能够随着现实的发展适时调整。不切实际的目标和理念，无论是过度超前还是明显滞后，都容易产生新的矛盾和冲突，于是原本用于解决问题的手段反倒成为诱发新的社会问题的根源。地方立法应当着力统筹目标理念和社会现实两个方面，从社会现实的可接受性出发，向可能的目标推进。①

（三）流动人口输入大省面临社会综合管理难题

改革开放30多年来，广东不仅扮演了改革开放先锋、先行先试探路者的角色，而且以其善于提供自由发展空间、灵活运用中央政策、不拘一格使用人才，吸引了全国各地的不同层次、不同类型的人员，甚至于近年来，因不少城市的开放、宜居等特点，还吸引了大量的境外人员。大量的外来人口、境外人口进入广东，并在这里寻求自己的发展空间，对广东的发展起到了推动作用、注入了新的思想和活力，但也为广东的社会治理带来了各种各样新的问题。在广东定居、工作的人群差异之大、社会分层之复杂，就全国范围而言无出其右者，这既使广东省面临着空前复杂的局面，也使得广东地域发展不平衡、社会收入差距较大，给广东的社会治理带来了很多难题。因此，广东在社会治理创新方面需要创出一条新路，突破现有困境，使外来人口、境外人口尽快融入本地社会，使本地人口尽快认同外来人口的贡献，从而共享改革发展的成果。

（四）构建有效的公众参与制度，用法治手段化解矛盾

社会矛盾和纠纷多发仍然是广东省发展的拦路虎，广东省在依法化解纠纷方面有了很多探索，但仍然应探索更有效的途径，其中公众有序参与是较为有效的制度。

从全国的情况来看，公民参与的程度不高、配套机制缺失，一些具体的参与实施制度和环节还不够健全和完善，公众参与的运行程序还不健全、不成熟，一些参与制度大多时候只是停留在空泛的原则上而难以具体实施。广东应该在公众参与方面迈出更大的步伐，包括建立和完善公众参与的相关配套制度及程序，对公众参与的主体范围、参与的程序、方式等作出具体而细致的规定，使公众参与落到实处。听证会是民众参与社会管

① 刘振刚：《地方立法理念与方法的若干思考》，《行政法学研究》2013年第4期。

理的重要载体，广东应当在完善行政听证制度方面更进一步，用制度保证听证会的独立性、公正性和透明度。

另外，在保障公民的知情权方面应有大的突破。政府的所有重大决策过程、结果都需要信息公开，以确保公民的知情权。如果公民对决策活动毫不知情，无论决策多么符合公众的利益，都很难获取民众的信任。公众不知情往往是群体性事件发生的重要原因。此外，政府处理危机的能力也是考验其执政水平的重要标尺，在突发事件爆发后应积极主动与社会公众进行有效沟通，避免谣言漫天，造成社会恐慌，进而对执政合法性造成威胁。

（五）培育和发展表达团体性诉求的民间组织

广东社会组织较多，但由于社会组织、团体还未真正成为政府职能转移的有效载体，社会的自主性及自我组织能力不够强，其参与社会治理的作用尚未得到充分发挥，社会组织的发育和人民群众参与度也与形势发展的要求存在较大的差距。社会组织发展还存在一些问题和困难。例如，政策法规体系不健全、区域发展不平衡、社会组织自身治理结构还不够健全、政府监管体系不顺畅、监管力量不足。随着网络的普及，出现网上结社，如网络非法组织、虚拟组织等"隐形组织"大量出现，给政府监管带来了新的挑战。

广东应及时修订管理法规，适应新形势需要，让社会组织成为社会治理的重要力量。目前，中国社会组织登记管理的中央立法主要是国务院发布的三个条例：《社会团体登记管理条例》《民办非企业单位登记管理暂行条例》和《基金会管理条例》。其中，《社会团体登记管理条例》《民办非企业单位登记管理暂行条例》均出台于1998年，部分内容早已过时、难以适用。国务院应尽快修订社会组织的法规，改进治理观念并增强可操作性。广东省政府也应结合社会组织参与社会管理工作中涌现出的新问题、新情况，加快《广东社会组织条例》的立法进程，将社会组织发展全面纳入法制化轨道，促进广东社会组织的进一步解放与发展。

在政府职能让渡和服务购买方面，广东需要完善购买社会组织服务管理的规范，推进政府职能转移和购买服务落实到位；出台社会组织专职人员权益保障政策，制定社会组织专职工作人员管理办法，促进社会组织人才队伍职业化和专业化；完善社会组织等级评估考核标准和考核办法，实现政府及社会向社会组织购买服务资质评判标准化等。通过建立和健全社会组织相关机制和制度，为社会组织的健康有序发展提供有力的法律保障，为社会治理提供一支生力军。

（六）加快社会立法，保障各界共享改革成果

广东虽然是经济发展的领头羊，但局部地区重经济增长，忽视社会管理，出现"一条腿长（经济建设）、一条腿短（社会建设）"的状况，教育、科技、文化、医疗卫生、环境保护等社会领域的发展仍然滞后于经济发展。社会治理方面的法规存在空白、漏洞，社会治理的领导体制、考核机制、维稳预警机制及法制保障等亟待完善。

加强社会治理方面的立法。首先，要立社会救助、保险之法，这是实现和保护公民基本人权所必需的基本性法律。其次，要立社会事业和管理之法，打破行政机关与专家对管理社会事业和事务的垄断。最后，适时制定矛盾纠纷调解之法，使社会矛盾纠纷调解有据。

完善法律援助基金机制，以满足法律援助制度的需要。2003年9月1日实施的国务院《法律援助条例》规定"法律援助是政府的责任，县级以上人民政府应当采取积极措施推动法律援助工作为法律援助提供财政支持"，但单一的财政保障机制具有明显的缺陷，财政预算经费标准较低，不能满足法律援助的需要。为了适应新形势下法律援助工作发展的要求，广东省应尝试设立法律援助基金，实行多元化经费保障机制，推动法律服务均等化。

此外，坚持以维权促维稳，努力构建和谐劳动关系也十分重要。广东是工业大省，劳动关系十分复杂。虽然相关部门在劳动关系立法方面有所建树，如出台了《广东省企业集体合同条例》《关于做好企业转型升级过程中劳资纠纷预防处理工作的意见》《广东省劳资纠纷风险预警办法》《广东省总工会处置群体性劳资纠纷突发事件应急制度》，但这些法规政策的实施还需要落到实处。

（七）树立科学的政府绩效观，构建完善的评价体系

政府在中国的治理结构中处于强势地位，政绩在部分官员的升迁中有很重要的作用，因此出政绩便成了一些官员追求的目标，遑论政绩的实效或真假。一方面，对中国政府官员政绩、行为的评价还没有形成一个科学、公开和统一的标准体系；另一方面，政策方针常常会因官员职务的变动失去延续性，一个地方、一个单位换一任领导就换一个思路，政策的不连贯导致了政府在群众中的信任危机。为此，应改革政绩评价制度，强调一个地方经济社会发展的可持续性，并实现领导干部评价的科学化、社会化、公开化，避免一任领导为一己政绩而推翻前一任领导的正确决策，并造成极大浪费的现象。在考核标准上，依法行政应当是评价体系的重要内容，领导干部应用法治思维和法治手段依法治政和行政，法治应具有一票否决的作用；在考核体制上，应引入第三方评价机制，并发挥人大制度和人大代表的作用。广东省作为中国改革的排头兵，有条件也有理由在科学评价政府绩效方面再做先行者。

七 结语

一个国家要有强大的力量，不仅要有强大的硬实力，也要有强大的软实力，一个地区也是如此。法治是软实力的一种，提升法治软实力，有助于推进治理体系和治理能力现代化，从某种意义上说，法治就是国家治理体系和治理能力的有机组成部分。全面推进依法治国，依法治省需要身体力行，需要跳出陈旧的、束缚我们的桎梏和教条，在制度建构和落实上多下功夫。正如习近平指出的那样，法律的生命力在于实施，法律的权威也在于实施。目前，制度的构建之于广东省已不是什么问题，其面临的更重要的任务则是法律的实施，则在于执法和司法。不仅是广东，就全国而言，法律要得到有效实施可以说仍然还任重道远。